新创意经济 3.0
如何用想法点石生金

THE CREATIVE ECONOMY

［英］约翰·霍金斯 著
王瑞军 王立群 译
马辰雨 等 译校

北京理工大学出版社
BEIJING INSTITUTE OF TECHNOLOGY PRESS

版权专有　侵权必究

图书在版编目（CIP）数据

新创意经济／（英）约翰·霍金斯（John Howkins）著；王瑞军，王立群译 . —北京：北京理工大学出版社，2018.10

书名原文：The Creative Economy

ISBN 978-7-5682-4000-0

Ⅰ．①新… Ⅱ．①约… ②王… ③王… Ⅲ．①经济学-研究 Ⅳ．①F0

中国版本图书馆 CIP 数据核字（2017）第 104465 号

北京市版权局著作权合同登记号　图字：01-2017-2414
CREATIVE ECONOMY
Copyright © John Howkins 2013

出版发行／	北京理工大学出版社有限责任公司
社　　址／	北京市海淀区中关村南大街 5 号
邮　　编／	100081
电　　话／	（010）68914775（总编室）
	（010）82562903（教材售后服务热线）
	（010）68948351（其他图书服务热线）
网　　址／	http：//www.bitpress.com.cn
经　　销／	全国各地新华书店
印　　刷／	三河市华骏印务包装有限公司
开　　本／	710 毫米×1000 毫米　1/16
印　　张／	18
字　　数／	270 千字
版　　次／	2018 年 10 月第 1 版
	2018 年 10 月第 1 次印刷
定　　价／	68.00 元

责任编辑／	张慧峰
文案编辑／	张慧峰
责任校对／	周瑞红
责任印制／	李志强

图书出现印装质量问题，请拨打售后服务热线，本社负责调换

中文版序言

20世纪90年代，英国政府希望加强和推广英国的文化和艺术，并希望不仅仅是作为文化，同时也能使其成为一项具有创意性质的产业。为此我们开展了大量的工作来研究如何将相关产业整合起来。

我从1995年开始同托尼·布莱尔一起工作，1997年布莱尔当选英国首相后，意识到这种具有创意性质的产业，应当成为其政府所实施的最重要的政策之一，因此我提出了"创意经济"的概念。

随后布莱尔将推动创意产业指定为新政府的政策核心，作为其执政第一任期的战略性的政策，这一点非常成功。推动创意产业成为最受欢迎的国策，在很短时间内被全体英国人民、企业及英国各级政府所接纳。

通常政府颁布的政策很难获得公众的注意，但是"创意经济"的概念及创意产业政策却引起了极大的关注。随后我认为应当把这些成果写成一本书，于是在20世纪的最后一年我创作了第一版《创意经济》，并在新世纪的开头出版。这本书把我之前所有的想法、我同其他人及政府共同研究的理论整合在一起，并提出了"创意经济"的核心定义于是及其运作与实践方式，因此这本书成为了一本非常实用的"创意经济"指南。

"创意经济"不仅被英国人牢牢抓住，同时也很快在全球引爆。在美国、欧洲及全球其他国家，成为政府、企业非常关注的热点。种种迹象表明，创意经济作为下一代全球经济的新形态，即将成为现实，让我们拭目以待。这本书是《创意经济》的最新版，我称之为"创意经济3.0"，这本书与2001年的原版有许多不同。

原因之一是我对于创意经济的理解有所改变，近年来的研究成果可以让我们更加了解创意经济；原因之二是如今的互联网、数字媒体及内容产业正在变得比以往更为重要；原因之三更是因为中国在全球创意经济中的影响比以往更为巨大。因此，我将所有的新想法，尤其是这三个方面的因素全部囊括在了这本全新的中文版《新创意经济》当中。

约翰·霍金斯
2017 年 5 月于北京

导读：美是检验实践的第一标准

创意经济20年的发展，也是两大语言与意义世界之间相互了解的过程。创意产业所包含的那些行业，除技术、形式、载体差异之外，本质上是相通的。为了让中文世界里的中国读者，更方便地了解来自英语世界的本书主旨，我们用10个创意关键词来概括每个章节的名称和主要内容，分别是创意概念、创意支柱、创意才赋、创意生态、创意管理、创意产权、创意网络、创意核心、创意城市、创意资产。

为表达各章节间的关系，将上述关键词布局在"米字九宫格"这一中文世界最基础的"元思维模型"中，打破各章节线性关系对文本阅读的束缚，这非常符合霍金斯的思考习惯。同时，这种"中心开花"模式，也是"思维导图"的基本态式，对很多读者并不陌生。

约翰·霍金斯《新创意经济》米字旗九宫图

首先，位于米字格中宫位的是第五章"管理想法"（创意管理）与第十章"我的头脑，我的资产"（创意资产）。在本书前言中，霍金斯用"从想法到资产"来概括他将分别简述的 10 章内容，并且在最后一章提出"视想法为资产"（treating ideas as assets）的命题。因此，读者完全可据此作为理解和把握全书要旨的主线。在作为本书最具有实操手册性质的第五章中，作者围绕"想法的经济学"这个概念，提出了管理想法的"九大手段"。为了便于读者领会，我们将其分成三类。首先，对于个人的手段包括"职业思考者、即时专长人、创意企业家"；其次，对于组织的手段包括"网络化办公、临时性公司、关联化集群"；第三，对于商业的手段包括"为想法筹资、策略定成败、谈交易合同"。最后，作者列举那些创意经济杰出人士总结的"十大成功法则"，并且还在行文中跟读者开了个很有意思的玩笑。

第十章是全书的结尾章，也可看作是对第五章的进一步论述，共同形成了创意资产管理的框架，故建议同步阅读。作者回顾了资本的起源，以及人力资本、结构资本、智力资本观念的发展，指出：创意经济是有史以来首个将人及其个人特质如想象力与好奇心、个人关系、知识产权以及达成公平交易的能力作为最有价值资产的经济体系。创意经济是将"需求"转化为"可能"的经济，是将"想法"视为"资产"的经济，是把"好主意"变成"好生意"的经济。

位于米字格纵轴正下端"北一宫位"的是本书第一章"当半兽人穿越牛津广场"（创意概念），内容为一个案例、若干关键词和"马斯洛双峰"。首先，霍金斯用电影《魔戒三部曲》中丑陋的"半兽人"如何帮助伦敦最繁华路口行人过马路的故事，激发大家对"创意"到底是什么的思考。紧接着霍金斯对诸如创意、创新、生态、创意生态、生态系统、创意产品、创意经济、创意产业等关键词进行辨析和诠释，值得背诵研读。可以帮助即使早就接触过创意产业或创意经济概念的读者拨乱反正，必然常看常新，时有所获。随后，霍金斯继《创意生态》后，再次讲到马斯洛晚年将"自我实现"拆分为认知和审美需求一事，并将其命名为"马斯洛双峰"。

与第一章对应的是位于米字格纵轴最上端"南九宫位"第九章"城市：中间的空间"（创意城市）。假如你是城市管理者、设计人、投资家或希望处处有创意的任何人，建议直接跳到本章阅读，看看一座城市遇到创意经济会发生什么。霍金斯指出："我们可以把一个创意城市当作一种媒介，一种将艺术、美学和多种生活方式融为一体的生态系统。"不妨给本章一个口号："创意，让城市更美好"，因为，从发展的眼光看，未来，只有创意含量高的城市才有资格说："城市，让生活更美好。"

位于米字格横轴左右两端的分别是位于"东三宫位"的第三章"首位的才赋"（创意才赋）和位于"西七宫位"的第七章"搜索、学习、融合与分享"（创意网络）。第三章可以作为个人发现和培养创意才赋的自我检测与修炼指南。**创意是利用一个想法来生出另外更好想法的过程，"个人性、意义性与新颖性"是衡量创意的准绳**。同时，还要锻炼自己在天马行空与聚精会神间双态切换的能力。霍金斯提供了一个激活创意过程的"骑手"模型，教导我们要会"认真地玩"，并引用众多创意榜样人物的精彩言论，勾勒出创意的轮廓和"思考的长相"。

接下来可跳读第七章，这是本书增添的全新章节，关注的是互联网如何成为核心创意活动的生态环境和创意产品的市场。作者还分析了互联网中创作与推广、生产与销售融合的现实对施展个人创意能力的影响。

位于米字格左上端和右下角的是第四章"想法生根的地方"（创意生态）和第六章"占有想法"（创意产权）。第四章是霍金斯2009年《创意生态》一书中心思想的概括，也是将"创意经济"和作为其拓展的"创意生态"进行统一分析的重要篇章。当前财经和企管领域大有将"生态"一词泛化和滥用的趋势，因此，本章将帮助读者通过创意生态四大要素——改变、多样、学习与适应形成一种辨别能力，不至于被各种各样打着"某某生态"幌子的说法搞晕。作者也运用生物学理论，分析了如何通过模仿、合作和竞争来管理创意思维的过程。根据霍金斯的说法，创意生态是指具有足够的资源和流动性，并能让人们有目的性地从一个想法中不断产生出另一个想法的场所。所以我们更愿意将其称为"联合创交所"，在这样一个社会交往、信息交流以及无法计数的想法、产品、服务和体验交换发生的场所中，创意促进交易。

第六章"持有想法"（创意产权）将把这个问题引向深入。作者指出："权利市场问题是创意经济中最复杂的商业问题"，并从涉及知识产权的"三个问题"开始分析，探讨其中的三个主要领域：版权、专利和商标。特别是极具前瞻性地提出了"新型权利合约"的问题。他指出,知识产权的基础是权利所有者和公众之间的"权利合约",处理传统实物财产中为人所熟知的所有权及财产的观念,无法完全强行套用到知识产权上。随着数字和信息经济的深入,传统的"权利合约"框架经常遭遇来自两方面的挑战,而显得力不从心⋯⋯

一方面是以先行一步的美日为代表,不仅对知识产权,而且要将信息、处理信息的方法或者信息产品乃至想法都作为财产权利。联想一下2018年中美贸易战的情况,就知道本章内容的现实性了。另一方面。则是来自"公众的声音",比如开源软件组织提出"通过一个能平衡各方利益,公平高效的国际知识产权体系推动全世界创新和创意的发展,进一步促进所有国家经济、社会和文化的发展"等主张。作者本人召集19位世界顶级思想家起草的《创意、创新和知识产权阿德尔菲宪章》,也是试图"平衡创造者的私有权报偿和社会化公用权之间的关系(即权利合约)"。总之,有关"新型权利合约"的内容是全书高潮部分之一,需要特别予以关注。

位于米字格右上端和左下角的分别是第二章"三大支柱"(创意支柱)和第八章"核心领域:艺术、设计、媒体与创新"(创意核心)。作者在第二章提出了创意经济生态论的三大主张——人人有创意、创意需自由、自由要市场。作为同一根链条中的三个环节,第一个主张是,任何正常的孩子生来都具有想象力,并可以随意地发挥他们的想象力。第二个主张是,每个人的想象都应该可以自由表达。第三个主张是,如果想要赚钱,就需要一个允许信息交换,并能够提供反映供求关系价格体系的市场。在2008年1月举行的创意中国对话重庆高峰论坛上,作者首次完整阐发了上述被称为"创意生态三原则"的主张。之后,这些内容成为《创意生态》一书的核心思想和多个场合演讲的主题。此次作为新增章节单独论述,足见其在作者心目中的地位,自然也可作为我们掌握创意经济精义的"方便法门"。

第八章的内容资料性较强,恰好可以放到最后阅读。此章在本书中最大的变化是,将旧版《创意经济》中罗列的15项创意核心产业,分成了4大项共计17个专项。艺术与文化类中包括艺术、图书、手工艺品、电影、音乐、演出和视频游戏;设计类中包括建筑、设计、时尚、玩具和桌游;在媒体中包括:广告、新闻出版(报纸杂志)、电视和广播；在创新类中包括研究、软件和互联网。这种合并同类项的方式，将关联度比较高的行业放到一起，提示我们，对于创意经济来说，不要过于被"产业名录"所左右。那些把原本融合度很强的创意核心领域，割裂为一个一个封闭区块的做法，不仅无助于构建多样性的产业生态，甚至会误导投资决策。比如，很多地方曾经热衷搞一些看似主题突出、产业定位明确，实则违背创意经济自身规律的某某专项园区。其实创意经济需要一定的多样性、混杂性和含糊性。

至此，我们运用米字九宫格对《新创意经济》的10个章节进行重新排列，也算用行动实践了作者对创意的定义——从旧的想法中来，到新的想法中去。如此这般，突出了创意管理和创意资产话题在本书的中心地位；利用了本书各章知识模块化的特点，通过关系重构，揭示出不同章节间的内在联系，便于在阅读中发现新意义；鼓励"跳阅读"，让阅读成为激发想象力，启示思考的过程。有趣的是，这样的一个模型，从设计上看，仿佛是英国米字旗飘进了中国的九宫格，也算是中英文化交流在思维方式上互补的一个产物。

霍金斯在《新创意经济》开宗明义道："创意经济在很多国家都得到飞速发展，其原因很多，但最根本的原因是我们人类进化的规律。"认识这个规律所体现的进化方向是正确认识创意经济的前提。从《创意生态》开始，霍金斯就不断引述晚年马斯洛将其作为需求层次顶端的"自我实现"，拆分为对知识和对美的两种需求，即认知和审美。霍金斯将这两种自我实现称为"马斯洛双峰"。可见，在他那里，从低级到高级进化的方向就是：人们普遍有对实现更美好生活的向往，人类对美与真的渴求，是驱动创意经济发展的觉醒原力。

创新驱动，首先需要驱动创新，原力十足的创意经济就是驱动创新的经济，更是面向2049年——中国未来三十年改革开放的活力之源、动力之源。如果中国改革开放前四十年，是以"实践是检验真理的唯一标准"作为思想解放的口号，那么，面向正在开启的新一轮改革开放，中国需要新的思想解放口号，我们说那就是"美是检验实践的第一标准"！如果实践检验真理，那么美检验实践！正如马克思所言："动物只是按照它所属的那个物种的尺度和需要来进行塑造，而人则懂得按照任何物种的尺度来进行生产，并且随时随地都能用内在固有的尺度来衡量对象；所以，人也按照美的规律来塑造物体。"创意经济就是按照美的规律来塑造万事万物的经济。

2017年,党的十九大报告提出"我国社会主要矛盾已经转化为人民日益增长的美好生活需要和不平衡不充分的发展之间的矛盾",这是时代精神的回响。由此,改革开放的实践,要以能否满足"美好生活"为最根本的衡量标准;实践也将不再是一个可以被随便诠释的万能词语,而是要说清楚,什么样的实践才可以检验真理?

对此,我们的回答是,只有关于美的实践才有资格检验真理。正如济慈在《希腊古瓮颂》一诗的结尾所言:"美即真,真即美,这就是你们所知道和该知道的一切。"斯言善哉,此即创意经济作为关于"美的实践"的宣言。

在创意经济中,不仅"毫无疑问,审美是艺术、文化、设计行业最重要的评判标准",而且,那些被划为科技创新的原始创意活动,也受审美直觉的支配,爱因斯坦本人经常谈及他那些改变世界的"思想实验"和科学创造活动,是如何遵循"美的规律"而完成的。这就是为什么英国创意产业名录中最初包含"创新"的原因,可惜,后来由于部门利益分歧,创新从创意产业名录中被取消了(霍金斯对此始终耿耿于怀)。此举负面影响甚大,强化了"文化创意"与"科技创新"的二分观念,固化了这种认识:创意是文化领域的事情,创新是科技领域的事情。现在,已经到了对此做出改变的时刻了,阅读和讨论《新创意经济》,就是自觉做出这种改变的开始。

约翰·霍金斯中方合伙人　苏彤
2018 年 7 月

目　录

前　言	谁是有创意的人，为什么？	1
	规模更大，领域更广	4
	十个章节：从想法到资产	5
第一章	当半兽人穿越牛津广场	7
	跳跃的想法	8
	关键词	10
	需求阶梯的顶端	15
第二章	三大支柱	19
	人人有创意	20
	创意需自由	22
	自由要市场	23
第三章	首位的才赋	27
	旧想法与新意义	28
	颠倒的混合	28
	双态切换	32
	创意之环	34
	认真地玩	36
	思考的长相	38

第四章	想法扎根的地方 ································	41
	选择正确的地方 ································	42
	四大特性 ··	44
	源自他处的想法 ································	49

第五章	管理想法 ··	55
	想法的经济学 ····································	56
	管理手段 ··	61
	十大成功法则 ····································	83

第六章	占有想法 ··	87
	权利市场 ··	88
	三大问题 ··	91
	三大体系 ··	94
	版权 ···	96
	专利 ···	107
	商标 ···	119
	新型权利合约 ····································	122

第七章	搜索、学习、融合与分享 ······················	133
	DIY 的宇宙 ······································	134
	宽客大战 ··	147
	四大需求 ··	149

第八章	核心领域：艺术、设计、媒体与创新 ··········	155
	想法的生意 ······································	156
	艺术与文化 ······································	164
	设计 ···	186
	媒体 ···	195
	创新 ···	204

| 第九章 | 城市：中间的空间 | 217 |

    屋顶上的船 …… 218

    涌向城市 …… 220

    创意城市 …… 222

    文化的三种理解 …… 226

| 第十章 | 我的头脑，我的资产 | 235 |

    个体声音对群体力量 …… 236

    资本的起源 …… 237

    当需求遇上可能 …… 241

致谢 …… 244

原文注释 …… 245

后记：纪念《创意经济》二十年 …… 261

中文出版鸣谢 …… 271

前言 谁是有创意的人,为什么?
PREFACE: WHO IS CREATIVE, AND WHY?

谁是有创意的人？谁想成为这样的人？谁能成为这样的人？人生来都拥有独特的想象力，在通过玩耍、问问题和提出新想法（ideas）对这种想象力进行测试的原始本能（raw instinct）。创意能力伴随着人的成长而成长，创意（being creative）是成长的一部分，也是正常人的标志。但是，多年来，当孩子们走进学校，开始学习各种知识以及如何为人处世的时候，创意能力的发展受到了排挤，仅有艺术类的课程承担着培养创意的任务。孩子们在各方面都获得良好教育的同时，创意能力的发展却陷入停顿，甚至倒退。

作为人类最宝贵的资产（assets）之一，创意的退化已不再是不可避免的了。学校老师开始鼓励学生们主动表达自己的想法，也更愿意回答问题；越来越多的人进入大学，挑战传统思维方式。企业更愿意聘用有想法的人。我们身边无处不在的资源、能量、贫穷以及金融危机，迫切需要更聪明、更具想象力的解决方案。创意（creativity）和它商业化的孪生兄弟——创新（innovation），是经济领域最有趣、最赚钱的部分，也是互联网中的首位天赋。以创意的方式思考已经成为普通人想做而且完全可以做到的事情。

在一次调研中，IBM 公司向全球 60 个国家的 1600 位 CEO 提出了一个问题："领导者应具备的最重要素质是什么？"这些 CEO 回答都是"创意"，这种素质胜过其他所有领导素质，而这种素质还包括"适应接受模棱两可的状态"，而这正是 IBM 所欠缺的。主持此次调研活动的 IBM 公司 CEO 彭明盛（Samuel Jo Palmisano）认为，这项调研结果为他们起到了重要的警示作用。

在全球诸多领域，比如伦敦的数字初创企业和品牌游击店里，加州的互联网企业中，编写代码和算法的程序员身上；流行于欧洲的浸没式环绕剧院和视频装置艺术、上海的时尚艺术、网络博客和设计平台以及每年德克萨斯州举办的SXSW大会上，这种全新的创意氛围无处不在，来自世界各地的科技狂热分子和艺术家们在这里畅谈开源医疗卫生技术、仿生学以及普适计算机技术；而这种氛围同样也出现在印度的低能耗发电计划、巴西贫民窟的设计工作室中，以及在波哥大为弱势儿童演绎的和平之音（the Notes of Peace）交响乐演奏会上。

创意状态也存在于知名网络活动家和小说家科利·多克托罗（Cory Doctorow）的头脑中，他不仅写故事，还参与了一项科学研究项目，该项目计划将3D打印机送上月球，打印出各种建筑物，为未来人类登月做准备。3D打印机与将墨水喷到纸上的普通打印机不同，它可以使用塑料或其他类似材料打印出三维实体。他的计划看起来有些异想天开，但在阿富汗战场上美国陆军已经开始使用这种价值550美元背包大小的3D打印机在战场上生产武器零件。看过电影《007大破天幕杀机（Skyfall）》的观众或许能猜到，影片中詹姆斯·邦德驾驶的阿斯顿·马丁DB5不是一辆真车，但很少有人知道这辆栩栩如生的汽车其实是在德国用3D打印机打印出来的，而不是通过传统的人造板和胶水制作的。

本书的内容是关于人们如何运用自己的想象力发掘创意与商业、金钱之间的关系。创意和经济两者都不是新生事物，真正的新生事物是由于两者之间联系而产生的新东西，以及个人的想法如何转变成既有趣又有收益的产品，不管是通过传统媒体、互联网、还是3D打印机等任何方式。本书第一版出版后的十几年间，分享创意的机会越来越多，分享的成本越来越低，而且创意的市场也正在变得越来越大。

本书将集中探讨我们想要什么，以及我们擅长什么。我们每天都面临各种选择，方式之一是以创意衡量，方式之二是以重复性衡量。我们想要什么？这是一个在思考还是不思考、学习还是不学习之间的选择。

有想法的人——**占有（owning）**自己想法的人——在更多情况下比那些能驾驭机器的人，乃至**占有**机器的人更强大。但是创意与经济之间的联系依然难以辨析。所以，我想试试看，能否将所有这些因素，包括创意、管理、资本、财富和福祉等要素整合到一个完整的框架当中。

规模更大，领域更广
Bigger Scale, Wider Scope

我们生活在一个充满创意及创新的时代。我的意思并不是说今天的创意比昨天的更好，而是指越来越多的人变得比以前更有创意，更加重视培养自己的创意能力。这种变化可以通过对参与创新的人数（规模）以及他们所从事的事情（领域）的统计结果来衡量。目前，欧洲、美国以及日本的核心创意产业占 GDP 的比重已经突破 12%，并持续高速增长。美国对外贸易中知识产权出口的占比也已超过了食品、软饮料、汽车、计算机和飞机制造业。英国时尚界从业者人数及其创造的产值也已超过了汽车制造和钢铁产业。在中国，北京和上海创意产业所贡献的 GDP 产值从最初的 4%～5% 迅速增长到了现在的 10%～11%。超过 100 个国家制定了自己的创意经济计划，除了个别有趣的例外，几乎全球每个主要城市都宣称自己充满创意。

创意的领域也更宽。当艺术家伊莱恩·谢尔米特（Elaine Shemilt）向苏格兰的遗传学家们提出要求，希望能提供给她一些基因数据的时候，他们本来以为她可能会创作出一些漂亮的艺术图案作品，然而结果却远远超出了这些科学家的预料。谢尔米特将数据提炼成为纯粹的图形，并通过与之前被科学家们当作背景噪声忽略掉的数据之间的关系进行视觉化处理，传递出了特殊的含义。她帮助科学家们看清楚了以前被忽略的基因序列，启发他们研究出了关于病原体中基因发展的新理论。谢尔米特利用个人的美学认知创造出了新知识，这是典型的创意经济。

想象力可以在任何地方出现，一个人，只要独自思考一会儿，新的、有趣的想法就会诞生。南非的莎拉·柯林斯（Sarah Collins）把她奶奶的干草盒稍作改造，发明出了一种可用于烹饪食物而且易于保存热量的"神奇炖袋（Wonderbag）"。她的目标是在五年内减少数吨的碳排放量。密尔沃基的威尔·艾伦（Will Allen）在自己生活的城市建立了一个名为"成长动力"（Growing Power）的有机农场，进而发起了美国的城市农场运动。他的这一创意，不仅来自于他在城市中央建立起的农场，还与他对水耕法的使用、农作物的选择以及新市场的开辟等领域的大胆尝试密不可分。

苏格兰政府曾邀请过一批"包括电子游戏产业从业人士在内的苏格兰本地创意人才"来进行反恐方面的研究。美国中央情报局（CIA）有一笔风险投资的首任CEO就是做电子游戏起家的。在这个充斥着各种创业企业和品牌游击店的新世界中，我们并不会对这些感到意外。中国创意经济领军人物，前政协副主席厉无畏先生也提出过农业相关部门应在全国农业工作中贯彻落实创新思想的要求。

曾有一位持怀疑态度的中国教育部官员请我用最简短的语言对自己的理论进行总结，我提出了后来被称之为创意生态三原则的重要观点，这些观点构成了创意成长的三部曲：人人有创意，创意需自由，自由要市场。他对我的提法和原则非常赞同。一个星期后，这些观点又得到了洛杉矶时代华纳体育用品营销公司（Time Warner Sports Merchandising）总裁的积极回应。从那之后，这些观点便构成了我在创意和创新研究工作中的核心思想。

通过设定自由和市场的衡量标准，我们可以评估人们对创意的管理水平。他们如何学会把事情做得更好，以及他们对社会福祉的影响。一个人不可能创作出无限多的作品（当然也不排除一个人可能创作出大量糟糕的作品，不过这是另一回事），但是当创意在广度和深度上都得到巨大发展，并渗透到社会的方方面面时，就会对社会的福利和平等产生影响。自由可能导致冲突，市场可能引发资源的错误分配。在这些问题的背后，反映出的是选择创新生活方式的人们与执迷于熟悉稳定生活的人们之间的紧张关系。

十个章节：从想法到资产
Ten Chapters：From Ideas to Assets

在第一章中，我会首先概括性地对创意经济进行描述，然后介绍创意是如何在一个人努力解决某个问题（什么词，什么颜色）、处理某些更为个人化的事或使他们的世界变得更加令人愉快的过程中产生的。我将谈到人们对知识和美的追求（双峰）。第二章中，我提出了三个命题（三大原则）："人人有创意""创意需自由""自由要市场"。第三章中，我将介绍创意能力是如何转变成个人化的、有意义的新想法，并列举创意人所必备的素质。

好想法不会凭空产生，因此，在第四章中，我提出了"创意生态"概念及其四大基本特性：改变、多样性、学习及适应。创意思维是一种有适应能力的思维，可以持续学习和适应，努力理解和改进。我们通过模仿与协作、竞争与冲突之间的关系管理这一过程。

我在第五章中将会谈及的第二个观点是关于管理人与想法之间关系的自由。因此我将探讨创意管理的问题以及人们如何一起工作、分享想法。我们越接近市场和交易，我们就越需要协商和交流。在第六章中，我将对版权、专利权及其他与知识产权相关的法律进行介绍，并说明它们是如何针对新想法的所有权和使用权而改变的。

第七章将谈到互联网。互联网（线上）市场是当今发展最迅猛的经济领域，不受传统经济的债务和金融危机以及旧世界的政治危机影响。众多艺术、文化、媒体与创新领域的新发展都发端于互联网，只有当它们在互联网上成功时，才会开始被实体化应用。针对这一过程，我将描述伴随着"大数据"和算法发生的案例以及互联网市场的四大需求。

这些要素汇集在由艺术、文化、设计、媒体和创新构成的核心市场，我称之为创意经济核心领域。我将在第八章中介绍这些市场的运作方式及其商业模式、价值链和市场收益。

创意人对任何新生、有趣的事物都有着强烈的好奇心，而完成这一求知过程的最好方法是合作。在第九章中，我将介绍城市如何为创意产业提供孵化空间，以及从"工厂规模的生产"线到"头脑规模的思考"这一变化是如何改变城市氛围的。

创意产业和创新技术并不适用于传统商业模式，在传统思维和现实情况之间存在令人不安的差距。在第十章中，我根据创意三原则和对创意生态的理解提出一种前进的道路，以及如何处理自己的想法和别人的想法之间的关系，我将其描述为个人声音与群体力量之间的关系。

第一章　当半兽人穿越牛津广场
WHEN ORCS WALKED ACROSS OXFORD CIRCUS

跳跃的想法
IDEAS THAT JUMP

2009 年，伦敦市长对交通最繁忙的购物枢纽——牛津街和摄政街交叉口的行人过街方式作出了新规定。从那天起，行人不必和以前一样拥挤在狭窄的人行道上过马路，而是可以按照个人自己的方向直接交叉穿行而过。市长鲍里斯·约翰逊（Boris Johnson）一开始提出这个想法的时候，所有人都笑话他。牛津广场每天的人流量高达 50 万，并因其堵塞拥挤而闻名。直接从环岛路口中间穿行的想法看起来非常荒唐，连鲍里斯·约翰逊自己也承认，这想法简直是疯了。但为什么最终这个想法成功了呢？

市政厅对这项改革的信心来自于两个人的聪明才智，他们来自世界两端：一位是来自新西兰惠灵顿的电影制片人，另一位则是来自洛杉矶的消防员。

如果你读过托尔金（J. R. R. Tolkien）的小说《指环王》，或者看过彼得·杰克逊（Peter Jackson）的电影《魔戒三部曲（The Lord of the Rings）》，那么你一定对半兽人有印象。托尔金是这样描述半兽人的："身材矮胖、土色的皮肤、扁平的大鼻孔、宽大的嘴巴、歪斜的眼睛、退化、令人厌恶。"为了把这个角色在三部曲的第一部——《魔戒现身（The Fellowship）》中生动地呈现出来，杰克逊聘请了新西兰动画公司 Massive Software 的创始人史帝芬·瑞格斯（Stephen Regelous）。

杰克逊和瑞格斯了解到的情况是：需要绘制的半兽人数量实在太

多，手绘只能画出主要角色形象，但要完成数量如此巨大的半兽人，当时能用的大规模复制软件实在太原始，根本不顶事。瑞格斯随即意识到需要研发新的图形软件算法，这种软件算法可以给每个动画角色赋予人工智能和逻辑系统，让其主动对其旁边的半兽人做出反应，并制定自己的行动路线。这样一来，每个半兽人行动起来看上去都好像活了一样。托尔金的粉丝非常多，《魔戒现身》的全球票房收入达到 8.7 亿美元，《魔戒三部曲》的总票房达到了 29 亿美元。还有 22 亿美元来自家庭录像带的销售收入，总收入超过 50 亿美元。《魔戒现身》获得 13 项奥斯卡提名，并赢得了包括最佳视觉效果在内的 4 个奖项。

《魔戒现身》开启了一个全新的电影制作模式，该电影的剧本由 4 位知名编剧及 7 位非知名编剧共同完成。彼得·杰克逊负责管理 7 个电影小组、9 个音乐小组及由 2400 名工作人员组成的制片团队。片中的部分音乐是在伦敦郊外小镇沃特福德（Watford）录制的，其原因并非是小镇上的音乐人才多，而是因为小镇上有一个废弃的城镇大厅，离伦敦交响乐团非常近。有这样一个传言，直到杰克逊坐到了威灵顿的大使电影院（Embassy Cinema），也就是 2003 年 11 月 11 日全球首映当日，他都没从头至尾看过三部曲中的第三部电影。而这些发生在电影之后的事情，其意义远远超过了电影制作本身。

《魔戒三部曲》电影拍摄结束后，史帝芬·瑞格斯和他的 CEO 黛安·霍兰（Diane Holland）本可以把自己的软件放在货架上，等待下一个有兴趣的制片人到来。但他们清楚华纳旗下的新线电影公司是不会有兴趣进一步开发这个软件的。好莱坞喜欢专注自己的核心业务，很少对技术进行投资，他们更倾向于将技术工作分包出去。

在所有的创意过程中，都存在这样一个跳跃时刻，一个想法会从其原本产生的地方突然跳跃出来，扎根到其他地方。彼得·杰克逊说过，在《魔戒》拍摄过程中，**他的跳跃时刻产生于突然意识到应该让小说的场景直接"再现"出来，而不仅只是努力让电影场景和小说"接近"的时候。**当 Massive Software 的新算法开始运转的那一刻，CEO 黛安·霍兰想到，这个软件不仅能用在电影制作领域，更可以应用到现实生活中。

黛安·霍兰会有一部分时间住在洛杉矶，她希望"尽可能将这个想法传递到更多人的手里"。因此，她联系上了全球最大的工程建筑公司之一奥雅纳（Ove Arup）公司，该公司有一个特别小组专门负责欧洲与中国地区的可持续生态发展。奥雅纳公司随后又把她引荐给了纳特·维达瑟（Nate Wittasek）。

纳特·维达瑟不是电影制片人，他也不觉得自己有什么创意。他母亲曾给他买过几部《霍比特人（Hobbit）》的影片，他也记得自己曾与家人一起去当地电影院看过《魔戒现身》，但那都是好几年前的事了。在加入奥雅纳公司之前，他曾供职于洛杉矶消防局，主要工作方向是负责研究消防安全。他使用电脑模型研究在建筑物中进行快速疏散时人们的行为反应，但与瑞格斯碰到的问题一样，他知道现有的电脑软件不能满足他的需求。现有软件虽然能模拟出建筑物周边的风向或浓烟的飘动情况，但却不能模拟出一大群惊慌失措的人在遭遇灾害时可能做出的不合逻辑的反应和行为。令他感到振奋的是，他遇到了黛安·霍兰，有机会重新设计群集仿真算法（Massive's algorithms），用来挽救更多人的生命。在非常短的时间内，该软件成为全球建筑及包括航站楼、火车站等封闭空间设计的标准，其主要作用是模拟计算恐慌人群在陌生环境中是如何逃离建筑物的。随后，来自东京和伦敦的城市规划师也找上门来，咨询该软件是否可以帮助人们更安全地过马路。

从惠灵顿的电影制作到洛杉矶的消防安全，再到伦敦行人过马路规则更新，倘若任何一个环节出现问题，比如相关人员（实际上我只提到了其中的几个人）太忙或不感兴趣，或以惯用的借口回绝此事，这一创意过程都有可能失败。但在创意的链条上的每个人都认为这个想法非常有趣，而且对他们的工作非常有意义。黛安·霍兰把她的创意从一个领域带到另一个领域，纳特·维达瑟则完成了非常重要的使命：把霍兰的想法和他自己工作联系起来。这个事例展示了创意是如何发生的。需要有人迈出决定性的一步：牢牢抓住一个看上去很有趣的，而且可以解决某些问题或让某些事变得更好的想法。最重要的是呈现在你头脑中的图景（picture）和意义（meaning），这些图景和意义首先是个人化的，随后转变为公开化。**这种联系会让需求**（desirable）**突然变为可能**（possible）。

关键词
KEYWORDS

我用"创意（Creativity）"一词来描述"利用想法来创造另一个新

想法（using ideas to produce a new idea）"的过程。每当一个人说、做或创造出一些新奇有趣的事情，或"什么都不做"（相对罕见），或给某件事赋予新的意义的时候，创意就会产生。不论这一过程最终会导致什么结果，创意都存在于思考（thought）和行动（action）当中。不论我们在幻想伊甸园，还是在设计自己的花园，或者畅想未来的时候，创意就已经出现。我们在写作的时候——无论是否发表；抑或是在进行发明些什么（invent something）的时候——无论是否成功，在这一过程中，我们都变得有创意了。

创意一词一直是艺术语言的一部分，甚至导致创意和艺术这两个词变成了同义词。但实际上，这两个词所指的并不是同一件事，或者说是某一过程中的不同部分。艺术家并不一定拥有更多或更好的想法，而是用特定的美学和技术来完成特定的工作。

创意和艺术通常都会带来创新。艺术家和科学家运用完全一样的思维过程来想象（视觉化 visualize）及描述（象征化 represent）他们对现实的认知。科林·罗南（Colin Ronan）在介绍他的著作《剑桥插图世界科学史》（Cambridge Illustrated History of the World's Science）时说："从事科学工作需要活跃且有创造性的想象力，同时又要以坚实的观测资料为基础。"这段话可以视作对"创意"一词的准确描述。20世纪最杰出的科学家之一：生物学家爱德华·O·威尔逊（Edward O. Wilson），把创意定义为"大脑能够产生新颖构想，并采用其中最有效率方案的能力（The ability of the brain to generate novel scenarios and settle on the most effective）"。他继续引用诺贝尔奖获得者赫伯特·西蒙（Herbert Simon）的观点："创意思维同更多传统思维的主要区别表现在这几个方面：（1）能够接受对问题的模糊性陈述，并逐步对其重新建构；（2）能够在相当长的一段时间专注于问题；（3）在相关领域及潜在相关领域拥有丰富知识背景。"西蒙将上述定义概括为大胆、专注和学识。而艺术家和科学家之间的区别在于他们选择这样思考的原因、他们将创意结果呈现给世界的方式，以及他们保护创意经济价值的方式。

"**创新**（Innovation）"是指可以被任何人精确重复使用的新产品或新工序。相对来讲，"创意（Creativity）"更加个性化、主观化，甚至其原始的创造者都不能对其进行精确复制；而创新对所有人来说是公开的、客观的及可重复的。创意往往可以带来创新，但创新很少带来创意。创新要求一致性；而创意是独立的，并往往是模糊不清的（在经济学上创意属于外生变量）。**我自己用这个办法来快速验证创新：创新是经过专家委员会批准之后的创意。**

"**生态**（Ecology）"是指具有一定数量的生物种群以及环境系统和营养物质（资产 assets）的空间。生态可以通过生物种群之间的相互联系与流动情况进行测量。而这种相互联系是生态系统最重要的特征，它决定了该生态特定的自然属性。

"**创意生态**（Creative Ecology）"是指具有足够的资源和流动性，并能让人们有目的性地从一个想法中不断产生出另一个想法的场所。创意生态可以通过四种标准进行衡量：改变（change）、多样（diversity）、学习（learning）与适应（adaptation）。创意生态是创意经济的苗圃，同所有的苗圃一样，创意生态需要精心呵护。

"**生态系统**（Ecosystem）"是生态中的一个单元。最常见的两种生态系统是栖息地（Habitats）和小生境①（Niches）。栖息地是指众多不同生物种群共同生活的环境，小生境是指适合特定生物种群生活的地方。

创意只有在成型、被赋予意义、具体化为可交易的产品之后，才具备经济价值。因此，创意需要市场进行交易，需要活跃的买方和卖方、需要确立法律与合同的基本原则，以及符合公平合理交易所需的商业惯例。

"**创意产品**（Creative Product）"是指具有创意特征的商品、服务和体验，其经济价值主要来自于其自身的创意。另外创意产品还具备其他一些特征，例如美感、知识或某种象征性的、无形的优点，但这些特征并不是必需的。创意产品最根本特征是双重的：**它是创造性活动的结果，其经济价值以创意为基。**

"**创意经济**（Creative Economy）"是指创意产品的生产、交换和使用体系。经济学主要研究无限的个人和社会需求与有限的资源之间的矛盾，其重点在于稀缺资源的分配。我采用观察交易的数量与价格的方法

---

① 小生境（Ecological Niche），也译做生态位，是指每个个体或种群在种群或群落中的时空位置及功能关系。为同《创意生态》保持一致，本书译为小生境。

来计算创意经济的市场价值。在某些市场中，比如音乐、时尚以及计算机代码市场，市场的核心是复制，而在艺术品市场中，通常实体作品或经验（experience）更有价值。

尽管并非全部，大部分创意性的产出都符合带有"知识财产权利（Intellectual Property Rights，IPR）"的"知识产权（Intellectual Property，IP）"的标准①。政府和法院定义了财产（property）的性质和所有者的权利（owner's rights）。知识产权（intellectual property）所指的不是我们碰巧产生的想法和知识，而是专指通过法律认定我们知道或拥有的想法或知识。知识产权最常见的三种形态是版权、专利权和商标权。"版权（也称著作权 Copyright）"法保护的是想法在某个适用作品上的表达，而不是想法本身。任何符合相关标准的作品都会自动获得版权，而无须进行登记注册。通常，版权的保护期限为作者有生之年加死后 70 年。

"专利（Patent）"的作用是保护发明并赋予发明者合法垄断某项技术的权利，通常保护期限为 20 年。不同于版权的自动获得，专利权需要通过审核，相应发明必须在创新性、实用性和非显而易见性方面通过相关审查，而版权则不需要这些条件。专利一旦申请成功，就可以提供比版权更强的保护力度。

"商标（Trademark）"并不需要任何具备美感的表达方式（类似著作权），也不需要任何专业技能（类似专利），但涵盖任何可交易的符号。同专利权类似，商标也必须通过申请获得，但不同的是，它的保护期限可以无限延长。互联网域名实际上也属于商标形式的一种。

目前对创意经济进行分类的方式有很多种。我采用市场作为分类标准，其原因是我希望重点关注人们是如何销售和购买想法的，而市场往往最接近真实情况。我感兴趣的是人们是否有权进入市场，市场是如何运作，以及运作是否公平（或者说是否需要进行规范化管理）等问题。对市场进行观察可以帮助我们了解供需状况，并帮助我们对

---

① 知识产权从英文"Intelectual Property Right"的基本意蕴翻译的话，应成为"知识（财产）所有权"。它是对一切来自知识领域各种权利的概括。狭义的知识产权，即传统意义上的知识产权，包括著作权、专利权、商标权三个组成部分。摘自《知识产权中国化应用研究》吴汉东。

不同国家市场间的差异进行比较。它也可以方便我们将其与生态系统进行比较,因为两者都需要确定边界在什么地方,以及是否容易渗透。与生态系统一样,市场可以帮助我们看清楚市场各要素之间的相互联系和作用。市场与生态并没有好坏之分,这两者都是客观存在。现在有一种趋势认为所有生态系统是好的,而所有市场都是不好的,这样的说法有些草率。

"创意产业（Creative Industries）"一词的流行源于英国政府在1998年制定的一项重要决策,即把14个行业划归为鼓励发展的行业,并称之为创意产业,包括广告、建筑、艺术、手工制作、设计、时尚、电影、音乐、表演艺术、出版、休闲软件、玩具、广播电视、电视游戏（遗憾的是创新并未包含在内）。该创意产业目录为英国的创意产业发展吹响了号角,同时也演变成全球标准。大部分国家都据此因地制宜并微调后制定了自己国家的创意产业门类目录,中国的创意产业目录包含了贸易会展,泰国目录涵盖了美食和SPA,美国的目录则把家居行业也收录在内。

但现在这种产业目录可能成为阻碍我们深入理解创意和创新成果是如何真正运作的障碍。这种目录将创意产业的产业特性归因为那些个人化的、主观的而且是完全非产业化的过程。只有很少一部分行业在一定意义上具有产业化的特征,比如出版、音乐、电视、电影、时尚和游戏,它们会以产业化的规模复制方式生产产品。而网络媒体的兴起甚至进一步削弱了这些产业化特征。艺术、手工艺和设计实际上并没有产业化。同样,类似"所有创意人都供职于创意产业当中"这样的假设显然也是错的。创意三大支柱原则认为每个人都拥有创意能力。因此,英国已经开始把关注点从创意的产业层面转移到了每项工作的**创意强度**（Creative Intensity）上。

世界知识产权组织（WIPO）以及总部位于美国的国际知识产权联盟（IIPA）有一套关于"**版权产业**（Copyright Industries）"的模型,专利产业也有自己的行业目录。我很少使用这些术语,因为版权和专利权只是用于价值评估的要素之一。同样道理,"**非实体产业**（Intangible Industries）"也只反映了要素之一,而不能全面反映整个产业的情况。从事图书打印、组装智能手机以及销售3D打印机原料的人也属于创意经济的一部分。

需求阶梯的顶端
UP THE LADDER OF DESIRES

创意经济在很多国家都得到飞速发展，其原因很多，但最根本的原因是我们人类进化的规律。美国心理学家亚伯拉罕·马斯洛（Abraham Maslow）将人类的需求分成了从低到高的几个级别：最底层的是对空气和食物的生理需求；当最底层需求得到满足后，人们就开始追求对居所和人身的安全需求；接下来是对爱和归属感的需求、尊重的需求；马斯洛把自我实现的需求放在最顶层。当一种需求被满足了，人们会开始更加在意和渴望下一种需求。开源软件开发的先驱林纳斯·托瓦兹（Linus Torvalds）对人的需求进行了一个更简洁的划分：**"人类的任何动机都可以被归类为生存（survival）、社会生活（social life）或快乐（fun）。"**

马斯洛晚年把高尚但容易陷入自我迷恋的自我实现需求拆分为对知识的需求（他使用"认知 Cognition"一词）和美的需求（审美 Aesthetics）。我称这两种自我实现需求为"马斯洛双峰"。对知识的需求是指人类需要对周围事物进行理解，以便于自己对其进行掌控的需求；对美的需求是一种更加主观化的需要，它包括对颜色、形状的偏好，以及在将某件事完成到极致时感到的内心满足感。

知识和美这两个原则可以是互补的。天文学家弗雷德·霍伊尔（Fred Hoyle）曾说过，当爱因斯坦宣布他的相对论时，"他将形式问题（issue of style）置于所有混乱的细节之上……当然，物理学家从来不会承认这种形式问题，因为这给人一种博·布鲁梅尔①（Beau Brummell）式的花花公子印象。但形式问题是确实存在的"。音乐家和艺术家经常同别人进行争执，因为他们所创造的自己认为美好的作品，在别人眼里却有可能是丑陋的。塞尚（Cézanne）、凡高（Van Gogh）和雷诺阿（Renoir）的作品曾被巴黎艺术展拒之门外。杜尚本人和许多其他人都认为他作品《泉》的原作只是个笑话，最后甚至被丢弃（现在的复制

---

① 博·布鲁梅尔，原名乔治·布莱恩·布鲁梅尔，是历史上最有名的浪荡公子之一，被公认为英国男士时尚潮流的开拓者。

品售价超过100万美元）。达明安·赫斯特（Damien Hirst）把一只死奶牛的头和一群嗡嗡乱飞的苍蝇一起关在箱子里，让人们思考死亡的意义。各式各样的丑陋的东西，我们真不知道下一代人会把什么看做是有用的或美的。

我们的基本生理需求是普遍且明确的，比如我们要么有居住场所，要么就没有。但在更高的层次上，任何需求所需要的都是更高级的东西，它值得人们拥有，但不是必需的。有些人需要艺术，有些人则不需要。每个人的需求或想要的东西因自身对事物的理解和审美差异而不同。空气是必需的，而艺术则是挑战。

人们在大部分的物质需求得到满足，并拥有较多的可支配收入的之后，将更多的开销花在心灵需求层面是很正常的。同样，产生能够满足这些需求的市场也并不意外。市场经济非常擅长满足人们的各种需求，尤其是需求非常强烈但短暂的娱乐领域。

在"**供给**（Supply）"方面，制造业中自动化技术的广泛应用使得企业对劳动力的依赖大大减少。同样，服务行业对体力劳动的需求也有所下降，因此，年轻人开始转向其他行业寻找工作。而创意产业通常能够提供令人向往的生活方式以及超过平均水平的经济收入，所以很多人都涌向了这个行业。围绕数字技术出现了许多新的市场，而每个市场都迫切需要大量有技术、有想法的人才。供应商也变得非常善于为娱乐攻击而收费。

在**需求**（Demand）方面，大多数发达国家在文化娱乐方面的开支已经超过了在食物和服装上的开支，仅次于在住房和能源消费上的开支。美国人在这方面的开支比例稍低一些，原因是他们更重视在私人教育和医疗卫生上的投入。日本人在个人娱乐方面的消费要高于在服装和医疗卫生上的开支，而且，即便是购买服装，多数人也更看重服装带来的满足感，而非其实用性。从2000年至2010年，发达国家创意经济的年增长率超过了本国其他经济部门的增长速度。

增长最大的并不是被创造出的新产品的数量，而是其分销和零售的规模。数字技术以及不断丰富的分销和零售技术手段催生了创意经济的出现，并持续推动其发展。数字技术为内容提供了全新的机会，比如，全新的互联网系统，由用户创作的内容及互动媒体，于是对信息、图像和故事的需求不断增长。数字技术低成本的特点方便了人们制作、分发和交换他们自己的素材,同时也逐渐渗入企业市场。

在整个社会中,这些对于发展个人创造力非常有用的技能正在被复制和借鉴。想象力的运用、智力资本的管理、对创意人士的最佳激励和奖励方式、更短的日程表以及对成功和失败的反应,尽管这些刚刚才被提上主流企业的议事日程,但这早已成为创意人士的通常做法。**两种趋势互相交织:一方面创意人士变得越来越商业化,另一方面企业对于创意的依赖性也越来越明显。**

第二章　三大支柱
THE TRIPOD

我将这些趋势概括成为三大原则。第一个原则是，任何正常的孩子生来都具有想象力，并可以随意发挥他们的想象力。第二个原则是，每个人的想象都应该可以自由表达。第三个原则是，如果我们想要挣钱，我们就需要一个允许信息交换，并能够提供反映供求关系的价格体系的市场。

这三大原则是同一根链条中的三个环节。第一个原则与我们的大脑和内心冲动有关，第二个原则是想法公开化，第三个原则是建立交易模式。

人人有创意
EVERYONE IS CREATIVE

在我们的理解中，一个正常的健康婴儿必须拥有健全的心智，包括意识、理智、情感和记忆。一个婴儿是否拥有对外部环境做出反应、寻找可辨识图案以及调整相应行为的能力，是他健康成长的基本指标。

小孩子在生命最初几年里每秒钟能生长出 700 个新的神经连接，这些神经的生长主要依赖于与其他人进行"给予－获取（give－and－take）"和"服务－回报（serve－and－return）"的互动行为。从最初只能选择熟悉的事情体验即刻的满足感，逐渐发展到可以在多种事物中进行选择，并通过回想曾经的选择来避免重复犯错。孩子们在让自己更舒适的努力过程中，很快就能学会模仿和游戏，他们的情绪会经历从欢乐、迷惑到失望。儿童专家蒂娜·布鲁斯（Tina Bruce）认为儿童的创造力发展分为几个阶段：第一个阶段，小孩子们对所有行为都会感兴趣，而不仅是传统意义的玩；下一阶段，孩子们将会产生某种特定的想法，并创造出有创意的事物（creative things）。她指出，成年人在回忆童年的时候，他们记住的是学会新的、发现有趣事物时候的快乐，并回忆起创意瞬间的奇妙。

小孩子是在通过由身体、情感和心理的模糊混合感受进行各种可能性的尝试，并寻找某种特定意义的过程中成长的。他们对事物是怎么样的、事物是如何变得不同或更好的等问题越来越敏感。他们会逐渐意识到自己的感觉、想法与自己能够表达出来的语言之间是有差异的。他们的创意水平（creativity levels）通常在3~4岁达到顶峰（毕加索曾说过："问题在于你长大成人之后如何能够继续保持艺术家的灵性。"）随着他们的选择不断被认可，判断的能力和意识将得到提升。他们会逐渐学会协调关系，控制结果。当一个孩子开始关注到这个过程，并开始对某种意义进行思考的时候，这标志着他的创意能力已经开始形成。

"人人有创意"这个说法，并不意味着每个人都是天才。这种理解的愚蠢和幼稚的程度不亚于说每一个会走路的人都可以成为职业竞走运动员，或每一个会写字的人都可以写出畅销书。**这句话的意思只是想表达，每个人生来都具备这种寻找新的、有趣的、实用的可能性的本能和冲动**。诺姆·乔姆斯基（Noam Chomsky）和史蒂文·平克（Steven Pinker）破译了儿童的语言天赋，并进行了令人信服的论证——每个人生来就具备"语言本能"（平克）和"深层①的普遍语法（deep, universal grammar）"（乔姆斯基）。功能性磁共振成像技术实验验证了他们的观点，同时，这种技术也证明了儿童生来就具备"创意本能"或"潜在的普遍创意能力"，让他们理解自己所看到的事物，并努力改进他们不喜欢的东西。但是，就如同小孩子要想学会写作就必须努力的道理一样，想要把这种私密的、封闭的创造力转化为成就，需要坚定的意志和勤奋的努力。

人们是否会对我这些"梦想问题"回答"是"，可以作为是否具有

---

① 深层结构（deep structure）是语言学中与表层结构对应的概念。表层结构就是我们看到的句子结构，深层结构就是从这个句子中能找出来的以不同词为主体的叙述结构。人的存在也分深层结构和表层结构。表层结构是具体的表达和反应。深层结构是神经系统中储存的心像、声音、感受或感官表象。

创意本能的指标：
- 你做梦吗？你有幻想吗？
- 你想过如何能让事情有所不同吗？
- 你常常寻求更好的做事方式吗？
- 你愿意想一个更好的办法吗？
- 你为按自己的方式做事而感到骄傲吗？

创意需自由
CREATIVITY NEEDS FREEDOM

如果想让我们与生俱来的创意能力**繁荣发展**，我们就需要探索我们想探索的世界的自由，以及按照自我的想法去实践的自由，且无需向谁解释。因此第二个命题就是"创意需自由"。我们需要内在的自我表达自由和外在的环境自由。我们需要提问的自由，决定相信或不相信、学习、探索、发现新事物的自由，从而有针对性地改变我们的思考和行为方式。具体来说，需要远离从诸如饥饿和贫穷之类的身体约束（马斯洛的最基本需求）、歧视、审查制度和政府干涉的制约，以及其他对言论自由和表达自由等人权方面的威胁。当然也有人会把那些对创造力培养毫无帮助的学校列入上述应该规避的名单之中。

这个原则可以被总结为"**管理个人和想法之间关系的自由** (freedom to manage one's relationship to an idea)"，只有这样，我们才能首先选择同哪个想法建立联系，然后以我们自己希望的方式来管理和控制这种联系。我们需要掌控这一过程的自由，因为如果这种探索过程是我们自发的，我们往往能够更加投入（一个孩子如果在学校里被迫地读某本书，他很可能一辈子都会讨厌这本书的作者）。

史蒂夫·李（Steve Lee）和塞巴斯蒂安·斯伦（Sebastian Thrun）来自神秘的谷歌 Google-X 实验室，目前他们二人正在研究人工智能技术和无人驾驶汽车以及其他一些项目，他们每天主要讨论的就是非结构化和无标签数据。而我们的这个原则就是指选择非结构化和无标签数据以及选择将其称作什么的自由。

如果我们真的想要管理我们个人同想法之间的关系，就必须变得足够强大，能轻易地摆脱不好的想法，同时又能够轻松地拥抱新想法。个人的热情可能是盲目和令人沮丧的，但没有比被坏想法束缚更糟糕的事了。

我有时会把创意经济比作一种"失败经济（economy of failure）"，这或许会吓到那些关注成功的人士。实际上，任何人在通过胡乱尝试的方式来试图将感兴趣的想法提升到更的阶段的过程中，犯错误的情况远比不犯错误更常见。如果每一次都作对的人，那就不是真的在做尝试了（除非运气实在太好）。

一个人的好想法，在另一个人眼里却可能是极其荒谬的。亨利·福特（Henry Ford）和华特·迪士尼（Walt Disney）在创立以自己名字命名的伟大企业之前，都经历了无数挫折。迪士尼创作米老鼠的原因是他失去了之前的作品奥斯瓦德（Oswald）幸运兔的使用版权，他感到无比愤怒，因而不得不重新创作另外的动画角色。比尔·盖茨（Bill Gates）创办的第一个公司也并不成功，尽管并不完全是他的错。拉迪亚德·吉卜林（Rudyard Kipling）曾被《旧金山观察报》（San Francisco Examiner）的编辑讽刺说"你根本不懂英语"，但八年后他获得了诺贝尔文学奖。猫王埃尔维斯·普雷斯利（Elvis Presley）也有过试唱失败的经历，甚至有人建议他回去开大货车。但他随后就改变了演唱风格，并在两年后发布了自己的第一首冠军单曲。

这种自由不仅包括熟悉的事物，也包括一些你不知道的事物。言论自由的原则指一个人有说话的权利，即便是你所说的话别人不同意，或在别人看来是愚蠢的、令人震惊的。伏尔泰（Voltaire）有一句经典名言被人们广为传颂："我不同意你的观点，但是我誓死捍卫你说话的权利。"有可能伏尔泰自己从来没写过这句话，尽管它的确反映了伏尔泰的学术观点。而且，很有可能，这句话出自一名英国女作家伊夫林·比阿特丽斯·霍尔（Evelyn Beatrice Hall），她借用一个男性化的笔名塔伦泰尔（S. G. Tallentyre）写下了这句话。这个冒名顶替的故事为这句名言更增添了几分传奇色彩。我们需要做我们自己的自由。

自由要市场
FREEDOM NEEDS MARKETS

市场通过提供信息资源、注意力和资金分配等方式帮助人们对价值进行评估。即便是在最初级的路边市场,人们在掏钱之前也需要做出若干考虑。我们发现发生了什么,决定付出一些时间,随后我们会来到市场并寻找我们感兴趣的东西。我们需要了解市场都提供了什么产品,以及寻找我们感兴趣的东西。所有市场在成为购买市场之前,首先是时间、注意力和信息的市场。赫伯特·西蒙(Herbert Simon)和凯文·凯利(Kevin Kelly)都曾提出过注意力经济(眼球经济)的概念,意思是在购买过程中人们付出的注意力即便不比支付的钱更多,至少也不会少。它揭示了一个道理——**支付金钱和付出注意力这两件事,用的是同一个动词"支付(pay)"**,而且通常在支付金钱之前,总是会先"支付"很多注意力(虽然也并不总是如此,但这样肯定更明智)。

市场和经济的历史相互交织、相互支持。在创意经济中,创造和购买同等重要。的确,个人可以依靠自身的努力变得有创意,国家和有钱的赞助商可以资助杰出的艺术家及艺术作品,但一个正常运作的经济体系需要不同形式、规模的开放交易场所。交易想法所需要的资源成本和交易成本都很低,同时交易的速度很快。众多设计、媒体和娱乐行业的创新能够取得巨大成功的主要原因,不仅在于人们创造了新的产品,同样也因为是他们创造了新的市场。

苏联以及包括曾经于一段时间内在中国实施过的计划经济难以促进创意经济发展,因为当时的体制不鼓励人们拥有和分享他们的想法,除非这些思想与统治阶级的利益一致。独立思考、提出质疑以及挑战思想权威被认为是不忠诚和愚蠢的行为。政府对所有信息资料和观念想法进行强力控制,其目的是保证自己的政策顺利实施,而不允许任何个人寻找真相。

如果一个国家拥有具备一定弹性的公共部门、独立的管理机构和自由的新闻媒体,而政府又与这些机构是合作关系,并尊重他们的自由,那么实行干涉主义的政府其存在本身并不是问题。战后经济重建时期的日本、德国政府就很好地说明了这一问题。有充分的理由说明,这两个国家的经济之所以能够迅速崛起并成为世界主要的出口大国,很大程度得益于他们有一个具备强大意志的政府。但同样的原因也导致了这两个国家在创新方面的发展胜过了在创意上的发展。

我们可以用三个标准来对市场进行判断:开放、公平以及效率。首先谈第一个指标"**开放(Openness)**":开放的市场允许来自任何国家的竞争者进入，而封闭的市场会设置壁垒阻碍外国投资者进入。这些壁垒可能是显性的，比如进口关税和入境许可；也可能是隐性的，比如让外国投资者感到难以应付的官僚体制和监管障碍。

第二个指标"**公平**（Fair）"：公平的市场是指所有企业都能基于平等的条件以各自想法的优势进行竞争的市场。垄断型企业或在市场中占统治地位的企业（绝对垄断的情况很少出现）拥有巨大的市场调节能力，它们可以使市场朝着有利于自己的方向倾斜。例如，它们会将价格削减至成本之下以阻止新的竞争对手进入市场，也就是大家熟知的掠夺性定价。很多企业会按有利于自己的方式扰乱市场。有些国家，尤其是美国、英国和德国有着强大的鼓励竞争以及反垄断法律。但在技术发展迅速、市场界限模糊的情况下，这些法律很难实施。

第三个指标"**效率**（Efficiency）"：创作者（creators）是否可以尽快找到买家，以及买家是否可以快速找到他们想要的东西？一个高效的市场可以让产品的质量信息、功能信息和价格信息得到充分的流通，并将卖家和买家（或用户）集聚到一起。如果买家能够充分掌握市面产品的相关信息，那么得出供需曲线的效率就会提高，并能获得最优的价格。但实际上，市场的透明程度往往没有那么高，其原因是供应方通常非常善于通过操控市场信息，并通过加强市场地位或保持品牌独享权的方式让自己的收益最大化，而不会为消费者提供全部的信息。

爆发于美国和欧洲的经济危机冷却了我们对市场的热情。完全理想化的自由市场几乎不存在，人们发现大多数市场根本无法做到开放、公平及高效。市场的自由性使得世界经济自 20 世纪 80 年代起飞速发展，这得益于广告业的增长、媒体与电信行业的自由化以及金融数据的增长，这些因素极大地扩张了市场供应产品的范围。许多企业利用这种市场的自由性鼓励人们超前消费，购买他们并不完全理解的产品，也可以说并不需要的产品（尽管购买不需要的产品并不是一件新鲜事）。作为这个问题的本身一部分，更深入地去理解市场是如何运作及规范的，也可以帮助我们更好地回答这个问题。当前，尤其在欧洲，各国政府刚刚开始对市场规则进行修改，包括自由竞争、税收、消费者保护以及知识产权等方面的政策法规，以适应新的创意经济。

通过对市场进行观察，我们能够评估交易的规模和性质。中国的艺术品市场是什么样的？美国的创作型歌手市场发展如何？巴西的市场如何？欧洲设计产业的增速是否比美国更快？中国的建筑设计市场发展如何？我们可以看到哪里的市场允许自由竞争，哪里的新企业又被排挤出局。市场分析可以帮助我们看清有关版权和专利权的法律对创意和创新的影响，有助于我们判断监管制度对于创意经济的发展是帮忙还是阻碍。

我们可以观察那些新的发展趋势。自媒体市场的发展情况如何？纸质书和电子书的市场发展相比又如何？印度尼西亚的手工艺品市场的发展如何？廉价住房的市场发展如何？想法实验室（Idealab）的创始人比尔·格罗斯（Bill Gross）曾发明了一种售价仅为2 500美金的廉价住房"世界屋（WorldHaus）"，根据他们的数据，该市场的价值将高达4 240亿美元。太阳能照明技术市场发展如何？根据世界银行的数据，全世界仍有15亿人口家中没有通电，按每户8~20美元的价格计算，整个市场价值将高达200亿~300亿美元。

第三章　首位的才赋
THE FIRST TALENT

旧想法与新意义
OLD IDEAS AND NEW MEANINGS

我们已经见识到"更聪明"的半兽人是如何让行人过街更安全的。在这个故事中,两三个各自行业的顶尖人物在持续思考如何做到更好。创意是一个复杂的集束(bundle),但可以这样概括:**创意是通过某种方式利用一个想法来生出另一个更好的想法**(using an idea to have another idea that is better in some way)。最初的想法无论是旧的或新的、我的或你的、私人的或公开的,也可以仅仅是一个有趣的可能性,但只要具备"有趣"和"可能"这两点就足够了。**当我们开始从一个旧想法中发现新意义,并测试它是否可以应用时,创意就已经开始。**

颠倒的混合
A TUMBLING MIX

首先,创意始于我们个人的、独特的想象;接下来至关重要的阶段是,选择并赋予其恰当的意义,包括对其命名和进行描述,尽管这些命名和描述很可能会因时而变。有意义是有趣的必要前提,而有趣又是其他任何事物的必要前提;第三阶段新颖性(novelty),也是创意最重要的性质,但有些想法仅仅具备新颖性但却算不上有趣。我将依次介绍每一种因素,尽管这个过程往往是一种颠倒的混合。我们希望能找到有可能发生的、有趣的想法,并判断这个想法是否具备新颖性。

个人化
Being Personal

当我们面对需要解决的问题,或者面对某件多少还算令我们满意的事,却还是忍不住想能否通过其他方法使它变得更好的时候,创意就像一种古怪的冲动一样产生了。这种吹毛求疵也许并不是毛病,而更像是一种质询,一个出于表达自我观点的自娱自乐而决定进行的某种挑战。著名导演萨姆·门德斯(Sam Mendes),他的电影《美国丽人》(American Beauty)曾荣获五项奥斯卡大奖,他还执导了詹姆斯·邦德系列电影《007大破天幕杀机》。他在谈到自己执导某部戏的创意瞬间时强调说:"你会发现有些事只有你才能做,也只有你才能说出来。"

德国广告撰稿人、电影制作人赫尔曼·瓦斯克(Hermann Vaske)曾问过不同的人,为什么他们都那么有创意。这些人的回答表明,他们无法想象其他的生活方式。他们指的是生活,而不是工作。诗人、音乐家劳丽·安德森(Laurie Anderson)说:"其他的方式实在没意思";指挥家丹尼尔·巴伦博伊姆(Daniel Barenboim):"因为我好奇心很强";音乐人大卫·鲍伊(David Bowie)说:"创意对我来说就仿佛是要找到一个我能开始起航,但又不会从边缘跌落的地方";音乐家布赖恩·伊诺(Brian Eno):"在创意过程中,你不仅能驾驶自己的飞机起飞,还可以令其坠毁,然后转身离开";美国平面设计师大卫·卡森(David Carson)的回答则更加直接:"为什么不呢?"

艺术家克里斯托(Christo)说:"我就是忍不住要这样做";建筑设计师弗兰克·盖里(Frank Gehry):"没有其他的事可以做";艺术家达米恩·赫斯特(Damien Hirst)的回答具有代表性:"我不知道";艺术家大卫·霍克尼(David Hockney):"我需要这样做";演员丹尼斯·霍珀(Dennis Hopper):"我感到绝望、孤独,感觉自己无路可逃";瓦斯克的德国同胞、诺贝尔文学奖获得者君特·格拉斯(Günter Grass)多次提到:"因为我必须这样做"。

几年之后,美国作家库尔特·冯内古特(Kurt Vonnegut)在其散文集《没有国家的人》(A Man Without a Country)中表达过类似的观点:

> 艺术并不是养家糊口之道,而是一种让生命变得更可以承

受的非常人道的方式。老天，玩艺术不管玩得好或烂，都能让你的灵魂成长。边洗澡边唱歌，跟着广播跳舞，讲故事，给朋友写诗——即使是烂诗，尽可能地做好，你就会得到巨大的回报。你将已经有所创造。

对于这些人来说，冯内古特还暗示，每个人都拥有从事创造的机会。将一个人的创意想象力押宝在和世界不同上，比起成为一个大型组织中无足轻重的一员或信息社会中的一个比特可能更加可靠和有趣。创意人士需要从自己开始，努力面对真实的自己，一根筋地坚持他们所做的事情，即便全社会都根本不理解他们在干什么。这些人对自己的事业充满激情，甭管是全职还是兼职，有钱拿还是没钱拿，他们自己最清楚怎样做最有效，而这些全因他们自己想把事情做到最好。

1911 年，伊弋尔·斯特拉文斯基（Igor Stravinsky）在创作《春之祭（The Rite of Spring）》的时候，当时正住在瑞士克拉朗斯（Clarens）的一个小房子里。罗伯特·克拉夫特（Robert Craft）讲述了其他房客向斯特拉文斯基的女房东抱怨的故事，他们认为他弹错了曲调。斯特拉文斯基反驳说，"在他们看来这些曲调都弹错了，但我不这样认为，在我看来这是最美妙的曲调"。当他第一次上台演奏的时候，观众们也像他的那些邻居一样嘲笑他，他只得愤愤不平离开舞台，但后来这段长约 30 分钟的作品成为 20 世纪最重要的曲目之一。

关于创意是否总是取决于个人的见解，或者一个群体是否具有创意，这是有争议的。似乎大多数知识和大部分的知识表达都存在于个人的头脑中，而思想通常是由个体来表达的，而一个群体的知识仅仅是构成它的个体的知识。这样说来，群体创意只是一种比喻。如果是这样的话，群体的想法只能是隐喻性的。但是，一个群体中的人可以产生一个他们不可能单独产生的想法也是事实。这两个过程似乎同样有效。个体需要群体，就像群体需要个体一样。

同样问题也出现在计算机领域。计算机有创意吗？现在的超级计算机其运算速度已经达到每秒万兆级运算，但我们不能把速度和智慧混为一谈。**真正的问题在于计算机是否能够进行创意，即有目的性地利用一个想法创造出另一个想法。**对于那些被简化为数据和逻辑的问题，计算机都能获得好的成绩，这就是为什么 2011 年 IBM 的沃森（Watson）超级计算机能够在电视问答节目《Jeopardy》中打败两个人类选手,但在面对复杂词语、图片组合(或声音)或在文化层面有歧义的问题时却惨败的原因。计算机只能根据我们给它的指令和规则运行,到目前为止,我们还无法通过程序设计让它们处理非线性、主观化的信息(毕加索曾说,计算机没有什么用处,它们唯一能做的就是告诉你答案)。**按心理学家的话来说,它们更擅长于快思考,而不是慢思考**。计算机未来是否能逾越这些制约,还有待时间来验证。同时,像其他工具一样,计算机能够帮我们表达新想法(如果简化为数据的话),**有时我们很难在人类、工具和算法之间划清界限**。

玩命名与玩意义
Playing with Names and Meanings

能够产生一个想法的人,有机会首先为这个想法命名,并说出其意义。随后,其他人可以提出自己的建议,这些建议可能与最初的想法一样有创意,并能提供更多的价值。

我们可以在爵士演奏中看到这样的例子。底特律风投公司(Detroit Venture Partners)的CEO乔什·林克尔(Josh Linker)是一名专业爵士吉他手,他经常与康普科纬迅软件服务有限公司(Compuware)的首席技术官(CTO)保罗·恰尼克(Paul Czarnik)一起演奏爵士乐,后者是一名键盘手。他说爵士音乐家习惯同别人一起创作乐曲,**他弹奏的曲子有可能引导别人,也有可能被别人引导**。这种说法形象地描述了意义是如何出现的。如果林克尔只顾自己演奏,而无视恰尼克的演奏,那么结果就只会是一团糟(我听过他演奏,的确是这样)。如果他和恰尼克在演奏过程中相互配合,相互补充,那么结果一定是美妙的音乐。

协作可以帮助人们按自己的方式阐释想法的含义,并提出自己的创意。有时他们的想法可能会沿着初始创意的思路前进,有时会反对它,改变它,或把它当作另一种意义的跳板。

新颖性如何
How New is That?

新颖性通常被认为是创意的重要标志,但其本身并没有多大价值。新颖是必要的,却又是远远不够的。美妙、漂亮、便宜或方便更容易吸引人的关注，更能产生价值。想要弄清新颖的程度通常没有意义，因为它是很难精确衡量的。这个世界太大太丰富，各种想法简直是无处不在，当我们持续不断地运用我们的记忆产生新的、更好的意义的时候——通常是无意识的——我们很难准确判断哪个创意是原创的。

在著名的《约翰逊字典》（1755年出版）中，塞缪尔·约翰逊（Samuel Johnson）为动词"创造（to create）"给出了五种定义。第一种解释是"无中生有"。这种情况很少发生，可能反映了在他那个时代，人们相信存在着具有开天辟地能力的上帝，**另外一种解释是指人们把现有想法重新混合的方式**。各种想法的新颖程度不尽相同，有些想法在小孩子眼里是新颖的，而在大人看来却是非常熟悉和理所当然的；而有些想法对每个人来说都是新颖的，"每个人"指的可以是市场、文化或是整个人类历史。后者听起来让人印象深刻，但即使这些最极端的想法也不能保证它对任何人都是有趣或有用的。

在如今的氛围下，重要的不是你的想法从何处而来，而是你准备如何利用它。在当代文化中，思想是极其混杂的，特别是在艺术、娱乐和设计领域。好莱坞愿意对任何能够被创作成电影的想法敞开大门：好莱坞的电影人可以从创作剧本（《盗梦空间》），改编小说（《龙文身的女孩》），到翻拍老电影（《大地惊雷》）；他们也喜欢拍前传或续集（虽然并不总按这个顺序）；他们讲述真人改编的故事《国王的演讲（The King's Speech）》以及外星人的故事《阿凡达（Avatar）》；或者把两者混在一起《火星人玩转地球（Mars Attacks）》；面对一个四肢瘫痪的影星克里斯托弗·里夫（Christopher Reeve），他们重新以这个坐轮椅男人为题材拍摄了经典电影《后窗（Rear Window）》。他们拍摄了钻进演员脑子里的电影《成为约翰·马尔科维奇（Being John Malkovich）》。他们可以采用任何想法来作为梦的开端，无论这个想法看起来多么简单或愚蠢。他们不在乎传统艺术和文学领域所谓的正确与错误、更不在乎想法到底是原创的还是借用的，甚至说，不管是新的还是旧的。

双态切换
FLICK THE SWITCH

对创意进行重新混合的过程中，有时需要我们精力集中地分析计算，有时又需要我们思绪无意识地驰骋神游。这两种状态分别对应着两种情绪。在前一种情绪中，人们对周围事物高度警觉；后一种情绪恰好相反，人们会忽略周围事物，甚至像在做梦。**而创意过程管理就是要管理好这两种状态，并适时地在两种状态之间相互切换。**

这与我们对睡眠的理解有一些有趣的相似之处。我们每个人都要睡觉，也明白"睡着了"的意思，但对于睡眠到底是什么，目前医学或心理学尚无统一定论。人们普遍认为睡眠是一种特殊的无意识状态。然而从无意识到睡眠状态，再从睁眼到清醒，这之间是否存在一个渐进的过程呢？我们又可否把这一过程从清醒状态再扩展到创意力（being creative）状态？换句话说，创意是否属于一种独特的、高度多样化的意识状态？

心理学家荣格（C. J. Jung）遵循弗洛伊德的理论，把这种精力集中且高度清醒的意识状态（第一种状态）描述为"情绪高度紧张的时刻（moment of high emotional tension）"，把大脑神游的状态（第二种状态）描述为"想法如梦境图像般在脑海里逐一飘过的沉思状态（state of contemplation in which ideas pass before the mind like dream – images）"。**他相信这一过程是可以被管理的**。爱荷华大学的范·艾伦（Van Allen）神经学讲座教授、神经学家安东尼奥·达马西奥（Antonio Damasio）也提出了存在、意识和创意的循环关系。他发现，**当人的思想无边无际地自由驰骋，而不局限于陈旧的知识或僵化的逻辑时，就有可能会获得意想不到的结果。**通过测试发现，相比精神高度集中（focused）状态，当人们处于走神（wandering）状态时，大脑往往更容易以一种惊人的方式将不相关的概念联系在一起，从而使人的创意产能更高。芝加哥伊利诺斯大学的珍妮弗·威利（Jennifer Wiley）认为，**"精神过度集中可能会妨碍创意工作或解决问题的洞察力"**。威利教授提出适度醉酒可以帮助人们提高横向思考能力，这一观点受到了好几代美国人的欢迎。

这两种状态分别对应着不同的脑电波。类似梦境的状态对应的是更低、更慢的阿尔法脑电波，每秒振荡 4~8 次或 8~12 次（赫兹）；意识清醒或精力集中的状态对应的是频率更高的 β 脑电波，每秒振荡 12~15 次或 15~18 次；以及更高、更快的伽马脑电波，每秒振荡 25 次以上。当脑电波呈稳定的伽马波时，大脑处于精力异常集中的状态，当脑电波呈缓慢的阿尔法波中夹杂着少数伽马波峰值时，大脑处于横向思考的状态。

心理学家米哈里·契克森米哈（Mihaly Csikszentmihalyi）曾说：

"对于在画板前的艺术家,或在实验室里的科学家,当期待中的、难以达成的目标即将达成时,创意瞬间就会突然出现。"在《心流:最佳体验的心理学》一书中,他把"最佳体验"(optimal experience)的状态描述为"技能胜任挑战"(skill matches challenge)。神经生物学家查尔斯·谢灵顿(Charles Sherrington)认为,人脑是一台"魔法织布机"(enchanted loom),它编织着外部世界的图像。**我们的想象力(imagination)试图将每个新形象(image)与我们已知的东西进行比较,揭示差异并相应地做出调整**。创意并不是单一的行为,而是多种过程的混合。我们需要明确的理性和主观的梦想,并将我们所知道的与真实的和可能的事实进行对比。

创意之环
THE CREATIVE CIRCLE

人们在创意完成时最著名的一句口头禅是"尤里卡(Eureka)",这个希腊词汇的意思就是"我找到了"。现在,当人们在发现某种东西的时候,无论是一种新理论还是一把丢失的钥匙,他们都会欢呼"尤里卡"。关于这个词的起源还要追溯到古希腊时代,国王希厄隆(Hieron)抛给阿基米德(Archimedes)一道难题,要他想办法判断一顶皇冠究竟是纯金打造的还是掺了银。阿基米德苦苦思索几个月也未能找到答案。直到有一天,他准备洗澡的时候发现脚一踏进浴盆,水就会自动流出来。他突然意识到投入水中物体的体积、重量与溢出水量之间存在特定的联系。如果把皇冠放入水中,纯金皇冠溢出的水量一定比合金皇冠溢出的水更多。据传说,兴奋的阿基米德抑制不住内心的激动,竟然光着身子跳出浴盆冲上街头,并高喊着"尤里卡"。

如何才能不必裸奔也可以获得自己的"尤里卡"时刻呢?我有一个模型,混合了五大步骤创意过程,将幻想和分析、直觉飞跃和冷血的计算相结合,我把其归纳为"骑手模型"(RIDER)。

- 审视(Review)
- 孵化(Incubation)
- 幻想(Dreams)
- 兴奋(Excitement)

- 现实校验（Reality Checks）

审视（Review）是指对事物进行观察，发现事物的特别之处，创造关联，并反复地思考"这是什么？""为什么这样？"等问题。这是一个对原始材料（经济学家称之为生产要素）的有意识评估。原始材料还包括那些归于我们潜意识，却容易被经济学家所忽略的东西。简言之，**原始材料既包含想法也包含事物。**

孵化（Incubation）是指让我们的想法自行整理。这是一段休息时间，有可能持续几分钟，也可能是几个月。有创意的人知道什么时候需要开始孵化，并且拥有进行孵化所需的时间、金钱以及所有一切必要资源。幸运的是，基督徒和犹太人创世神话的作者相信，即便是上帝也会疲倦，而不得不在第七天休息。因此，我们拥有足够的休息时间。

幻想（Dreams）是指在不受任何限制的、无意识的、漫无边际的神游中探索千奇百怪的神话、象征和故事，无论是在夜晚睡梦中还是白天梦里。极富创意的弗朗西斯·培根（Francis Bacon）将这一过程称为"游荡（drifting）"，这一过程会将自己的思想完全敞开，接纳任何外界影响以及未知能量。萨默塞特·毛姆（Somerset Maugham）说："遐想是创意想象的基础。"哲学家兼数学家怀特海（A. N. Whitehead）说："现代科学赋予人类漂泊的必要性。"托尔金在《指环王》一书中写道："流浪的人未必都迷茫。"

兴奋（Excitement）是指推动直觉蹦出的肾上腺素和半计算横向移动（Half–Calculated Sideways Movements），让大脑可以放松地问"如果……会怎样？"而不是去怀疑这个答案是理智的还是疯狂的。这非常接近荣格提出的"情绪高度紧张"时刻。诀窍是不必三思而后行。

我们需要通过进行**现实校验**（Reality Checks），来确保幻想和直觉不会把我们带得太远。我们需要分析和权衡我们处在什么阶段，重新核对问题，并仔细研究各种可能的答案。校验的缜密程度、时间安排以及我们需要严格到什么程度，都需要认真考虑和管理。而且，可能需要反复进行实验。

关于这些步骤有几点需要说明。最明显的问题是上述步骤有些是对立的。比如幻想和校验，这两者需要不同的心态模式。**创意就是这样一个时而开放，时而封闭，时而收紧，时而放松，相互迁就**

又不断取舍的过程。曾在伦敦国家剧院担任导演，执导过音乐剧《猫》和《悲惨世界》的著名艺术家特雷弗·纳恩（Trevor Nunn）认为创意过程的特点是"时快时慢"。这些过程囊括了不顾一切的冒险和投机行为，耗尽一个人所有的才能，在其中充满自信和忧虑，既包含硬的事实（数据，暨"真实世界"），也包含软的感知（幻想及来自内心的直觉）。

这些步骤间并没有什么神秘的顺序，实际上，根本不存在任何顺序。我把它们按照一个看起来理性的顺序进行排列，目的只是方便大家记忆。这些步骤之间没有等级、层次之分，不存在从哪个步骤开始更好，也不是说在那个步骤结束不好，我们可以从任何一个步骤开始创意，有时我们需要从幻想开始，有时我们又可以从审视入手，每一次都是不同的，最重要的是开始行动。有的人想要一个现成流程，有的人等待发令哨声，有的人等着别人"告诉"他们怎么干，这样的人注定创造不出什么。

认真地玩
SERIOUS PLAY

孩子假定创意是一种游戏，明智的成年人也会如此认为。荷兰历史学家约翰·赫伊津哈（Johan Huizinga）根据"智人"（Homo Sapiens）一词发明了"游戏的人"（Homo Ludens）这个术语，**意思是人类开始游戏先于开始思考**。游戏的本质是轻松愉快；如果它不再有趣，人们就不再玩了。游戏是自愿的，但在规定的规则下，每个人都绝对服从，即便规则和惩罚可能是武断和愚蠢的。"玩"这件事既微不足道，却又极其重要。这常令人对正在工作的创意人（creative people）感到迷惑："你看上去并不是在工作！"尽管他看起来一副轻松自在、漠不关心的样子，实际上他正完全沉浸在创意当中。这是一个不确定，甚至充满风险的过程，与循规蹈矩和重复完全相反。

电影制片人大卫·普特南（David Puttnam）说："跳踢踏舞的那段日子，是我人生中最精彩、最具创意的时期。"——他经常与亚伦·帕克（Alan Parker）（曾执导《午夜快车》）和雷德利·斯科特（Ridley Scott）（曾执导《异形》和《普罗米修斯》）一起在办公室里跳踢踏舞。

"我们往往花几个小时跳踢踏舞,跳舞的过程中,一个广告创意就完成了,太神奇了。我们有时一起捧腹大笑,有时会争得面红耳赤,甚至不欢而散,但那些伟大作品就是在这样的过程中诞生的。"人们在游戏过程中变得轻松愉快,并不只是因为他们玩得更开心,还因为他们收获更多、更快。我对于讲这个故事持谨慎态度,主要是希望公司的培训经理们不要光顾着刻意组织踢踏舞会,而忽略了其中的本质。**普特南的乐趣是完全自发的,甚至带有恶作剧的性质。**

塞缪尔·约翰逊曾说过,"几乎不会有人把自己的工作当作乐趣"。和当时相比,现在这个判断已经站不住脚了。对于创意人士来说,工作就是快乐,他们往往更同意诺埃尔·科沃德(Noel Coward)的观点"工作比快乐更快乐"。对许多人来说,工作就是生活,他们自然而然地开始工作,就好像必然发生的一样。最理想的情形是,他们从事着高品质的工作,享受着高品质的生活,工作与生活相互缠绕,相互支撑。

诺贝尔物理奖得主、20 世纪后期最伟大的物理学家理查德·费曼(Richard Feynman)在早年读康奈尔大学的时候就曾下决心:

> 我只为感兴趣的事情而工作。有一天我正在吃午餐,旁边一个小孩将一个餐盘抛到了空中。盘子上有一个蓝色的圆形图案:康奈尔大学的标志。当盘子下落的时候,盘子不仅在转动,也在摆动。我突然发现蓝色图案转动的速度比摆动的速度更快,这让我很奇怪,这两个运动速度之间难道有什么必然联系吗?我当时只是很好奇,并没有什么特别重要的目的。后来,我用旋转物体的运动公式计算发现,当摆动角度很小时,蓝色图案转动速度是摆动速度的两倍。为什么会这样?只是出于兴趣,我对这个问题进行了研究。但这个研究把我引向了电子旋转时出现的类似问题,然后又引向量子电动力学——这正是我目前研究的工作。我就继续在这种愉快的过程中摆弄旋转的盘子,直到有一天,就像酒瓶里突然蹦出来的木塞一样,一瞬间所有问题的答案都涌现出来。很快我的研究就取得了突破性进展,并为此赢得了诺贝尔物理奖。

从这个故事以及阿基米德高喊"尤里卡"的故事中,我们学会了三件事情：第一是要有乐趣；第二是大脑里要经常带着问题；第三是不要忘记吃午餐。

思考的长相
WHAT THINKING LOOKS LIKE

当人们变得更善于管理自己的才能时，他们就会形成鲜明的个性特征。最清晰阐述"创意精神"（Creative spirit）的分析家之一，安东尼·斯托尔（Anthony Storr）认为，他们的特点是，与他人相比，他们有更大的对立面，而且，同样重要的是，他们更加意识到这些对立面。他们不会堵死任何一个可能性。物理学家尼尔斯·玻尔（Niels Bohr）说他父亲最喜爱的格言是"伟大的真理的反面依然是伟大的真理"。F·斯科特·菲茨杰拉德（F. Scott Fitzgerald）在其散文集《崩溃》（The Crack-Up）中写道，"对于最高级智慧的考验是在头脑里同时保持两种对立的观点，并且还能保持正常思考的能力"。

斯托尔认为，能够成功管理创意的人意志更坚定，更善于探索这种紧张的对立关系。他们通常有很强的自我意识，在家庭生活中往往也非常有创意。拥有这种思维的人，通常他们的家和花园也很漂亮。相比普通人，他们更加独立，更在意事物的外观和形式，对复杂和不对称有更强的偏好。按歌德的话说，他们"热爱真理"，有更明显的双性恋倾向。**萨尔瓦多·达利（Salvador Dali）曾建议说**："你必须系统性地制造混乱，才能自由地释放创意。"

英国最成功的电视制作人之一，现任英格兰艺术委员会的主席彼得·巴泽尔杰特（Peter Bazalgette）认为创意人士具备六种性格特质。第一是开放的思维方式："这意味着你的思想可以在类似梦境状态下驰骋遨游"；第二是独立的思维："创意人士是规则的破坏者，而不是规则的建立者"；第三是不惧怕改变；第四是"白纸测试，即创意人士能够在空白的纸上凭空画出一些事物"；第五是具有强大的幽默感；至于第六点，他赞成斯托尔的观点，认为创意人士都是拥有竞争意识和远大理想的人。瑞典心理学家肯·安德斯·埃里克森（K. Anders Ericsson）通过统计发现，掌握一项技能至少需要 10 000 个小时的反复练习，随后小说家马尔科姆·格拉德威尔（Malcolm Gladwell）将其总结为"一万小时法则",并通过自己的书将其推广开来。但是如果将这 10 000 小时用于探寻未知和相互竞争可能会更加有收获。

鲍威（Bowie）和伊诺（Eno）在答复制作人瓦斯克（Vaske）的问题时说，那些有创意的想法只有在悬崖的边缘，几乎快失去平衡的状态下才会涌现。心理学家欧文·高夫曼（Erving Goffman）穷其一生都在思考"那些发现真理的关键时刻，即人们赌博式地冒险去证明自己是对的，或进一步说是证明自我的瞬间，无论这些行为有多么疯狂或不合理"。

史蒂夫·乔布斯（Steve Jobs）取得的非凡成就是上述创意人必备特质的生动证明。硅谷的内部刊物《连线》杂志将乔布斯的苹果公司与硅谷核心价值进行对比后发现，乔布斯至少打破了五条硅谷的神圣法则。硅谷主张"拥抱开放的系统"，但乔布斯设计的苹果软件只能在苹果产品上运行；硅谷主张"沟通，发表你所做的事情"，但乔布斯从来不与媒体打交道，甚至根据《连线》的说法，他还起诉泄露他创意的人；硅谷主张"保持友好"，但乔布斯建立的苹果公司却毫不留情地打压竞争对手；硅谷主张，"迎合客户"，但乔布斯只是做他自己想做的事情；硅谷主张，"善待员工"，但乔布斯却冲任何人都大喊大叫。《连线》还加上了流传于硅谷的一句话，"专注软件开发"，但乔布斯却只专注于设计，软件全都是收购来的。

创意人士的特质不是那么容易归纳。诗人艾略特（T. S. Eliot）是充满怪异癖好的人，他喜欢写刺耳哀伤的诗，但他在劳埃德银行的工作却非常出色，涂脂抹粉，喜爱观察野生鸟类，还热衷于拳击。据他的传记作者彼得·阿克罗伊德（Peter Ackroyd）讲，艾略特意识到了这些不一致之处，但却又没有兴趣对其进行梳理，或与自己的文学创作联系起来。

人们在宗教、道德、礼仪和性等最基本的问题上存在分歧，但几乎所有的文化群体都认识到创意是人类发展最重要的源动力之一。创意可以让常规和重复性的事物变得更加有活力和与众不同。苏格拉底认为，没有反思的人生不值得过。当莎士比亚的李尔王想要表达一种完全徒劳的意思时，他是这么说的："一无所有只能换来一无所有。"**我们欣赏有创意之人，因为他们能够把旧事物变成新事物；同样，我们也可能因为同样的原因而对他们感到畏惧。**

当人们停止了创意（being creative），他们就停止了改变，停止了学习，从更重要的方面讲，可以说停止了生命。正如鲍勃·迪伦演唱的那样，"他不是忙着出生/而是忙着去死"。埃及律师、经济学家，现任世界知识产权组织总干事卡米尔·伊第莱斯（Kamil Idris）说过，"这是最简单的规则：要想活着，你就必须去创造"。如果没有创意，我们就不能再想象，不能再发现或发明任何东西，也不可能拥有火、语言或科学。时至今日，如果我们不能创意，我们就不可能把明天的生活创造得更美好。

20世纪最伟大的英国演员之一劳伦斯·奥利维尔（Laurence Olivier）曾在某晚的《亨利五世》中呈现了非常完美的表演，让在场的观众和其他演员都赞叹不已。当最后一幕落下后，查尔斯·劳顿（Charles Laughton）与其他演员来到奥利维尔的化妆室向他表示祝贺，却发现他一个人在流泪。"但是拉里，"劳顿说，"你的演出真是太棒了。""我知道，"奥利维尔说，"但我不知道为什么眼泪就这样流下来了。"创意并非易事，正如奥利维尔所知，创意是永远不可能重复的。

第四章　想法扎根的地方
WHERE IDEAS TAKE ROOT

选择正确的地方
CHOOSING THE RIGHT PLACE

对于创意生态的思考源于一项日常观察：不同的地方产生创意的水平是不同的。有的地方对创意非常友好，也有的地方对创意不理解甚至怀有敌意。不同地方的自由度也不同，这会影响到什么人能发言，什么内容可以讨论，不同地方的市场条件也决定着谁可以在市场上进行交易，谁不可以。

对于这两种情况，每个人的态度也不一样。有些人更在意是否有表达自己观点的自由，而另一些人则对市场需求更感兴趣。如何在表达自我和迎合他人之间做出选择向来是个老大难问题。因此，某个地方是否会令创意人感到友好并不是绝对的，而是取决于这个地方与个人发展方向的匹配程度，以及是否有机会让找到市场突破口和开展创新变得更容易。

科学家们最早践行了人与环境和谐相处的理念：正确的时代、正确的地点更利于取得伟大的成就。19世纪的英国、德国和法国诞生了众多的博物学家、地理学家、解剖学家、鸟类学家、生物学家、动物学家、社会学家和医生，以及为捍卫传统而辩护的神学家——一直以来，他们也是积极的纠正力量。新科学的代表人物之一查尔斯·达尔文（Charles Darwin）在上学时就开始与博物学家和科学家们书信往来。他在22岁时乘坐小猎犬号（Beagle）考察船开始了长达两年的环游世界之旅。从早期的世界环游到著作出版时的艰难抉择，生活环境对达尔文一生的影响几乎同其个人才能同样重要。

第四章 想法扎根的地方

遗传学之父、基因发现者格里哥·孟德尔（Gregor Mendel）就没有这么幸运。他比达尔文晚出生 13 年，生活在偏僻的西里西亚（如今的捷克共和国）。除了在维也纳学习过两年之外，他几乎就没有离开过自己生活的地方。因为生活在位置偏僻交通又不便利的地方，这导致他创立的理论无法为人所知。他既没有机会也没有意愿同别人见面，毕生只发表了为数不多的几篇科学论文，最终默默在一个修道院中离世，他的所有文章也在死后化成了灰烬。孟德尔是一个拥有超凡创意却未能找到合适小生境的人，达尔文完全不了解对孟德尔的发现，其他人也是在很久之后才了解到他的研究。要是孟德尔能和达尔文见上一面，那会是多么令人神往的场面。

最先提出生态学理论并为其命名的科学家恩斯特·海克尔（Ernst Haeckel）出生晚于孟德尔，他出生的城市波茨坦是一个更有趣而充满活力的城市。波茨坦作为当时普鲁士首都，是著名的科学之城。1866 年，也就是《物种起源》发表后的几年，海克尔到达尔文位于肯特的家中拜访他。他和达尔文一样喜欢旅行，尽管可能不及达尔文行走的那么远；他更喜爱广交朋友，结识了许多艺术家、作家和科学家。创作了当时极富争议戏剧《朱莉小姐》的瑞士戏剧家、画家奥古斯特·斯特林堡（August Strindberg），就是最常去拜访他的朋友之一。

达尔文收集到了可信赖的证据以证明同父母的后代可能有不同的特征，这导致有的后代可以活下来而有的不能（生存竞争）。他认为那些能够存活下来的是因为它们更适应环境（适者生存）。因而它们活得更久，它们的后代也更多。作为一位严谨的作者，达尔文没有在《物种起源》中对人类进化下确定的结论，而是留到了他之后的著作《人类的由来》一书中。

海克尔的研究则更具思辨性和自信。他喜欢构建系统并寻找事物间的联系（他最早使用"干细胞"一词来表述拥有自我复制能力并能分化出其他细胞的细胞）。他在 1866 年，也就是见到达尔文的那一年，提出了"生态学（Ecology）"概念，将其概括为研究生物体之间以及与其周围环境相互关系的科学。它与"经济"（Economy）一词拥有同样的希腊语词根"oikos"，意思是家。不同之处在于，生态学关注的不是金钱，而是研究各类资源及其是如何对生活在其中的栖息者产生影响的。它更关注环境对行为的影响和改变，包括限制性改变及刺激性改变。

四大特性
THE QUAD

我选取了生态学中的四个特性用来解释为什么有的地方对创意关联比其他地区更加友好，对新想法更加包容。这四个要素是改变（change）、多样（diversity）、学习（learning）和适应（adaptation）。我把它们统称为**创意生态四大特性**（Quad）。

这些特性通常成对起作用。第一对是**改变**和**多样**，这对特性的出现同我们是否意识到无关，且不受我们意愿的控制。第二对是**学习**和**适应**，在我们有意愿且可能的情况下，这对特性是可以由我们主动选择去做的。来自创意生态之外的人可能会更关注一个场所的改变速度和多样性，因为这对特性是可以被观察到的。而创意生态之内的人则会更关心第二对，即学习和适应。

创意生态中，**改变**和**多样**是人们融合、分析、接受和拒绝等行为持续积累的结果。当人们可以自由地挑选、复制或设法验证某个想法并说："尤里卡，就这么干吧！"或"好吧，我不知道，要不试试别的办法"的时候，改变的概率就会提高。人们可能会把一个想法用到完全不同的方向上。平面设计师可能会从一套服装上发现一种喜欢的颜色组合，并将它应用到图书的封面设计上（当然，服装设计师也可能以同样的方式从图书设计中借鉴颜色）。

当人们这样做的时候，会改变想法语境和意义，从而改变了想法本身。甚至是那些被忽略掉的想法也会在他们自己和别人的脑海中留下痕迹。这导致新想法的数量远超我们控制或想象。这个过程一旦发动就很难停下来。"创意就像兔子，"小说家约翰·斯坦贝克（John Steinbeck）说，"当你得到一对兔子并学会饲养之后，很快你就会有一打兔子。"

我们通过学习和适应的过程对这些想法进行整理。**我想要强调一下教育和学习的区别**，因为这两者经常被混淆。教育是一部分人对另一部分人做的事，通常是一种由政府牵头组织并管理，在中小学和大学向年轻人传授知识的体制，其目的是确保社会中每个人掌握同样的基础知识，信仰同样的文化、道德价值观，遵守同样的社会行为规范。教育的作用是将人社会化。教育帮助大多数孩子从一个仅有自我意识的婴儿转变成一个可意识到其他人的利益和需求的正常人。教育可以帮助大多数未成年人学会基本的认知和社交能力。当人们离开中学或大学且不再返回的时候，教育就结束了。

学习则不同。**学习是个人的自发行为，是依赖于自我兴趣、自我驱动、自我组织的过程。只有当我们想学习的时候，我们才能学习。**比起被教育，学习可能更快、更混乱，且失败率也更高，但如果学习过程得到管理，就会更有成效。**学习是创意心智（Creative Mind）的一种自我监视过程**。我们发现英语中有指代老师的词，但并没有一个指代被教育者的词，除了像学徒或学生这类指代教学对象的词。我们有指代学习者的词，但却没有指代他们学习来源的词。教育是对非特定之人所做的事情，而学习是自己对自己做的事情。教育就像读大学，因为你所有的朋友都会去读大学（这一点没有任何错），而学习则是参加在线教育课程，比如可汗学院（Khan Academy）或塞巴斯蒂安·斯伦（Sebastian Thrun）建立的优达学城（Udacity）网上大学，**以及所有为了提高自己的创意资本（Creative Capital）所做的各种日常努力。**

20世纪70年代，美国和欧洲几乎同时开始研究和探索高速分时计算，当时各国的技术发展水平相近，但各国对学习这种新技术的态度却不一样，最后证明，最重要成功因素是这种对待学习的态度。在美国，年轻一代美国学生有幸在学校接触到第一批分时计算机，这些学生们一发不可收拾地沉迷于对计算机的学习，他们不得不想出各种理由来解释他们为什么住在实验室里。大学老师也对计算机显示出浓厚的兴趣和热情。这些电脑狂人们一方面是在享受兴趣，同时另一方面也积累了未来在加州大企业里谋得职位或自己创业开办公司的潜力，在这里，学习非常快速、开放，而且可以不断累积。

几年之后，英国广播公司（BBC）通过推出电视节目、图书以及高性价比个人电脑等方式发起了"计算机扫盲计划"。1981年，英国第一台Acron Micro计算机问世，就在同一年，苹果推出了他们的第一台麦金塔电脑（Acorn公司的首字母A至今仍然存在于英国最大的软件企业ARM的名称中）。一段时期内，英国寝室极客的创造力同美国校园中的极客几乎不相上下。但几乎没有任何一所学校或大学意识到正在发生的事情意味着什么，因此也就没有重视提供计算机学习方面的支持。这导致了英国本土的电子企业数量极少，而愿意投资计算机行业的人则更少。由于所处的生态环境学习能力不足，这些努力学习计算机知识的孩子们无法获得所需要的支持，因此无法迈向下一阶段。

"学习能力（The Capacity To Learn）"是一位印尼作家、社会活动家索加摩柯（Soedjatmoko）常说的话，他认为BBC的扫盲计划是典型的教育得好但不是学习得好。他的试验品是他自己的国家。印度尼西亚于1940年宣布独立时，全国人口只有7 000万。到了2010年，印尼的人口已经飙升至2.3亿。对印尼来说，人口的增长既是好事，也是挑战。一方面这意味着更多劳动力，但同时也意味着有更多人需要吃饭，教育和卫生领域需要更多的资金。索加摩柯呼吁国际银行直接投资人们的学习能力培养，但是银行通常更加愿意投资道路、港口和火车站等基础设施建设。索加摩柯深信，对于一个社会来讲，学习能力要比外在的政治、金融、科技资源重要得多。

学习之后的下一步是**适应**，即改变我们的行为方式和工作内容。老师可以把信息罗列在学生面前，并要求他们反复背诵记在心里，但老师并不能保证这些信息是否能对学生产生任何作用或带来什么改变，就像我的老师曾经说的那样："左耳朵进，右耳朵出。"但学习却意味着改变。

华特·迪士尼曾说过，没有适应的学习是毫无意义的。"**未来不是在那等着我们去发现，未来是创造出来的，第一步是在头脑中创造，然后是在行动中实现。**"迪士尼是他那个时代的史蒂夫·乔布斯。在面对问题时，他的情绪会变得激动异常，不受任何约束地研究所有可能性，完全不理会同事提醒他别人可能已经有了答案，直到找到自己的解决方案为止。**他只把别人的话当作众多信息来源之一。在找到他自己的办法以前，他不会轻易同意任何意见。**一旦找出解决方法，他就会确保方案能够顺利实施。

"学习"并不依赖自己的结构，而是依赖于任何其他可以成为学习对象的人的结构。与"教育"所拥有的学校和课程之类资源不同，"学习"可以找到任何想要的资源。学习是一个开放过程，而不是一个大楼或课程表。专业设计公司Ideo在网上开通创新平台Ideolab时，他们称这将会是一个积极乐观、包罗万象、以社区为中心的协作交平台。它将始终处于"测试（BETA）"状态，即计算机领域的测试版，欢迎来自任何人的意见建议，时刻处于变化和改进之中。通常测试软件都不对公众发售，只提供给黑客和程序开发人员用于测试。Ideo 公司声称 Ideolab 将一直处于开发和学习过程中。这个例子就清晰说明了我们应该如何学习，如何按照自己的意愿同环境相适应。

进入，前行
Moving In, Moving On

学习和适应的速度依赖于人们所处的环境，而环境则由客观条件、偶然因素以及人们主观选择等多方面决定。我们可以自己选择在哪里生活和工作，建立同他人的关系，并采取一系列行动来让环境朝着有利于我们的方向改变。

环境是一群（相当规模的）栖息地以及嵌套其中的小生境的集合。**小生境的价值在于它能够让栖息于其中的居民了解以前发生过什么，现在正在做什么，将来值得去做什么。**只有了解这些情况，人们才能清楚自己最适合做什么，自己的创意是否能够吸引别人的兴趣和注意。选择一个适合自己的小生境包括选择能够符合自己需要的独立（自由）程度的工作环境，以及符合自己需求的人群（市场）的关注。

搬进一座新城市就是进入一个新栖息地，进入一个行业就是进入了一个小生境。如何选择适合的小生境的问题往往很难决策，因为这涉及从个人生活方式和道德观念，到技术与薪酬等多种因素。有些人看起来非常适合自己的小生境，无论是工作时间还是地点都非常契合，以至于他们看起来几乎建立了一个围绕自己的私属生态系统，并象征着一种新的情绪或风格。

在选择小生境的时候，需要考虑的主要因素是生活方式，而不是金钱。我所指的生活方式是指人们的习惯、举止、道德以及对自由和独立的态度。**把个人选择置于商业利益的计算之上似乎是一种任性，但当个人的感受对整个过程来说极其重要时，这就成为最合理的选择。**通常人们选择驻扎在某个小生境的原因是他喜欢那里工作的人，或者他希望按照那里的工作方式去开展工作。英国电视制作公司 Wall To Wall 的共同创始人亚历克斯·格雷姆（Alex Graham）曾说，**自己开公司并不是为了钱，而是为了享受掌控一切的快感**，"我希望公司制作所有节目都在自己控制当中"。当然钱也非常重要，毕竟房租还是要交的。但这不是最主要原因。他这种类型的人通常还有许多别的人生目标。

每一个小生境都有其关于想法的所有权和复制权的道德伦理。每一个小生境都在个人表达与市场环境之间建立起自己的供求平衡；每一个小生境在自我宣传和炒作方面都有自己不同的容忍度（电影业欢迎宣传炒作，但软件编程行业则反对炒作）。这些道德规范也因国家而异。美国的娱乐业采取"雇佣合同"的工作方式，而在中国则通常是"买断"的方式，即要求创作者放弃所有的权利。而在德国和法国，买断的方式是完全不能接受的，创作者通常希望对自己的作品保留全部的权利。

不同的小生境的创意范围和财务独立程度也不尽相同。创意经济的发展依赖于数量巨大的创意个体、个体经营者和小企业。英国，90%以上的艺术、文化、设计和媒体公司雇用的平均员工数量在4人以下。除此之外是一些少数的门户型企业，这些企业掌控着巨大的市场资源、顶级品牌，便利的投资基金通路，并控制着分销渠道和忠实的客户。大多数门户型企业的规模都比较大，其中一些极其庞大，如主流的网络、音乐、电视、电影、图书和传媒集团等。但小公司也同样可能成为门户企业，就如同作者想要找经纪人、艺术家想要找更知名的画廊一样。在面向大众的消费品市场行业里，个体经营者与门户企业之间的差距可能很大；而在面向专业客户的行业里，这种差距则比较容易弥补。其实，那些大型跨国企业也经常会把项目分包给一些先锋的（funky）的小型设计或广告机构。

人们是愿意成为独立经营者还是成为公司高管，实际上是生活方式的选择，尤其是当这种选择涉及是面对终端消费者还是专业客户，且通常优先于对行业的选择。据我所知，小说家或是在公司团队中供职都不能算是职业；以独立时装设计师作为职业在以前很常见，但现在可能性却越来越小。一个音乐家在数百人面前演奏表演可能风光无限，但当他面对经纪人时却可能感到绝望（这导致了大量的误解和经济纠纷）。一个建筑师或设计师有可能口若悬河地说服自己的专业客户，但如果让他直接到大街上推销产品，他可能大脑一片空白。**通常来说，对工作方式的偏好决定了行业的选择，而不是行业决定工作方式。**

毫无疑问，审美是艺术、文化、设计行业最重要的评判标准。它存在于创作者想象（Creator's Imagination）当中，同样也呈现于其他行业人士的头脑中，尽管不如创作者那么强烈。画廊老板需要拥有像他的艺术家们一样非凡的艺术表达能力（甚至更多）；时装公司为每位设计师配备上百名管理和媒体人员；互动媒体的经理人虽然不必懂得具体的技术，但是需要理解他们的程序员做了什么工作。**如果这些管理及相关工作人员不能感受到同样的创意情绪，他们就无法维持这种工作关系，也就不会取得成功。**

不仅作家，诗人更是如此，他们意外地发现软件程序员认为代码具有诗的特质（肯尼斯·戈德史密斯（Kenneth Goldsmith）在《非创意写作》中完美诠释了这个观点）。即便创意行为本身没有明显的美感，与它的最后形式也没有明显的联系，但创意的感性成分始终是存在的。许多诗人和作家相信，即使与作品最终发表方式没有关系，他们在创作过程中选择的辅助写作技术的确会影响他们的创作风格。

数字编码（Digital Coding）的普及催生了一种不容易被接受的新型审美。许多伴随着电影胶片成长起来的电影制作人就不习惯背光显示的电脑屏幕呈现出的图像。许多长年与二维平面影像打交道的电影人也不太容易接受立体3D画面。除了一些可能的竞争因素之外，电影公司和游戏公司很少合作的原因之一就是因为他们叙事的方式完全不同，并且谁都不愿意妥协。有人把这种摩擦归结为模拟与数字之间的转换问题，但实际上它是源于数字技术对审美影响的问题。这种选择非常根本，也非常个人化，如果选择的方式不对，甚至有可能会破坏创作的感觉。

源自他处的想法
IDEAS FROM ELSEWHERE

找到适合小生境之目的是发展出正确的关联。虽说创意可能源于个人灵感，但那些比较独立的人也经常需要从别处获得大量想法。实际上，真正不受他人影响的艺术家和发明家几乎不存在。**多数人际关系可以被归纳为三类：模仿，协作和竞争。**

最亲密的模仿方式
The Most Intimate Kind of Copying

孩子们模仿他们看到的父母所做的事，然后他们会观察到其他成年人在某种环境意识中做什么。他们常常本能地模仿某人，却不知道为什么,只是因为享受这种体验。当被模仿的人也反过来模仿这个孩子的时候,他们之间的互动会带来纯粹的愉悦。老师正是基于这种本能来教导学生如何阅读、如何写字以及如何做事情。当他们的社交圈变得越来越宽时,人们会模仿朋友和同事,甚至模仿任何在同龄人群体中享有很高地位的人。

有人曾告诉《自私的基因(The Selfish Gene)》一书的作者理查德·道金斯(Richard Dawkins)他正在模仿一位同事的言谈举止,而他自己却并没有意识到这种下意识的模仿行为。他认为这种无意识的模仿影响着群体中流行词汇、时尚、儿童游戏、信仰,甚至是陶罐制作方式的传播。他发明了"模因(meme)"①一词来描述这种人类行为在被分析和理解之前被传播的现象。

模仿是获得他人技能的一个好办法。伦敦的一所商学院曾经邀请我设计一套电脑动画专业的研究生课程。很快,我发现这些潜在的用人单位们对这类课程没有什么兴趣,因为他们相信学习动画制作的最佳方式是在有经验的人旁边工作,观察他们在做什么。一个CEO告诉我,他判断一个新手是否值得被录用的办法,是看他们在几周内通过观察与模仿后的学习效果,而一个按照这种方式工作了6周的学员将会像一个在大学里学习了3年的毕业生一样熟练。**这是一节非常重要的课:靠近比你优秀的人。**

当人们加入一个新的团体时,他们会对其他成员的行为保持警觉,并高度注意其他人的说话方式以及内容。他们明白,如果他们也遵照同样的行为方式,就更容易受到欢迎,在这样的模仿过程中,其他同事更容易发现他们的疑惑,并更容易接纳分歧。

由我的同事陈叙和刘妍在上海创建的"新单位"是协同办公模式的先锋。"新单位"模式遵循着这样的逻辑:在线社交网络的一大作用就是将人们的模仿能力注入创意生态系统,在该系统中人们可以获知,执行,传播,再转发,然后瞬间被再一次模仿。不管"模因meme"是否为一种正确的学习机制,模仿永远也不会停止。模仿就是快速学习。

---

① 根据《牛津英语词典》,meme被定义为:"文化的基本单位,通过非遗传的方式,特别是模仿而得到传递。"

合作：增加更多资产
Collaboration: Adding More Assets

100年前，文化导出（Cultural Formats）的主要方式是依靠单一的个人表达。在20世纪，演化出了新的形式（Forms），例如现在的大众传媒和流行娱乐都是个人创作与协同创作的混合结果。因此这种新型工作方式依赖于合作与合著关系（Co-authorship）。这种开放的工作方式也是越来越多女性从事艺术、文化、传媒和设计领域工作的原因。

代码与编程都具有合作和互动的特性。大多数软件企业（包括那些最成功的企业）都是由两三个人合作创办的（几乎全是男性，这一点暗示着男性主导社会的延续）。他们不喜欢等级制度，更倾向于小组形式和扁平化管理模式。这种感受被达尔文的表弟弗朗西斯·高尔顿（Francis Galton）一句话总结为"群体智慧"。埃里克·雷蒙德（Eric Raymond）也曾说："足够多的眼睛，将使所有的问题都无所遁形。"现在，这句话被缩略为："眼睛越多，错误越少（more eyes, fewer bugs）。"

合作领域最受尊重的导师之一凯斯·乔斯通（Keith Johnstone）已经在伦敦皇家宫廷剧院教授即兴创作多年。他的经典著作《即兴表演（Impro）》在剧院圈里广受尊敬，却不为外人所熟知，他在书中写道："当我解释团队成员应该为其他成员工作，并且每个个人都应该为其他成员的进步感到高兴时，人们会感到惊讶。显然，如果团队成员强烈支持自己的队员，这将是一个更好的团队。"

创造了"共同思考（we-think）"一词的查尔斯·里德比特（Charles Leadbeater）说过：

> 基本论点非常简单。大多数创意都是协作式的。它是新视角下不同的观点、原则和见解的集合。创意合作的机会越来越多。能够参与创意对话的人数正在飞速增加，而这在很大程度上应该归功于能让更多的人更方便地沟通交流的通信技术。因此我们正在尝试新的方法来实现大规模的创新和创意。我们不需要任何组织也可以被组织起来。

维尔福（Valve）是一家备受推崇的美国游戏企业，这家公司规模很小，但地位却异常重要，盈利能力极强。该公司在2012年发布的员工手册中，明确提倡这种无组织的开放工作精神。作为对员工的尊重，该公司的员工手册设计得非常精美，它将维尔福公司描述成"一场无所畏惧的冒险旅程，没人会告诉你接下来该怎么做"，该公司更推崇协同工作，而不是层级结构：

> 层级结构对于保持可预见性和可重复性非常有效。它简化了计划，并且使从上至下管理一群人变得更容易，这就是为什么军事组织高度依赖它的原因。但作为一家娱乐企业，花了十多年时间想方设法招募到了地球上最聪明、最有创新精神、最有才华的人，然后让他们坐在办公桌前，做那些已经被安排好的事情，那么，他们99%的价值会被消磨掉。我们需要创新者，这就意味着我们要营造一个能让他们施展才华的环境。这就是维尔福公司扁平化管理的原因。简单来说我们没有任何管理措施，也没人需要向任何人报告……维尔福公司的工作方式看上去似乎与直觉相悖。但是，这本员工手册的主要目的就是关于你要如何做出选择，以及如何看待这些选择。最重要的是帮助你学会如何适应这里的新方式。

除了最大限度地激发员工的潜力之外，企业也在探索如何与客户合作。2010年，雪铁龙公司在Facebook上向关注他们的好友征求将于2012年上市的C1型轿车的意见建议；宝马公司向中国潜在的年轻买家征求他们对汽车新特性的建议，并且邀请6名优秀的建议者到慕尼黑的工厂参观。耐克公司也邀请他们的忠实顾客积极参与Nike–ID和定制鞋的项目（该项目可为耐克即时反馈潮流时尚信息）。现在，许多企业都在利用在线反馈论坛获得创新建议。自2001年以来，innocentive.com网站处理了成千上万条创意技术问题，包括从运动神经元疾病到与世隔绝的非洲村落的太阳能问题。Quirky网站则是以商业为导向的网站，并且承诺每周都会推出两个新的消费类产品。

因此，无论大小，所有的企业都希望聘请具有团队协作能力的员工。尼基·宾宁（Nicky Binning）是毕马威会计师事务所咨询公司的"全球流动"主管（也就是人力资源），他说："能理解面前的工作且能有效合作的能力才是最重要的。你必须同团队共同协作，因为你将面对的很有可能是从未遇到的东西。"曾经有一段时间毕马威会计师事务所会聘用会计或者 IT 技术人员。如今他们更希望员工除了具有专业技能之外还要有一定的情商和分析能力。

和模仿一样，协作也有它的弊端。**协作在提高整体平均成功水平的同时，也有可能降低团队内顶尖成员的工作效率。追求一致也会使全新的观点被边缘化甚至被直接忽略。**爱德华·德·波诺（Edward De Bono）的多色帽子法（multiple coloured hats）就可以很好地解决这个问题，即给拥有创造性思维的人戴上一顶绿色帽子，这样既给了戴帽子人自信，又不会削弱他们随后的贡献。这也表明，如果讨论的内容确实同个人利益有关，团队成员就更容易记住讨论的内容。团队效率取决于成员的相互配合情况，并且团队需要具备一定的规模，以保证想法的多样性，但规模也不能太大，以避免个人的想法被淹没。有证据表明：团队的好坏也取决于团队中的男女比例，女性越多，合作的效果越好。

团结协作优势最早是由艾萨克·牛顿（Isaac Newton）总结的："我之所以能看得更远，那是因为我站在巨人的肩膀上。"但是最近发现这个评论似乎可以追溯到至少 12 世纪，所以说，当时牛顿就已经在践行自己提出的观点了。印度作家泰戈尔（Rabindranath Tagore）更加直言不讳："噢，傻瓜，你要把自己扛在肩上！"

竞争
Competition

美国动态艺术家莉莲·莉金（Liliane Lijn）曾经给我描述过她制作复杂装置作品的过程。她像艺术家一样有想象力，也像工程师一样拥有熟练的技术。她对作品质量的评价标准有两条：确保装置的平面及球体达到预期效果。在她的创作过程中，包含了整体性和精湛的技艺。她铭记并坚持着自己以及其他一两个遇到同样问题的人的标准，他希望自己比其他人做得更好。

我们面对着来自本人和他人的双重评价。每个人都希望能够实现自己的最高要求：这是我们能做到的最高水平吗？我们当然更希望自己的产品能在市场上取得成功：这是人们真正想要的吗？在来自我们自己的要求和他人评判的双重标准前，我们会优先考虑自己的想法，无论是自己的还是他人的标准，到头来都是更关乎人的诉求。但这种自由也是有成本的。自由可以带来更大的回旋空间，但缺乏方向也会令人焦虑。对于失败的恐惧总是存在的。

第一层评价是需要独立完成的，因为无论有多少朋友和支持者在你的周围，评判自己作品的人只能是你自己。提出新想法的人必须判断它是否值得深入发展：这真的是全新的吗？这真的好吗？

满足了第一层评价后，我们就可以将想法投向市场。我们的目的是要使他人也确信我们的想法是最有趣的，是所有想法中最可能使他们感兴趣的。**我们的想法必须符合他人对于创新、意义和兴趣的标准**。这些想法需要在市场中竞争，这就意味着我们要选择合适的市场，并在这个市场中取得成功。

每个行业都有其自己评估想法及决定下一步做什么的方法。你需要熟悉你身边人做事的方式，并且能接受其评价标准的公平合理性（不排除有时会有激烈争论的可能性），否则很难成功。我们评价别人的同时别人会评价我们，这是一个双向的过程。如何处理这些相互迁就和妥协的意见，不仅决定了我们的创意是否能取得成功，也决定了团队内部的协作能力。

疯狂的发明家之所以被称为狂人并非因为他们有疯狂的想法，而是因为他们无视他人的想法。他们不会顾及这两种评价标准，他们不去判断自己在做什么，也不在意其他人在做什么。**他们将自由凌驾于一切之上，但这还是不够的，我们还需要有目的地去管理自由。**

第五章 管理想法
MANAGING IDEAS

想法的经济学

THE ECONOMICS OF AN IDEA

创意\商业是硬币的两面,但有些人则认为创意和商业不相容,甚至可能会相互破坏。管理者的任务就是管理这种紧张关系。当个体开始将各种复杂联系梳理为一个想法,或经理层希望优化在某项资产上的公司谈判能力时,管理者的职责是发展并改善想法,而不是将其扼杀。

对于管理者来说,了解这些资产是或可能是什么非常重要。它们是关于想法和意义的混杂组群与"流动的人群"。有些资产是可以在市场上公开出售的,有些则是被个人持有,而这些持有者对创意资产的看法和期望值也在随时发生变化,没个准谱。尽管如此,他们的想法有时候也会获得商业机会的青睐,并且很有把握能卖出去。(关于创意资产将在第十章具体讨论)。

要想开始管理创意,首先要了解你已拥有或尚需从他人处获取之各类资产的编排形式。总的来说,资产都是由环环相扣的四大价值系统组成,包括**物质性实体**(physical objects)、**非实体性特质**(intangible qualities)、**可被体验方式**(the ways they are experienced)**以及相关知识财产权利**(the ways they are experienced)。这四大价值系统的相互作用贯穿于从**初始表达**(initial expression)直到**市场交易**阶段的全过程。

"**物质性**"实体最容易辨别,但其吸引力和价值则往往取决于其"**非实体性**"特质。实体及其特性都是构成"**体验**"的一部分,而体验也受很多因素影响,因为生产者和使用者,以及购买者和出售者的观点可能会完全不同。比如读书、收听音乐或浏览网站的体验，是产品本身提供的服务与用户享受服务时个人感受的综合结果。在上述三种价值体系之外，由**版权**、**专利**和**商标**与各自的独特规则及许可销售期限共同构成了一种与**物质性实体**平行的价值世界。

每一个人与生俱来皆能创意——这一普遍性原则导致一大批生产商、制造商以及采购商在这些事情（支付时间、注意力和金钱）上自行决策。同时，这也意味着，人们会依据各自主观的标准做出决策，而不同于传统经济理论中所假定的每个人都以相同方式追求利益最大化。人的理智程度是一致的，但是他们计算自己的利益的方法却不一样。卖家为了提高自己的市场声誉而放弃一部分收益的做法属于理智行为；同样，买家愿意为新颖性支付更多的钱也属于理智行为。把"我们想要的东西"降低到仅用金钱价值就可以实际衡量，是对人类行为的一种荒谬的"过分简化"。

想法可以轻易地被借用和复制，从而使交易的数量成倍增加，并在拥有相同想法的人之间建立起积极的关系。对于任何一个人来说，无论是否同时与其他 100 人共享同一个创意或体验，这对于他自己拥有或体验这个创意的能力都不会产生任何影响，甚至还更有可能令他们的快乐感成倍增加。伴随着人们对**可分享的艺术**、**文化体验**（**包括生产及体验全过程**）**需求的增长，创意经济规模也在同步增长**。

通过这种方式分享想法，我的快乐并不会与你的快乐"竞争"。因此，这种由许多人同时分享的公开想法（public ideas）被称作"非竞争性"（non-rival）的。这种共享体验有可能是好事，也有可能是坏事，这取决于你自己的观点，因为这一方面有可能带来乐趣，另一方面也可能造成谁来支付以及支付金额方面的差异。艺术、文化、设计和媒体的特殊属性决定了在付费群体和享用群体之间通常会出现某种不对等。从公开想法中免费获利被称之为"搭便车"（free-riding）。某些市场在一定程度上依赖于搭便车行为，但是如果这种不对等过于严重，市场也可能变得难以持续。尤其在物质产品和服务市场上，这种不对等效应比较明显。打比方说，如果允许游客"免费"参观博物馆，博物馆的实际运营成本就会非常高。但如果是在网上参观博物馆，成本几乎可忽略不计。

商标、版权和专利的核心作用就是为了限制这种免费的复制或搭便车行为，或通过一定的价格手段对其进行控制。要想让一部分人获利，就必须有另一部分人离开。这种交换的社会效用是存在巨大争议的。有些人认为，垄断行为对鼓励创新有积极作用，知识产权有利于资源的合理分配；也有人认为，任何限制行为都会阻碍创意的产生和经济发展，并会导致资源的错误分配。因此，对想法（ideas）的管理包括如何做出正确判断：首先，什么时候利用想法的非竞争属性；其次，什么时候主张一个想法的所有权使其成为竞争性的（rival）。

创意产品的竞争并非基于传统的产品实物和现金，而是更多地依赖于谁推荐什么及谁获求什么，其本身就是设备、使用权以及前期投资等多种因素的混合。这导致边际报酬递减规律（即每增加一单位产量将提高生产成本）不再起作用。该规律假设基于有限资源进行生产，因此在某些节点，每增加一单位产量的成本将超过销售利润。我们把边际成本恰好匹配边际收益的临界点称为均衡点。这样的均衡点在资源有限、价格竞争力强的市场是有意义的；但在基于想法和搭便车的经济形态中，生产成本就不那么重要了。

如果将所有因素结合起来，我们就可以为想法的经济（the economy of ideas）勾勒出一副清晰的图景。在普通的经济中（the ordinary economy），企业围绕以永久性财产权利形态存在的有限资源来经营，以价格作为主要竞争手段；而在创意经济（the creative economy）中，个体围绕以智慧权利（Intellectual rights）形态存在的无限资源来经营，这种经营方式通常周期较短，且并不以价格作为主要的竞争手段。

我们已经从恪守收益递减规律、基于实体稀缺性的收益递减世界（重复经济）进入了基于个人想法及天赋创造新产品和交易的无限性的收益递增世界（创意经济）。倘若生产资源可以免费获得，终端产品是非实体性的，价格竞争可以忽略不计，市场驱动依赖于大众需求而不是厂方供应，那么企业对产品和价格控制的相关性将会大大降低。

工作的新模式
New Patterns of work

这是一场与 200 年前欧洲制造业崛起同样激动人心的伟大变革。当年法国记者、经济学家让·巴蒂斯特·萨伊（Jean-Baptiste Say）发明了"企业家"（entrepreneur）一词来形容那些将资本从土地上释放出来，进而投资工厂的商人。萨伊认为他们是在"投资未来"(Invest in the future)。他对人们如何利用不确定性带来好处很感兴趣。奥地利经济学家约瑟夫·熊彼特(Joseph Schumpeter)也持有类似的观点。他认为新想法只有在打破旧想法束缚时才有可能获得成功。他把这一过程称为"创造性破坏"(creative destruction),他生动细致地描述了人们如何通过开发新想法以适应不断改变的环境。

随着欧洲和美国的制造业的衰落,这些国家开始将投资转向创意和创新。这一转变的重要性,堪比当年资本从土地向制造业的革命性转移。大型资金密集型(capital – intensive)**制造业和永久性全职雇佣关系时代行将结束。**导致这一变革的原因很多,包括大学教育不断普及、个人掌握知识的增加、经济全球化的进一步发展以及来自其他经济体不断加剧的低价竞争。这种变革导致自由职业、兼职工作、单次交易(sole trading)、合伙经营以及微型企业等新型工作方式越来越普遍。有人喜欢这些非传统模式,也有人不喜欢,但他们也几乎别无选择。在美国,已经有670万人开始选择这种工作方式,占工作总人口的14%;而在欧洲,这一比例为15%。在一些中心地区,这一比例可能更高,甚至达到了50%。不过,获得准确数据颇为困难,因为许多国家政府对从事个体经营(自主创业)的人提供税收优惠政策,并协助他们创办公司,因此部分统计数据结果可能被掩盖了。

这种转变让各国的税收和社会保障制度很难适应,因为政府的征税体系是完全建立在雇用制工作方式基础上的,而不是项目型工作方式基础上的。通常,个体经营和自由职业者的收入来源非常广泛,其中部分收入可能涉及当年以及前几年完成的工作。由于他们的工作项目不固定,有时工作,有时不工作,有时又重返工作;有时是被人雇用,有时又自主经营,所以现有税收和社会保障的规则架构开始"嘎吱作响"。在传统官僚体制中工作的政府人员更是难以理解这一变化。

网络公司(Dotcoms)监管起来更加麻烦,尤其是当今这些企业中大部分都是全球性企业。美国的娱乐企业也已经开始将它们的经营活动转移到低成本、低税收的国家。而互联网的出现为企业提供了更多的机会,因为它们可以针对不同的国家制定不同的销售计划和企业目标,并且通过采用转移定价的方式来避税。这种经营手段在美国的法律框架下是允许的。1994年，最高法院规定州政府只能对在该州有经营实体的销售商征收销售税（这就是为什么亚马逊将总部设在了较小的华盛顿州，而没有设在纽约州或加利福尼亚州的原因）。

这种变化给欧洲国家政府带来的主要问题就是公共开支的增加和税收的下降。大部分避税者是全球性的网络公司，包括美国1994年最高法院规定生效后诞生的所有互联网公司，而大部分欧洲的网络公司则规模不够大，不值得进行转移定价。经济合作与发展组织（OECD）在2012年指出："以知识产权密集型（IP-intensive）企业为首的跨国企业在经营地区的实际缴纳税率远低于该地区的法定税率，对此各方都产生了质疑。"英国税务部门很聪明，决定使用自己的武器向网络公司开战，委托英国宇航公司（British Aerospace）设计一套名为"连接（Connect）"的搜索关联算法来打击国际逃税行为，仅第一年就增加了23亿美元的税收。但这并不能解决国家税务机关无法跟上全球在线企业（online corporations）步伐的根本问题。

欧洲面临的不仅是严重的逃税问题，还包括其工作能力的长期下滑。20世纪80年代经济繁荣时期，欧洲、美国和日本的就业人口统计情况基本相同。例如1980年欧洲15岁至64岁之间的就业人口比例约为64%，相比之下，美国和日本的比例分别为63%和68%。但30年后，这一数据发生了巨大的变化。欧洲的就业人数比例最低，且这一下降趋势仍在继续。欧洲地区的企业雇用比例也发生显著下跌，严重削弱了创意和创新的主要来源，尽管政府和公共服务部门的雇员数增加一定程度上缓解了这种负面影响。在政府机构上班是一份不错的工作，但这类工作通常并不鼓励员工的创意、创新以及竞争意识。总体上看，欧洲适龄就业人口所占比例下降到了60%，而美国和日本的比例则是攀升到了76%和75%。

这不奇怪，既然大规模工业制造带来了稳定的全职雇佣制就业方式，制造业的下滑也必然会造成雇佣制的萎缩。按照比较优势法则（一个国家应该更专注于自己的优势产业），工业化国家应该优先发展附加值最高的部门（sectors），即处于上游的"创意投入"（Creative input），而低技术含量的制造业就应该转移到亚洲以及其他低成本国家。至于这种将创意同制造与生产相分离的模式可否持续？创意能否被有效地独立管理？仍有待观察。

管理手段
MANAGEMENT LEVERS

美国是最早将管理放在商业经营的核心位置,并将其与资本、技术、金融和销售技能等要素分开对待的国家。**丹尼尔·贝尔**(Daniel Bell)**等人曾说过,企业管理中最强有力的资产是信息**(information),而正是对信息的管理造就了今天的"后工业化"社会。彼得·德鲁克(Peter Drucker)创造了"知识工作者(knowledge worker)"一词,也有人谈到"创意工作者(creative workers)"。每一种新概念都是创意经济的踏脚石。

职业思考者(the job of thingker)、即时思考人(The just-in-time thinker)和创意企业家(the creative entrepreneur)走到了一起,共同组成了一种工作的新三角关系。相应地也引发出新的办公形态和网络以及一系列的新金融资产:

- 职业思考者 the Job of Thinker
- 即时专长人 the Just-in-Time Thinker
- 创意企业家 the Creative Entrepreneur
- 网络化办公 the Network Company
- 临时型公司 the Temporary Company
- 关联化集群 Clusters
- 为想法筹资 Financing Ideas
- 策略定成败 Hits and Misses
- 谈交易合同 Deals and Contracts

思考者(思考是真正的职业)
The Thinker (Thinking is a Proper Job)

彼得·杰克逊的半兽人之所以能够帮助伦敦市民安全穿行牛津广场,是因为纳特·维达瑟一直在思考如何做得更好。本·科恩(Ben Cohen)和杰里·格林菲尔德(Jerry Greenfield)创建本杰瑞冰淇淋公司是因为他们并不喜欢现有的冰淇淋,因为科恩的嗅觉很弱,他希望冰淇淋里有大块的配料,这样他能用舌头尝到。蒂姆·伯纳斯-李(Tim Berners-Lee)发明万维网(World Wide Web)的初衷是希望能在不知道对方地址的情况下也能快速与新同事联系上。当马克·扎克伯格（Marc Zuckerberg）突然想到要发表关于其他人的评论时冒出了脸书（Facebook）这个想法。而杨勃创办豆瓣网是因为有一天他坐在咖啡厅，突然想了解别的顾客正在读什么或听什么。

  这些"开始"发生的事微不足道，但正是每些个小事成为新想法的跳板。想要吃到大块配料冰淇淋，想要对学友发表评论都很个人化。如果有人告诉马克·扎克伯格你得创办一家公司，即便是开玩笑地跟他说，他也有可能"冻结"（frozen）他的想法，很难再愿意接受别人的意见。杨勃想要知道其他人正享受什么，结果，5 000万网友现在都可以做到他当时想要做的事情。当计算机不能按照自己意愿工作时，大多数人会感到恼火，但蒂姆·伯纳斯-李却开始自己动手并找到了解决的办法。

  这个职业的头衔叫"思考者"（thinker）而不是"思考"（think-ing）。单纯就大脑的使用来讲，我们人人都可以思考，但是作为一种职业，思考者与其他职业一样，是一种严肃而且需要全身心投入的全职工作。计算机专家杰夫·贝佐斯（Jeff Bezos）在20世纪90年代初期就让自己投身于这样的职业中。当时他供职于纽约一家银行并开始研究挖掘互联网的销售潜力。他并没有任何出版方面的经验，但他发现图书的数量和种类非常庞大，远远超过任何其他创意产品，因此很适合在互联网上售卖，并在1994年开始创办亚马逊。3年后他启动英国亚马逊网站的时候收购了一家名为"书页（Bookspages）"的年轻在线公司，该公司是由美国人和爱尔兰人创办的（其中一人后来创办了英国视频网站lovefilm）。杰夫·贝佐斯选择将这家互联网公司而不是任何一家实体零售商作为自己的跳板。因为英国出版商和街头书店都将思考置于企业发展优先级的最末端，所以杰夫·贝索斯的网上书店几乎没有遇到任何竞争。他们中的有些人可能也有过跟杰夫·贝佐斯一样的想法，但他们认为这是毫无意义的，因此什么也没做。**所以，思考是一个真正的职业**（Thinking is a proper job）。

  思考看上去通常不像工作。美国作家拉尔夫·瓦尔多·爱默生（Ralph Waldo Emerson）曾在自己的日记里这样写道："如果有人坐下来思考问题，可能立刻就会有人过来问他是不是头疼。"有人曾经向若干管理者问过这么个问题，如果老板进来的时候他们的腿在办公桌上，他们会怎么做？每个人都回答说会将腿放下来。提问者接着问："你们的老板喜欢你们思考吗？"大家都回答"当然"；"他会很看重你们的原创性和深思熟虑的创意吗？"回答是"当然"；"在放松的状态下，有时你的思考效率会最高吗——也许是凝望前方，或望向窗外，或将腿放在办公桌上？"回答是"当然"；**最后一个问题"那么将自己的脚放在办公桌上是否就意味着你正在忙于思考？"回答是"不"**。

你在什么地方并不重要。一项由英国电信与《今日管理》杂志共同发起的调查项目中向经理人提出这样一个问题："你在什么地方会产生最好的想法？"结果显示，在所谓的"办公室工作"产生的好点子仅仅占15%；而效率更高一些的场合是"在家里"，为17.8%；在"通勤中"占17.1%；在"休闲活动中"占16.9%；甚至在淋浴或澡盆里也达到了11.7%。

即时型人员

The Just-in-Time Person

"即时制（just-in-time）"一词是物流系统术语，是指当客户提出需求时，物流系统才会去进行采购的管理模式，以能够保证在最后时刻满足客户的定制化需求的前提下保持最低库存，以此降低仓储成本的系统。该系统最初是由丰田公司及其他日本汽车厂商在进军美国市场时提出的，现已成为世界行业标准。我使用这个词来描述那些具备特定创意技能（Creative skill），并只在需要他们的时间和地点发挥作用的人。这类人才同时具备三种能力：个人的专长；某一专业领域的知识；随时随刻"插入"（slot into）群体的能力。众多艺术和文化机构采用的都是这种工作方式，而现在几乎所有组织都已看到这样做的好处。

随着工作变得越来越趋向个人知识化、专业化以及协作化，对即时型人才的需求也越来越大。这对客户的好处在于需要之时，获合适人选，而非经济受益（这些人既不是紧急情况下的替补，也不是廉价劳动力，尽管他们有时被这样错误地使用）。即时型人员的优势在于他们能够更专注于自己的技能，而与其共同工作的人，也能有更多的灵活性和机动性。这种方式可以允许他们在任何地点出售自己的服务。

工会则对其持反对态度，因其认为这是一种临时雇佣制的劳动关系。除了收入问题之外，他们还担心自己的工会成员被雇主随意雇用和解雇，缺少雇员的权利和保障，也不能获得任何技能培训，甚至只能拿到低廉报酬。然而工会的忧虑也不是没道理。即时型人员必须通过签署协议或合同的方式保证自己的合法权益，并且需要自行选择技能培训且承担培训费用。尽管存在这些担忧，但发展趋势不会错。尤其是在公共部门，大型官僚机构的经济条件和政治条件也在迅速消失。

在即时运作制当中，人会同时面临向心力与离心力。向心力将他们快速拉进某个新项目，并激发强大的团队精神，尤其是当截止日期越临近，这种向心力就越大。但由于人的忠诚度通常会分散到若干不同的项目中，因此，特别是短期项目的管理者尤其需要努力去保持团队凝聚力和势头。如果项目进展顺利，没有什么工作环境能比得上即时运作制更好；但是如果项目进展不顺利，即时运作制也可能会很糟糕。

市场对即时型人员的需求量很大，而且报酬也很高。但许多人并不喜欢这种工作方式所伴随的辛苦、压力和风险。在欧洲和美国，愿意接受这种工作方式，具备丰富经验并受过高等教育的工作者非常匮乏，而不能或不愿接受这种工作方式的低技能工作者却供应过剩。这种情况在中国、巴西和其他发展中国家更严重。尤其是在这些发展中国家，这种自我雇佣的独立就业方式会被认为缺乏能力，这种观念也加剧了这种人才短缺。预计，到2020年之前，产业化经济体所需要的这类灵活型熟练工作者缺口为10%，而中国的缺口为15%左右。从目前的发展趋势看，中国有可能弥补这个差距，而欧洲和美国却仍将面临该问题。

创意企业家
The Creative Entrepreneur

工厂的工人可能对如何经营工厂有很好的想法，甚至可能比经理们更好，但他们无法将自己的想法付诸实施，因为他们无法获得金融资本（Financial Capital），而且他们自己的智力资本（Intellectual Capital）很可能也非常有限。炼钢工人永远也不可能开办或拥有自己的钢铁厂，因为钢铁经济不允许这样的事发生。而"创意工人"随时可以开创自己的事业，因为创意经济鼓励这样做。

在创意经济中，企业家的经营活动与其他产业很相似，但最主要的区别在于他们管理的资产是个人化的、存在于他们内心的，而不是资金、设备等"外在形态资产"（External Assets）。他们的本职工作就是利用自己内在的资产开发出新意义，来吸引市场的关注。

我最欣赏的商人之一诺兰·布什内尔（Nolan Bushnell），雅达利公司（Atari）的创办者，曾开发出全世界第一款面向大众市场的电视游戏。雅达利公司取得了令人震惊的成就，短短几年内利润就高达3亿美元，成为美国企业史上发展最快的公司。布什内尔道出了其中的秘密：

> 有个家伙早上醒来自言自语说："我想成为一个企业家。"因此他来到自己工作的公司，找到最优秀的软件程序员，压低声音对他说"你想加入我的公司吗？星期六上午十点到我的地方见，记得带上一些甜甜圈。"然后他找到了最棒的金融管理人员，"来时记得带上些咖啡"。接着是向最优秀的专利律师和善于市场运营的同事提出了相同的邀请。星期六上午十点所有人都到齐了。他们问，"嗨，伙计，你的新公司到底准备做什么？"你说，"开发一款新的电脑程序。"一个小时后，大伙儿就敲定一个想法，制定出一份商业计划书。管金融的家伙说他知道从哪里能搞到些资金（无论什么时候当我讲起这个故事时，美国人都觉得很无聊，而英国人则流露出了渴望的神情）。然后他们问发起人，"那么你又做了什么？"是的，你做了什么？你既没有提供咖啡，也没有提供甜甜圈，也没有提供想法。但你是企业家，是你促成了这一切。

创意型企业家通常具备以下五种特质：

愿景（Vision）：也就是梦想，以及将梦想变成现实的渴望。曾经是企业家的钢琴演奏家厄内斯特·霍尔（Ernest Hall）在《捍卫天才》(In Defence of Genius) 一书中写道，"任何人都必须开始相信自己的梦想，艺术家正是诞生于这种信念当中，而这正是现在我们需要的企业家的行为榜样。"作为一名企业家，厄内斯特·霍尔创造了巨大的财富。然而，他的闻名不仅是因为他将一个巨大破旧的地毯生产集散地迪安·克拉夫（Dean Clough）改造成了一个艺术商业中心，还因为在他71岁高龄的时候发现了原本无法令人接受的日本服装的有趣之处。

专注（Focus）：企业家都专注于成功。英国最成功的风险投资人之一赫尔曼·豪瑟（Hermann Hauser）出生于奥地利，现居剑桥，他认为企业家应该只专注于一件事。他说，他不相信任何宣称自己的企业能干好两件或是一件半事的人。杰夫·贝佐斯也同意这样的观点，"要把一件事完成好已经很难了，要想同时做好两件事就更是难上加难了。"国际象棋冠军加里·卡斯帕罗夫（Gary Kasparov）曾说过，一个优秀棋手与一个伟大棋手之间的区别在于，伟大的棋手不仅知道哪一步该值得考虑，还知道哪一步不值得考虑。企业家阿耶莱·费斯巴赫（Ayelet Fishbach）以及其他心理学家提出了"目标稀释"（Goal Dilution）的危险性：当一个人只有一个目标，且只有一种实现目标的方法时，手段与目的之间的联系就非常紧密；但每增加一个新的目标就会削弱这种联系，前进的动机也会相应下降。

财务素养（Finance）：我认识不少企业家，有的人整天守着大堆数据表格文件研究分析，也有的人仅靠几页碎纸就应付了。实际上，他们并不需要精通财务管理，而只需要明白他们的成功最终是要靠财务指标来衡量，或者说主要看赚钱的能力。必要的财务素养可以帮助企业家规避风险，加快企业发展，让企业家可以在晚上睡个安稳觉。企业家通常能做到对风险泰然处之，但这并不表示他们喜欢风险，而是表示他们不惧怕风险。

骄傲（Pride）：发条收音机的发明者特雷弗·贝里斯（Trevor Bayliss）说过，"要想成为一个发明家就必须拥有卡车那么大的自信心"。企业家不仅要相信自己的想法能够成功，还必须相信只有自己是唯一能让这个想法成功的人。他们通常把这个想法当作是"宇宙中心"，对他们来说，它就是宇宙的中心。他们对自己和他们的想法感到自豪，从不情愿放弃。他们的自信心很少受到失败的影响，甚至许多连续创业的企业家将失败看作是创业的奖章。

紧迫感（Urgency）：倘若企业家缺乏紧迫感，那么前边说的愿景、专注以及自豪感都将化为泡影。企业家总是想要"现在就做"，除了因为市场竞争的需要，更主要的还是因为这些创意企业家们根本就不打算再去想其他事情了。

众所周知，企业家之间很难相处工作。他们都认为自己是首席思考者，只在他们自己愿意的时候才会接受别人的意见。他们很容易对周围的事物感到厌倦。最好的例证就是这些企业家患阅读障碍的比率通常高于平均水平，但这并未对他们的事业造成任何妨碍。最知名的例子包括理查德·布兰森（Richard Branson）、史蒂夫·乔布斯、思科公司的创始人约翰·钱伯斯（John Chambers）以及福特、通用电器、IBM 和宜家的创始人。金考快印（Kinko）的创始人保罗·奥法里（Paul Orfalea）不仅患有阅读障碍，还患有注意力缺乏症，他说"我认为每个人都应该患上阅读障碍和注意力缺乏症"，这也是一种观点。卡斯商学院（Cass Business School）发现，与全国 10% 的平均患病率相比，企业家群体的阅读障碍患病率高达 35%，而普通经理群体的患病率仅为 1%。在创意经济中，如此巨大的差异着实是非同寻常。

而且，他们通常对企业战略毫不关心，甚至到了令传统管理者感到害怕的地步。我还记得与派拉蒙影业前总裁、时任时代华纳国际（Time Warner International）主席阿特·巴朗（Art Barron）会面时的情景。家庭影院频道（HBO）的主席问："我们的发展战略是什么？"巴朗大声嚷道："我们没有战略。战略只是为那些小人物准备的。"巴朗一句话就把迈克尔·波特（Michael Porter）关于企业战略重要性的理论驳了回去。在创意经济中，企业战略是在日常业务运行的过程中产生的。

直觉公司（Intuit）的创始人斯科特·库克（Scott Cook）是硅谷最具想象力的企业家之一，也是日化巨头宝洁公司的董事。他认为，90% 的企业战略都是无关紧要的。他笑着回忆说，谷歌公司的两位创始人拉里·佩奇（Larry Page）和谢尔盖·布林（Sergey Brin）曾做过一次调查，将符合发展战略的建议和不符合发展战略但值得一试的想法相比较，他们发现后者的成功率居然更高。他更喜欢从人们正在做的事情中自然产生的"突现战略（Emergent Strategies）"。

网络型办公室
The Network Office

和其他人一样，创意人士也需要办公室：早上，所有的同事都会准时到达办公室，开始一天的工作，要么整理文档，要么一起开会，以表明他们也是在一个稳定的、实实在在的企业里上班。对许多公司来说，这样的工作模式仍然是有效的。但对多数自由职业者来说，他们的资产全部存在于自己的大脑或智能手机中，他们的文档全都是电子化的，因此，他们的办公场所本身就是移动的。

前任美国大使和夏威夷大学校长的哈伦·克利夫兰（Harlan Cleveland）一生成就非凡，还曾作为"才艺出众的通才"荣获德塔罗尔奖（Prix de Tailloires）。他喜欢"**围绕人的社区（Communities of People）而非地点的社区（Communities of Place）**"建立的工作场所。**管理顾问艾瑞·德·裘斯（Arie de Geus）曾说过："一个好的决策就像是一场充满智慧的谈话。**"银行家转型成为企业家的维多利亚·沃德（Victoria Ward），同时也是商业咨询公司 Spark Now（协助初创网络公司起步的组织）的创始人之一，他说，创意者需要能够产生"强制产生意外发现（Forced Serendipity）"（或许"鼓励"意外发现听起来更好）的空间，能提供"知识庇护所（Knowledge Shelters）"的地方，以及两个人能平等中立进行会谈的空间。任何有过办公室工作或会议室开会体验的人，都明白她说的是什么意思。人们喜欢聚集在角落里、走廊上、冷饮机或咖啡机边上，倘若公司不能提供这样的工作环境，那么他们只能被迫在办公室以外的地方进行这种交流。

这种网络化的办公方式，其结构趋于灵活及扁平化，汇报流程更短，而不是传统的分级管理模式。美国的戈尔公司（W. L. Gore）就以扁平化管理而著称。该公司由一对夫妻档：比尔（Bill）和他妻子薇羽·戈尔（Vieve Gore）于 1958 年共同建立以来，一直保持平稳发展。该公司致力于研发新型织物 Gore－Tex，年销售额目前大约为 30 亿美元。由公司员工选举产生的 CEO 特里·凯利（Terry Kelly）坦率地说："这里是一个非常无序的环境。出于某些原因，管理层从来就没存在过……我们不喜欢'管理者'这个词。"

对于多数年轻人而言，这种基于工作的办公室和办公网络比在家里更好、更方便、更惬意。因此，他们乐意在那儿待得更久，参与有趣的活动，结交更多朋友。亚马逊公司有一条"披萨原则"，工作太晚需要加餐的时候，任何团队如果订购了一个以上的披萨饼，就说明这个团队的人数过多，需要分开。圣鲁克（St Luke）旗下位于伦敦的广告代理公司，每当核心工作人员超过 30 人时，就会鼓励他们成立新的"家庭"（工作小组）。纽约的艾尔形象公司（Eye Image）也会采取同样的方式。细胞技术公司（Celltech）前 CEO 杰拉德·费尔克拉夫（Gerard Fairtclough）认为，这种工作小组的理想规模为 70 人左右，他把这称为"创意头等舱"（Creative Compartment）。公司的员工就如同处在一个扩展了的家庭或部落中一样，当然，正如真正的大家庭或部落成员所知道的，这也并不意味着浓缩的其乐融融。

高健（John Kao）既是一名创新专家，又是一名爵士乐钢琴家。他在其著作《即兴演奏：艺术与商务创意原理》中用爵士乐和即兴演奏来比喻创意过程。他曾经与传奇摇滚艺术家弗兰克·扎帕（Frank Zappa）一起合作。他非常欣赏伦敦的番茄广告集团（该集团因给MTV、耐克和IBM推出各种广告活动而享誉一时），其前CEO史蒂夫·贝克（Steve Baker）说，当年他经营这家公司就像是在"管理一个乐队"。

网络空间是进行深入探索的大本营，因为每一个网络化公司所涉及的范围都会超越其物理位置。创意的人需要能够随意抵达任何地方与人开聊，无论是在办公室里面还是在外面。宝洁公司中，拥有研究生学历的科学家比哈佛大学和耶鲁大学还多，但该公司20%的想法（创想）都来自公司以外。意大利设计公司艾烈希（Alessi）以其极富冲击力和创新性的设计而著名。但这家公司并没有雇佣任何设计师，所有的想法（创想）及设计均从公司以外购买，再交由熟练的技术人员制成产品。这些技术人员起到了公司员工与外界设计师之间的媒介作用。

这类公司的吸引力在于激励了更多选择新型办公方式的人，他们要么选择在家里办公，要么根本就没有办公地点，要么暂时在别人的办公室工作1个小时或1天（比如那些即时型人员），要么坐在咖啡厅或茶室里办公。对能提供咖啡和Wi-Fi的临时性办公场所的需求，推动了城市中涌现出越来越多的商务会所、咖啡厅、短租办公楼以及联合办公区——在这些空间里，任何人都可以租借一个办公位置或房间工作数小时，比如伦敦的Hub和上海的新单位。

某位著名的管理专家喜欢向自己的听众提这么个问题：他们希望从哪里获得有关新想法的建议。或者说，你更愿意先和谁讨论自己的想法：你的老板，你的同事，还是你的下属？这是一个脑筋急转弯。正确答案是：我会与任何知道怎么做的人讨论我的创意，无论他来自公司内部还是在公司之外。

临时型公司
The Temporary Company

网络型公司需要使用临时型公司来完成特定的短期任务或项目，从而使人们专注于如目标、人员以及要完成的任务等原初要素（raw ingredients）。这些临时型公司非常适合于后工业化、后雇佣化的工作，其中一部分原因是，这种方式可以让人们能比较容易保留对自身技术和智力资本的所有权。

临时型公司为创意过程的管理提供了社会化、智力性和经营上的框架。这是一种目的性极强，规划严谨的组织方式。赫尔曼·豪泽（Hermann Hauser）曾解释过，为什么临时型公司中企业家们更能做到专注于一件事，因为临时型公司里没有过去的包袱，即使是内部人员也很难分辨出谁是核心，谁是边缘，谁靠工资吃饭，谁又是参股的，甚至下个月谁会留下来，谁会离开。

项目团队通常和临时性公司非常相似。阿什里奇商学院（Ashridge Business School）在对全球600家公司进行调查后发现，这些公司里75%的项目团队分布在世界各地，多达30%的项目团队更是横跨时区，超过一半的团队是线上的，成员甚至从未谋面。项目负责人会针对每个具体项目选出最适合的人，然后将他们集合起来在特定期限内完成特定任务。这样，成本得以最严格控制。对于常规公司管理者，维持业务运作的成本可能很难算明白；但是在临时型公司的负责人看来成本却非常清楚。

临时型公司的功能是带来诸如原型样品、测试版以及商业计划之类的想法，而不是产生利润。任何超过成本的收入，都会以报酬或版税的方式发放给参与人员，所以盈利的是个体而不是公司。临时性公司更愿意增加成本，制造亏损，而不是降低成本，产生利润。它们无须盈利，公司只是临时的，因为任何利润都会被征税。

集群
Clusters

网络型和临时型公司在由一定数量的多元化、专业化且志趣相投的公司形成的产业集群中会发挥出最大的效能，其原因是当这些公司处于同一价值链的相关阶段时，可以更快地分享知识、更轻松地合作，同时公司之间交易成本更低。这进一步强化了创意与创新。高产的集群通常会囊括众多不同规模、不同形态的公司。它们可以从不同角度看待问题和机会，而不像那些极少数大公司只会从自己的观点出发。集群获得成功的把戏,就在于它是多重性、专业化和极富竞争力观点的混合体。

集群发展分四个阶段。第一阶段,通过天然优势或近便市场将公司们集到一起。第二阶段,随之而来的集中化和激烈竞争促使各公司朝专业化道路发展,并吸引具有专业技能的人员及需要这些人才的企业。第三阶段,这些专业性人士又继续分化为独立的公司,基于对周边同行的了解,导致这些公司变得更加专业,更具竞争力。在这阶段,一旦出现空位,很快就会被其他企业所填补。第四阶段,企业相互接近导致溢出效应。集群还具有很高"乘数"效应,任何来自集群之外的输入都将迅速散播。

创意人需要获得隔壁公司创意人的协助来推动当前项目的成功,并验证下一个项目的新想法。他们的交流与谈判既有竞争性,又有合作性,并最终帮助大家对合作需求达成共识。"最佳实践"(Best Practice)仅被视为最低标准,因为他们的目的不只是做到与别人一样,而是比其他人更好。

集群化(CLustering)不仅出现在上班时间的办公室里,也可以出现在晚上或周末碰巧相遇的同事或任何人之间——当然这些人都通常在一个集群内。这种群体的亲密关系也是一些人选择在某一行业工作的原因。

"现代经济学之父"阿尔弗雷德·马歇尔(Alfred Marshall)是产业集群理论的最早提出者。他在其著作中写道,当众多理念相近的企业聚集在一起从事类似的任务时,"行业的秘密不再成为秘密,似乎是公开的了"。他认为这种距离上的接近将产生"空气中的某种东西"(查尔斯·里德比特 Charles Leadbeater 将自己关于知识经济的著作定名为《生活在稀薄的空气中》)①。当某人有了一个新想法的时候,它有可能被别人接受,并结合自己的建议成为进一步想法的源泉。

设计师兼工程师詹姆斯·戴森(James Dyson)就是马歇尔想象中的那类人。戴森在研发新型吸尘器的时候,从距离伯明翰一小时车程的几个小型工程机床厂那里获得了不少帮助。2002 年,他把工厂从英国搬迁至马来西亚,他说搬迁的原因并不仅是因为马来西亚当地成本比较低,还因为他意识到伯明翰那些经验丰富的老技工们都已即将退休,也很少再有年轻人愿意学习这门技艺或毕业后选择当工程师,从而导致集群逐步瓦解。他再也不能驱车到这座城市向老技工们讨教技术经验,或

---

① 该著作在香港出版的中文译名为《知识经济大趋势》。

通过与他们合作解决问题了。他说,现在已经没人对这些感兴趣了。

集群成功的原因是人而不是公司。好莱坞的故事开始于20世纪20年代,一群欧洲电影制片人从纽约登陆后,为了躲避极端保守的新教徒而一路迁徙,最终抵达了阳光明媚的西海岸。好莱坞是一个典型的集群,包含了价值链的所有环节,而且每个环节都充满了无情的竞争。好莱坞有自己的内部精神构造(insider mentality)。站在局外的《华尔街日报》曾断言——"再成功的商人,只要踏进好莱坞这个圈子也得惨败。无论他们怎么努力,最后弄不好输得连件衬衫都剩不下。"在电视、电影及家庭购物领域取得一系列成功的巴里·迪勒(Barry Diller)说,"成功和企业所有权并没有必然联系,真正重要的是运营电影工作室的人,他们的精力、性格以及企业家精神。其他都是噪声。"从世界第一大电影集群发展到第一大电视集群,如今,集聚在好莱坞的Youtube专业视频制作人比全球任何其他城市的都要多。

Youtube的总部位于好莱坞以北350英里①,紧邻硅谷。该集群的创始人大部分是来自旧金山湾区以南101公路沿线大学的学生和工作人员。同好莱坞一样,这里也得益于远离东海岸(与东海岸的大学)及华盛顿特区的独特地理位置。这个生态圈集合了大学生、工作人员、发明家、开发人员、金融资本家以及律师等丰富的资源。这里不仅能够催生大量新想法,还能提供金融资本帮助创业者创业及销售自己的想法。

好莱坞和硅谷的成功使得其他地区纷纷效仿。孟买的电影产业喜欢称自己为宝莱坞(Bollywood,取自孟买的旧称"Bombay"),而尼日利亚的拉戈斯也称自己为瑙莱坞(Nollywood)。作为典型的英式幽默,伦敦将位于东部的一个十字路口命名为小硅谷(Silicon Roundabout),而苏格兰也有自己的欧洲硅谷(Silicon Glen)。北京也习惯将位于中关村的电子城称为中国的硅谷。

全球各地分布着数千计的小型集群,这些集群对于居住其中的人们同样重要,发挥着同样的作用。首先聚集在一起的是艺术家和作家。他们聚集在一个方便彼此会面的地方,这个地方通常需要距离画廊很近,租金较低,还需要有舒适的咖啡厅。随着弹性工作制、即时型人员和临时型公司越来越多,几乎所有行业都会在城市中形成一到两个集群。伦

---

① 1英里=1 609.344米。

敦的服装集散地位于牛津街以北，临近梅费尔区（Mayfair）的零售商业区，但租金相对便宜得多；丹麦街开了许多音像商店，临近索霍区（Soho）的夜总会；伦敦的电视制作公司大多都集中在费兹罗维亚区（Fitzrovia），距离英国第四频道（Channel Four）比较近，其原因是第四频道要求所有的电视节目都必须从第三方制片商采购。① 第四频道搬走以后，这些公司仍然决定留在这里，原因之一是他们可以继续利用这个集群赚钱，原因之二是当时费兹罗维亚区拥有当时伦敦最好的宽带网络。

大多数集群是外人看不见的。游客有可能溜达到了牛津大街的北侧，却不会注意到这里的服装产业；或者在索霍区闲逛，却不会注意到英国的电视制作产业。也可能他们到位于南岸的海滨度假胜地普尔市（Poole）度周末，却不会注意到这里有两家全球最大的空气静压电主轴生产厂——这是生产印刷电路板的重要组件。他们也可能驱车穿越牛津郡的乡村，却注意不到这里由数百家公司组成的最先进的一级方程式赛车设计与生产集群。弗鲁姆峡谷（Vroom Valley）的汽车产业集群出现于英国的汽车厂商失去市场并被迫将企业出售给国外竞争者的时期。留在这里的数百名熟练设计师以及工程师们重新聚集在一起，建立起了新的企业。在热情、薪酬、不懈创新、富有想象力的设计及弹性工作制等多因素驱动之下，这些新兴公司迅速成长起来。

集群的负面效应是仿造，因为任何人都知道其他人在做什么，不用动脑子直接模仿的诱惑是非常强的。应对盲目抄袭的最好办法就是通过提高集群的吸引力，不断从外界吸引新成员和新想法。众所周知，好莱坞盲目抄袭之风盛行，但其竞争激烈，非常欢迎创新。因此，它仍然是美国以及世界各地每一代新的投资人和电影制作人趋之若鹜的圣地。

政府资助设立的集群命运各不相同。这类集群通常产生于有政府干涉传统的国家。这些国家之前并不鼓励创意，人们需要获得政府的许可才能开展相关活动。比如中国、新加坡和海湾地区国家的政府就是这种

---

① 此案例背后是著名的制播分离制度。1982年，随着英国第四频道的出现，委托制片制度开始建立。电视公司使用独立节目制作公司制作的节目可以降低成本，并能增加节目的多样性。该制度有效地促进了影视产业链的形成。

情况。2005—2010年期间，上海市共设立了70多个创意产业集群（集聚区），作为其推动创意产业决心的象征。但这些集群在当地没有创意社区（Creative Community）基础，也缺乏具备相关经验的管理者，所以大多数集群都逐渐没落，或成了传统的办公场所。而第二代集群（例如上海的安垦绿色创意产业园和精工产业园）的创办者们则对创意商务（Creative Business）有着更深入的理解，也制定了更灵活的商业策略。

为想法筹资
Financing Ideas

在初创阶段，人们对想象力、天赋和空闲时间的需求要高于对资金的需求。而这些对许多人来说都不缺，尤其是空闲时间。人们在从事或思考其他事情过程中所产生的想法数量是惊人的。这个阶段对金融资本的需求非常少，市场壁垒也很小。这导致收益——无论是工资、报酬还是版税——无法满足继续运营的需要。

这一阶段，资金的主要来源是人们的自有资金和利润，这被称之为内部或有机现金流（organic cash-flow）。增加这种净现金流的方法之一是减少开支。实际上，在一定程度上，几乎每个企业家都这样做过，一方面是为了提高可用现金流，另一方面为日后分享股权收益提供理由，倘若这在其计划之中。同样，也可以通过朝家人或朋友借贷获得资金，或向政府申请补助。

有可能靠这些钱就够了。创意经济的特征之一就是想法和公司的数量极多，它们仅靠极少的资金就能起步，然后通过向公众或客户出售产品以获得足够资金维持运转，直至发展壮大。这样人太多了，为此可以列一个长长的名单，包括艺术家、艺术品商人、广告代理商、建筑设计师、软件开发员、互联网从业者、电影制作人、设计师、作曲家、游戏开发人员等。

也有可能这些钱是不够的，为此就需要从外部融资。最难搞的钱就是起步期的种子资金。在最初阶段，想法还仅仅是想法，资产是个人的和主观性的，收入款项也太低，根本无法引起银行和私人投资者的兴趣。此刻，从朋友或家人那获得的几千英镑可能会令创业项目命运迥异——不仅能决定是坚持还是放弃，特别是在帮助创业者支付房租的同时,还能为他们树立自信心。

众筹是筹集初始资金的方法之一,用这个方法可以把募资对象从家人朋友小圈子扩大到 FACKBOOK 好友圈这个数量级。众筹是指从一大群人中筹集相对单笔较小的资金,每个募资对象所投入的金额占总募资金额的比例都非常小。大部分众筹都是以非货币的方式提供回报,例如邀请出资人参加某一特别活动,或向出资人优先提供预售版的创意产品,因此,众筹的融资方式不必受传统金融监管。如果是通过传统的借贷或股权融资的方式筹集资金,那就必须接受可能的监管。

企业主可以用现有网站或专门的众筹平台发布自己需要多少资金以及可给出什么回报。大多数平台都要从筹款中抽取 5% 的挂牌费和 3%～4% 的手续费。Kickstarter 是全球最大的众筹网站,它会对申请项目进行审查,而其他一些众筹平台则更开放。

众筹最适用于电影、游戏、演出、音乐专辑、应用程序以及任何在短时间内有明确产出的产品。筹集的资金通常从几千到几十万美金不等。据估计,截至 2012 年,全球最大的 500 家众筹网站每年筹款的总额高达 15 亿美元(这还不包括向诸如维基百科这样的非营利组织的捐款)。据报道,2012 年在戛纳和圣丹斯电影节上映的影片中有 10% 都是依靠众筹资金拍摄的。英国互动文娱协会(UKIE)称,用于游戏和电影的众筹资金达到了 5 000 万美元,用于设计、音乐和技术的众筹资金要少一些。而对于筹集资金超过目标金额的项目,其资金情况也是一清二楚的。手机游戏"僵尸快跑"(Zombies Run)的众筹目标金额为 12 500 美元,而实际筹集到的资金为 73 000 美元;美国游戏开发商 Double Fine 的目标金额为 400 000 美元,实际筹集资金为 3 336 000 美元(众筹的一大亮点就是可以清楚地观察到申请人目标金额是多少,以及他们实际筹集到多少资金)。

Pebble 公司研发了一种可以让穿戴者通过蓝牙与苹果或安卓手机同步的智能手表,该公司的四位创始人决定筹集 10 万美元的资金。他们给出极具诱惑力的回报条件,出资人可以在正式发售之前提前获得一块 Pebble 手表,并为他们提供设计及颜色的定制化服务。人们的反响非常热烈,在截止日期之前,该公司就已经收到了 1 000 万美元的筹款。

巴拉克·奥巴马(Barack Obama)签署了《创业企业扶助法案》(Jumpstart Our Business Startups Act)后,众筹受到人们更热烈地追捧。

该法案是美国削减赤字一揽子计划中的一部分，正式将众筹纳入推动美国经济发展的方法之一（奥巴马在2008年和2012年大选期间通过众筹成功募集了大笔竞选资金）。纽约证券交易所泛欧证交所主管邓肯·尼德奥尔（Duncan Niederauer）认为，众筹"将成为大多数小型企业未来融资的主要途径"。美国证券交易委员会最近颁布了关于"众筹"的监管规定，一方面要求众筹项目申请尽可能地公开，通过最精简的手续吸引更多的小额捐款，另一方面对公司的回报与支出进行监管，防止资金滥用（Pebble公司曾因超过了众筹截止期限而遭受批评）。2012年，英国一家名为Seedrs的创业公司首次得到当前金融监管体系的批准，成为英国第一家众筹代理商。游戏代理机构英国互动文娱协会颁布了一整套旨在规范"众筹"的新监管框架。

科学家们也开始利用众筹的方式来募集研究资金，尤其是一些环保或社会福利项目。旧金山的加州大学最近正在众筹网站上为其在马达加斯加岛的一个环保项目筹款，回报是以捐款超过5 000美元者的名字为所发现新物种命名。像Indiegogo网站和Petridish网站这样的科学众筹平台不仅能提供与艺术众筹平台一样的服务，还能提供额外的优惠政策，如果提出申请的大学也是一家注册慈善机构，为其捐款的人就可以享受税收减免政策。

尽管Pebble的成功极大地提高了资助金额度，但下一阶段的融资方式就将回归到传统模式，包括从银行或其他人手中借钱（借贷）或出售股票换取现金（股权转让）。借贷很简单，因为这只涉及在固定的期限内借贷固定数额的贷款，债权人并不插手公司的日常运营。而股权转让则涉及对公司价值、公司股票价格等更复杂的计算，且要预估公司每年增长情况，以使投资者可在相对较短的周期内通过合理出售股票获得适当的利润（即所谓的投资回报率）。作为公司股东，投资者对公司运营管理拥有一定话语权。如果他们持有股份较少，则对公司影响也较小；如果他们所持股份多，则对公司拥有绝对话语权。这种价值、价格和影响力之间的排列组合虽然不是绝对的，但有时看上去就是如此。

融资方式的选择通常由以下因素决定：公司当前财务状况、未来风险程度以及未来回报，当然还包括银行家和投资者发挥自己作用的意向。若采用债权融资，公司可以保持经营控制权，但需要以一些资产作担保和抵押。采用股权融资可以让借款人在没有财务成本的情况下得到钱,但是却需要放弃某种程度的控制权。对于常规且风险较低的业务来讲,那么借贷是较好的选择;如果存在一定风险,那么向亲友借款或出售股份则是较好的选择,当然,借款应该是非商业性且最好是无息的。

依据自己的满意程度对资产价值进行评估的方式相对直接,但是这种方式难以满足银行、投资者、协作者以及其他外部人士的标准。目前有几种评估方法,比如评估替代品的成本,这种方法适用于类似房产和设备等有价实体资产,但却不适用于那些具备独特性的资产;或者估算一项资产在未来几年内的价值,然后以此推断其净现值。倘若一项资产是全新的且独一无二的,这类评估方法也没有意义,但对有"获得历史"的资产则会变得很可靠。

大卫·鲍威(David Bowie)曾通过提供自己唱片历史销售记录将自己作品版权转换成可兑现的银行资产。他通过将自己未来歌曲版税转换成年利息7.9%的十年期债券的方式,从英国保诚集团募集到了5 500万美元。这种债券的收益率远高于美国十年期国债的6.37%。那位曾帮助鲍威发行了债券的银行家大卫·普尔曼(David Pullman)随后又帮助詹姆斯·布朗(James Brown)和艾斯里兄弟(The Isley Brothers)发行了债券。罗德·斯图尔特(Rod Stewart)发行了1 540万美元的证券化贷款。布鲁斯·迪金森(Bruce Dickinson)的铁娘子乐队(Iron Maiden)是音乐界最具商业气息的乐队之一,他们也募集了3 000万美元的资金。这些债券最初的收益都很不错,但后来随着互联网销售逐渐兴起也开始贬值了。

从资产角度看,鲍威、斯图尔特以及其他的乐手保留了自己作品版权,因此拥有一份资产负债表。不过大多数艺术家还是依靠报酬为生,只拥有一定的收入。从经济角度看,鲍威成为资本家,而其他人仍然只是雇用劳动者。很多创意人士在起步时为获得必要的资金而被迫卖掉其资产所有权。这就意味着他们放弃了从一个漂浮不定的自由职业者到以自己的资本资产(capital assets)去组建一家公司的机会。

在美国,投资者和资金的循环速度就像不断涌现的想法一样快,每一代美国企业家都会为他们的继任者提供资金。**因此,初创企业的最大资金来源其实是拥有上一代初创公司股份并愿意投资新项目的人。**他们的优势不仅包括资金,还包括对风险更本质的理解。在欧洲,当耗尽了数额有限的私人投资资源之后,那些想成为企业家的人被迫变成乞求者，要么向缺乏成功商业运营经验的银行贷款，要么向毫无经验的政府官员乞求援助基金（英国最成功的电影制作人大卫·普特南（David Puttnam）就曾批评英国的企业家们过于依赖政府，乞求施舍的心态过于严重）。

钱用光了会怎么样？对于在普通经济中拥有固定工资收入的人来说，只要他们能保证自己的收入大于开支，那么他们就基本不会陷入麻烦。因为占总收入绝大部分的工资性收入是可以提前预知的，所以避免家庭收支失衡并不困难。在家庭收入方面，他们已经做不了什么，因此优先考虑的问题就是如何节约开支。而在商业经济中依靠脑力为生的人优先考虑的问题恰恰相反。他们在意的是自己的收入，关注的是新的想法和项目。**很多陷入困境的人是因为他们将传统雇佣经济中的观念带到了创意经济的商业活动中，把降低成本当成了管理企业优先考虑的事项。**

创业一旦起步，美国人在经营方面表现得会更好一些。当企业经营陷入困境的时候，**他们的态度是宁可让债权人血本无归也要"继续经营"**（going concern）。而英国人的态度则截然不同，他们会努力保护企业的剩余资产以偿还债务（通常是出于税务部门的要求，这导致资金会远离私营经济）。

这导致了美国人会努力保护自己的企业，即使债权人想关闭企业出售资产；而英国人则是宁可放弃自己的企业也要尽力保护债权人的利益。**总而言之，美国人倾向于对债务人有利，而英国人倾向于对债权人有利。**针对这种情况，《经济学人》杂志曾评论说："欧洲之所以难以建立起能与美国硅谷匹敌的科技孵化园区，主要原因是他们的破产法更严苛。"

成功与失败
Hits and Misses

决定一个新想法能否成功的因素如自我表达、意义以及新颖性，带来的是较高的资产负债率和不对等的收益。成功是不寻常的，不过一旦能吸引买家注意力，成功的概率就大升，也会带来比一般的经济更多的收益。

应对这种状况的办法之一是：试图让每一个想法都成功。这倒可以作为某种自我激励的手段，但却无法帮助我们决定对每个想法要投入多少努力才行；如何平衡对数量和质量的追求；如何从无数次失败中尽可能多地获求偶然的成功，并减轻因这些失败而来的影响。这种办法忽视了现实状况，成功的概率更低。

更好的策略是将自己的知识和能力通过多种不同方式生成为某种货币化的投资组合，这种方式有一个意外作用，要想将内容及成本维持在某一水平，生产出的产品需要保持相对稳定。在产品完全相同且可在长期内使边际成本和收益保持不变的前提下，生产同等价格的产品是最合理可行的。但这些创意人所做的正好相反：他们生产了大量完全不同的产品。

根据经验他们知道只有一小部分产品会获得成功，同时，他们依据小部分成功产品的收益可覆盖大部分失败产品造成的损失这一假设来对产出进行管理。绝对成本和产品价格的关联性并不高，**这就是为什么利率调整之类的边际成本改变对传统公司影响巨大，但是对成功的创意企业却影响有限的原因。**

不管一个具体产品是成功还是失败，在一个现金流充足的小生境（niche）中，维持投资组合尤为重要。时代华纳的一个朋友曾建议我："靠近那些苹果即将落地的树"。他的意思是密切关注那些收益回报高的行业，并远离那些利润低且竞争激烈的行业。

要学会明智地选择自己的果园。流行音乐在其鼎盛时期是赚钱最容易的行业，不用动脑子，甚至不需要努力工作也能赚钱。但到了2010年，唱片公司经理，这一曾经既有趣又有钱的职位已经变得毫无前途。Radio Top 40 的主持人已经被俱乐部 DJ 和网络平台所取代。想当年，伴随广告业的发展，杂志记者地位一度非常高，那时赚钱非常容易，但如今他们发现这个行业竞争越来越大，文章写更多，赚钱却更少。专业摄影师也必须面对越来越多用智能手机业余爱好者的竞争。从前，出版商只需要依赖高端出版物上的书评和对小书商的谈判能力就行了，如今，他们不仅要与电子书平台搞好关系，还得亲自上博客写书评推销自己。

交易与合同的谈判
Negotiating Deals and Contracts

我本人在 Handmade 公司（英国最大的电影公司之一）担任董事期间，如果在办公室里发现了电影胶片，会觉得非常意外。我们拥有自己电影的原始拷贝，但是这些拷贝都被锁在 50 英里之外乡下的保险库里，那里守卫森严，室内温度和湿度都受到严格控制。实际上，**我们并不制**

作电影，我们只做生意。我们以自己的想法为生，我们依靠交易赚钱。

交易是指在某一特定时刻，买卖双方对"关于想法的想法"所达成的一致意见。卖方希望提高收益的同时保护自己的作品；而买方则希望通过谈判降低成本，增加未来盈利的机会。一笔交易可以反映双方对现有价值的认知（可能不同）和对未来价值的预估（几乎肯定不同）。

由于想法、资产和权利很容易合并或分割，因此，交易的范围越来越大。实物只能在物理定律的范围内发生变化，且一旦拆开就无法再恢复原状；而非实体的事物仅通过对它进行思考或表述就能产生各种变化，能以极快速度和多种方式进行合并和拆分。

唯一的制约就是交易各方的创发力（inventiveness），换句话说，制约智力产品的是智力水平。

交易中的创发力是一种基本但又令人钦佩的能力。当年 IBM 想找一种新型操作系统，他们告诉了包括微软在内的若干家软件公司。比尔·盖茨立刻买下了后来成为 MS-DOS 操作系统的版权，并将其授权给 IBM 使用，而自己则仍然保留了该系统可能的其他版权权益。随后，任何想要为 IBM 开发软件的公司都必须从微软那里购买操作系统的多用途许可权。在合同中，IBM 完全没有注意到一个小条款能为比尔·盖茨带来巨大财富。

当有消息传出老兵约翰尼·卡森（Johnny Carson）要离开《周六夜现场》（Saturday Night Live）节目时，大多数想要替代他的竞争者都签署了"最惠国"协议，即每名竞争者要求的片酬每集不得低于 25 000 美元。而杰·雷诺（Jay Leno）却拒绝签署该协议，并提出了工会允许的最低薪酬报价，即人们所知的"最低工资"。结果他获得了这个工作。

乔治·卢卡斯（George Lucas）在面对一个看上去大方但对他作品真正价值一无所知的谈判对手时，因其思考敏捷而成为亿万富翁。当时他正与 20 世纪福克斯的阿伦·列特（Alan Ladd）就自己首部《星球大战》（Star Wars）电影片酬进行谈判，当大部分条款已经谈妥后，有鉴于前一部电影《美国风情画》（American Graffiti）的成功，卢卡斯要求增加一些片酬。但阿伦·列特断然予以拒绝，也许是为了做出一点让步的姿态，他不假思索地将电影衍生品的所有权利都给了卢卡斯。他认为这类额外权利没多少价值，而福克斯公司的其他同事也不想掺和这所谓的"玩具"产业，他们甚至还怀疑这部电影能否热卖。不过这次他们错了，从1977年至今，《星球大战》电影衍生品已盈利200亿美元，超过电影本身盈利的2倍。为了管理这些衍生品，卢卡斯还专门成立了一个仅有30人的公司，每年收入达30亿美元。2012年，卢卡斯将这家公司以40.5亿美元的价格卖出。

交易通常是在两方之间进行（增加一个第三方将导致谈判的复杂程度呈指数级增长），谈判双方的关系既不同于上级与下级之间的关系，也不同于经理与雇员之间的关系。谈判双方即便不完全平等，也可以自由阐述本方观点，同意或拒绝对方的提议。

将交易列为更优先的事项会影响公司的结构、管理、工时及报酬问题。还会因此在相互信任的前提下，鼓励拥有丰富谈判经验和技巧的管理者负责对外谈判。公司管理人员需要擅长与人打交道，而谈判专家则需要具备判断价值的能力，了解当前市场的评估价值，同时还必须具备相应的法律知识。他们需要懂得如何通过交易以对方能接受的或对方不了解的方式创造收益。可以预见，**未来多数企业都会从员工的集合体转变成交易的市场**。

谈判过程通常是分阶段进行的。由于初时资产和想法一样模糊，因此具备能够阐述清楚这些想法是什么、有什么价值并令人信服的能力非常重要。理想的情况下，这一阶段可以忠实评估出想法的价值，不理想的情况是对想法价值的不实宣传。通常两种情况兼而有之，也是可以理解的。因为这种夸张宣传不仅会对卖方有利，同样有时候买方可能也过于乐观地认为自己也会赚钱。

随着每一项新协议的达成，更多的人有机会提出自己对想法意义和价值的评估意见。那些能把想法的有趣之处及价值阐述清楚并令人信服的人，将有权把这个想法推入下一阶段。只能说明想法是什么的人，其影响力只能停留在第一个阶段，因为只有发现新的意义才能促使人们朝新的方向行动，以释放其更多价值。

艺术品交易合同研究领域的先锋人物，哈佛大学教授理查德·凯夫斯（Richard Caves）并不赞同艺术家们过度纵容"为艺术而艺术"的倾向。但是艺术家们这样做并不全是因为对赚钱不感兴趣，而是他们相信自己的想象力才是赢得交易最可靠的办法。根据我的经验，创意人士和商人能够走到一起的原因，一定是因为希望将他们的项目推入下一阶段并从中赚钱。

但是确定一个新项目到底是什么，意味着什么非常难。评估一个个人化和主观性的新想法复杂而棘手。想法越新颖，其意义也就越丰富，对其价值的看法也就更容易改变。人们很容易改变自己的主意，即便是对同一件事情的两种表述也会引发不同反应。其结果是，对需求做出评估是没有把握的。正如银行被迫常说的那句话：过往历史不能指引未来。

谈判者会尽力回顾项目之前耗费的成本，并预期其在价值链下个环节的价值。但是，无论曾经多么重要，过去投入的成本在价值链的下一环节都将无足轻重。一个好想法和一个糟想法（例如一个脚本或原型）花费成本可能相同，但只有好想法才能进入下一阶段。高成本并不保证高收益，也不意味着一定会有收益。反正，卖方更愿考虑的是未来收益，而不是过去的成本。

交易达成取决于当时卖方想从对方获得多少资源，以及买方在那一刻的资产估价。双方都必须同时计算各自的固定成本和边际收益，这包括量化各自的风险—回报状况，并努力评估对方情况，以判断这笔交易是否划算。最次的是，他们希望至少能覆盖掉自己的边际成本；最好的是，他们不仅能保持自己资产的价值，还能获得额外的资源，提高未来收入的可能性。

双方都想知道将来能赚多少钱。买方想得到更好的资产或更多的资产控制权，而卖方则想获取更多现金。卖方想要提高他们资产的价值，从而让买方支付更多现金；卖家提出自己的看法，压倒买家的看法。在实际谈判中，人们会尽力覆盖已有成本，并寻求未来收益中的更大份额。结果将取决于谈判双方对未来收益的判断——基于个人知识、志向和谈判技巧等多种因素。

所有这些不确定因素都让人怀疑案例研究、基准测试和所谓的"最佳实践"是否能起作用。案例研究是对过去的事情进行选择性描述，多少有些事后诸葛亮，往往绕过了一些关键环节，人们无法获知事情真实过程以及决策者是如何做决定的。苹果公司的设计师乔纳森·埃维（Jonathan Ive）多年后回忆说，"有很多次我们几乎都决定放弃苹果手机了"——甚至他都记不清有到底多少回反复争吵。案例研究和方案计划将过去的经验精简到只剩一套行事法则，而其中的一些关键点往往被简化掉了。

大部分合约之目的是确认对版权、专利或商标的交易。卖方想要尽可能保留最大的权利,同时也允许买方获得充分的授权来赚钱。卖方希望保留或增加每一项权利的绝对值,而买方却希望该金额尽量低,并为自己创造出新的权利和价值。

卖方首先决定出售和排除哪些权利。这本身就是合同的重要组成。授权协议表面上看是许可方准允被许可方做什么(在线播放某部影片或使用某项设计)的合同,但同时也是关于许可方禁止被许可方做什么的合同。我参与环球影业(Universal Studio)某次电影转让谈判时,其管理层明确告诉说,他们的目的不在于允许人们做某些事情,而在于阻止他们做其他的事情。

版权持有者对允许别人使用其过去作品的态度非常谨慎,因为担心这会影响新作品的发行。为什么电影公司、音乐唱片公司以及图书出版商都在努力延长各自的版权期限?原因之一在于他们并不是非要自己持有这些授权,而是为防止他人获得授权。对于公司来说,合同是保护其资产的最佳方法,也是未来收入的来源。

十大成功法则
10 RULES FOR SUCCESS

以下是由那些在创意经济中取得成功的人士总结出的十大成功法则。他们有的来自大公司,有的则来自小公司。

(1)**自主创发**(Invent yourself)。创造汇集个人特长的独特群集。拥有自己的想象,并妥善管理。集聚势能。如果你愿意,可以早点离开学校,但千万不要停止学习。学习规则,管理规则,并打破规则。从各种渠道寻找新的想法,想法来自何处不重要,重要的是你将拿这些想法做什么。如果烦了,就去试试别的事情。对自己的优势和天赋要有清醒的认识,必须充分意识到它们是独一无二的,是你所拥有的一切。

(2)**想法优先,数据其次**(Put the priority on ideas, not on data)。训练自己的想象力。要建立一份个人智力资本(intellectual capital)的资产负债表。了解专利、版权、商标以及其他可以用于保护及允许他人使用你想法的方式。聘请最好的律师。比起公司损失金钱,创意经济中的人更担心的事情是失去思考的能力。好好考虑一下。

（3）**游牧状态**（Be nomadic）。对于游牧者来说，世界各地都是他的家。你可以选择自己的路线和旅行方式，也可以选择停留时间的长短。游牧并不意味着独自一人，多数游牧者都是结伴而行，夜间更是如此。游牧者喜爱沙漠，也欣赏绿洲。作家查尔斯·汉迪（Charles Handy）曾说过，领导者必须将"对人的爱"与"超然的能力"结合起来；同样，创意者既需要独处也需要群体，既需要独立思考也需要和伙伴们共同协作。

（4）**依己思行，定义自己**（Define yourself by your own thinking/activities）。而不是根据他人给你的头衔（职位）。如果你正在为 X 公司工作从事 Y 项目工作，那么换一种说法，比如"你正在 X 公司从事 Y 项目工作"，会更加有趣。电脑公司正努力向他们的客户出售"业务解决方案"；在创意经济中，我们可以彼此交换充满创意的解决方案。

（5）**不断学习**（Learn endlessly）。保持好奇，学会借鉴，敢于创新。牢记美国电力公司的广告语："新想法往往是两个旧想法首次交会而产生的。"要不断回顾、改造和再生——做一个爱说话的人。学会利用网络，如果找不到合适的网络，那就自己创造一个。要敢于冒险，去做没有必要的事。忘记弗雷德里克·温斯洛·泰勒（Frederick Winslow Taylor）对福特汽车公司员工说过的那句名言："你们应该消除那些错误的、缓慢的和没用的动作。"他不懂得，任性的行为可能会带来惊人的发现；最好连睡觉的时候，也睁着一只眼睛。

（6）**善用声望、名人效应**（Exploit fame and celebrity）。这是一种成本极低（声望是一种沉没成本）但回报无穷的东西，因为这能让同样的服务获得更多收益，也能让暂时陷入困境的人生重新恢复朝气。在 21 世纪创意经济中，影响力（哪怕是有点小名气）非常重要，堪比在 20 世纪做一名优秀的工程师。根据大卫·鲍威的说法，明星的本质就是能让自己像对自己一样对别人有吸引力。这里所说的不是短暂的名气，即安迪·沃霍尔（Andy Warhol）所说的短暂媒体追捧，而是来自于创意的盛名，这正是沃霍尔自己的成就，即使不再作画、甚至不再工作，多年后依然声名不减。

（7）**以虚为实，反之亦然**（Treat the virtual as real and vice versa）。网上生活只是日常生活的另一维度。不要靠科技来评价现实，而是应该用一些更为重要的永恒标准，譬如人性和真理。没有信息和交流，网络就毫无用处。要随时随地运用 RIDER 模型（创意之环）：审视、孵化、幻想、兴奋和现实检验，将现实和梦想融为一体来创造自己的未来。

（8）**与人为善**（Be kind）。友好是成功的标志。数据从不会说"请"，而人则可以，并且真心如此。要做到待人如己。高速计算机能更迅速地处理数据，同样，友好的人会获得更多机会被邀请进更多的网络、接受更多的知识。

（9）**坦诚面对，渴望胜利**（Admire success openly）。曾九次荣获温网冠军，四次登顶美网赛事的马丁娜·纳芙拉蒂洛娃（Martina Navratilova）认为，那些声称"胜败乃兵家常事"的人在说这句话的时候兴许已经输掉了比赛。同样，也不要眼睛只盯着成功，不妨用好奇之心来探索失败的意义。创意人士是自己得失成败最严格的裁判，因为他们想从中获得经验教训（见法则5）。最糟糕的事情不是退步不前，而是忧愁丧志。如果输不起，那就永远不会成功。

（10）**壮志雄心**（Be very ambitious）。要勇往直前。

（11）**享受乐趣**（Have fun）。跳舞吧，就像没人在看一样。停止测试，开始实验。阿尔伯特·爱因斯坦（Albert Einstein）曾说："如果用 $a = x + y + z$ 这个公式来说明成功的秘诀，那么 x 代表艰苦的劳动，y 代表生活的乐趣，z 代表少说废话。"这样的说法经常激怒其他人，但是不要担心，马里兰州国立卫生研究院（National Institutes of Health, NIH）的汤姆·韦尔（Tom Wehr）说，处于睡眠状态的大脑可以将前一天的事情进行整理，就好像一个"创意的烦恼工厂"，尽管把烦恼喂给它吧。

不是说创意经济的成功法则是十条吗？怎么变成了十一条？别急，你也可以打破自己的规则啊（见法则1）。

第六章　占有想法
OWNING IDEAS

权利市场

THE RIGHT MARKET

知识产权的关键点是什么？如何在所有权与使用权之间进行平衡？支付给创造及拥有想法的人和获得其想法的使用权之间的最佳平衡点在哪里？向作者支付更多钱和获得更多图书作品使用权之间的平衡点在哪里？或者支付更多钱给已故艺术家的继承人和获得他们绘画作品的复制权之间的平衡点在哪里？更高的利润和更便宜的药品之间的平衡点在哪里？为什么一些行业（例如电影业）依赖于版权，而另一些行业（比如快时尚行业）如果离开版权却可能会发展得更好？

这是一个充满争议的话题。有人认为对于版权的保护应当比现在更严格，保护期限甚至应该延长到永远；也有人持相反观点，认为应该削弱并缩短版权的效力，甚至完全废除版权。专利也存在类似的争议。难道真应该让这些适用于小玩意的规则同样适用于人类基因和种子等农作物？

2003年，当美国国会试图将版权的保护期限从作者有生之年及死后50年延长到死后70年时，这场关于版权的争论最终递交到了美国联邦最高法院。该法案被称之为《桑尼·波诺版权期限延长法案》（Sonny Bono Copyright Term Extension Act），因为该法案主张向著名美国歌星桑尼·波诺的遗孀玛丽·波诺（Mary Bono）支付版税。但不久后，该法案又变成了"米老鼠法案"，因为迪士尼公司（Walt

Disney）发现米老鼠的版权保护期也将很快到期，便希望改变版权的规定，永远占有米老鼠的版权。一位名为艾瑞克·艾尔德雷德（Eric Eldred）的互联网出版商认为，如果将版权保护期限延长，将侵害其由宪法赋予的可自由对古旧图书进行数字化的权利，因此也向最高法院提起了诉讼。

艾瑞克及其团队成员之一宪法律师、版权活动家、知识共享（Creative Commons）组织的联合主席劳伦斯·莱斯格（Lawrence Lessig），认为有生之年加死后 50 年的保护期限已经足够长了。莱斯格说，迪士尼延长保护期的理由居然是为了创造出更多的作品，实在非常荒谬。一份由 17 名杰出的经济学家共同发表的分析报告指出，即便只是对延长保护期的预期也可能会造成无法估量的影响。但是最终还是迪士尼赢了。

版权引发了一系列有关自由、产权、金钱和法律的混杂情绪。面对这杯令人头疼"鸡尾酒"确很难保持理性。早些时候某位活跃人士将版权描述为"法律中最微妙、深奥的领域"。说这话的人并不是查尔斯·狄更斯（Charles Dickens）笔下那个被拷打得奄奄一息的原告，而是美国专利及商标局（PTO）局长布鲁斯·雷曼（Bruce Lehman），同时，他还是知识产权与国家信息基础绿皮书的作者。他的看法恰恰呼应了 150 多年前美国最高法院法官斯托里（Story）的观点：**版权法和专利法比其他法律更接近"形而上学的法律"，相关论述既隐晦又微妙，有时候甚至让人无法把握**。并非只有他这样认为，比如，马克·吐温（Mark Twain）就认为作者有权占有自己的著作，就像占有自己的房屋一样，这样才能有足够的安全感。他曾写道："对上帝来说，只有一件事情做不到，那就是找到这个星球上版权法存在的意义。"

政府乐于讨论推广互联网宽带，但却发现版权很难适应随之增长数字媒体纠纷。美国政府曾试图用《千禧年数字版权法》（DMCA）来解决这些问题，并在最近提出了《停止网络盗版法案》（SOPA）和《保护知识产权法案》（PIPA），但却招致各界更强烈的反对，因为这会令许多合法的站点遭受附带伤害。总统奥巴马不得不表示，他将反对任何"妨碍表达自由或侵害充满活力与创新的全球网络"的法案，后来这两个法案都被撤回了。英国政府曾分别指派安德鲁·高尔斯（Andrew Gowers）和伊恩·哈格里夫斯（Ian Hargreaves）对版权问题进行调查，哈格里夫斯说:"如果当前法律不进行改变,创意经济将持续低迷。我们需要在私有权、保护措施和公共领域之间找到最好的平衡点。但目前这个平衡点还没有找到。"

2011年,包括美国、日本及欧盟在内的多国政府(不包括中国和巴西)签署了《反假冒贸易协议》(ACTA),但他们仍未能取得正确的平衡。为表示对该协议的反对,欧洲议会的两名正式调查员宣布辞职,三名委员投了反对票,他们认为该协议对反盗版行为反应过度,而且没有提到网络媒体所带来的机遇。

权利市场问题是创意经济中最复杂的商业问题。千百年来的法律和习俗一直认为土地和实物财产的所有权是神圣不可侵犯的,但对于创意和想法的所有权及相关保护却充满了复杂性和困惑。土地所有者们晚上能够安然入睡,因为他们知道祖先制订的法律会保障他们的权益,但是知识产权的集市却仍是一个充斥着混乱和喧嚣的地方。

集市的第一个角落,数百万人蜂拥而至,要公开他们的想法和发明,不管能否赚到钱。他们希望与任何愿意听的人分享这些想法,同时他们可能只想主张律师口中所谓的"精神权利"(Moral right),诸如被称为著作者的权利,拥有"署名权",甚至愿意放弃可能带来金钱的"经济权利"。在另一个角落,有一群想赚钱却不知道如何赚钱的人。他们可能是优秀的创作者,但在法律和做生意上却是外行,而且付不起专业顾问费。第三个角落中,我们能看到还有为数不多的人在创造产品和保护其权利方面都很在行。在第四个角落,极少数幸运的家伙像富裕的银行家一样,坐享自己的知识产权所带来的红利。

在中间的是一大批代理人和中介,他们通过与律师、投资人、政府政策制定者、会计师以及宣传员的谈判进行知识产权的买卖。这是一个非常不稳定的结合体,既需法律的精准,更需谈判的技巧。这些人购买和销售文字、音乐、图像、机械装置、计算机软件、基因、版权、商标、专利、方案、格式、名声、肖像、信誉、品牌和颜色等。在这个热闹的集市上交易的商品是知识产权的使用权——或者套用律师们的话——知识产权的开发权(exploit)。

是否应该向权利持有者支付报酬只是这个问题当中的一部分,而在实践中更重要部分是如何做,例如找出谁拥有这些权利,针对应该向转让方支付多少报酬以及如何支付等进行谈判,这些都非常棘手。那些将知识产权转让作为自己日常业务的公司知道应该给谁打电话，如何进行谈判。但大多数创意个体，当他们面对一次性的知识产权转让交易，涉及的财务问题虽然微乎其微，却并不知道该怎么做。权利人（right-holder）通常都是处于垄断地位的大公司，他们没有义务把知识产权进行授权或给出公平的价格，而且如果回报太低他们就更不愿意去费事了。随着知识产权许可方面的案例越来越多，权利市场的机能越发失去控制，谈判获得授权的成本甚至已经超过了收益。

三大问题
THREE QUESTIONS

首先我会从涉及知识产权的三个问题开始分析，然后再探讨其中的三个主要领域：版权、专利和商标。我会介绍互联网如何重新定义版权，以及美国专利商标局是如何扩大专利适用范围的，并建议重新制定权利所有者（right-owner）和公众之间的"权利合约"。这三个问题是：

- 为什么是财产和财产权（Why property and property rights）？
- 为什么是法律和许可（Why law and licensing）？
- 为什么是国际化协议（Why international agreements）？

为什么是财产权
Why Property?

任何事物的创作者都有权为该事物收取费用，这一原则对于实物财产非常适用。因此，有想法的人主张他们的作品也属于财产，并以此作为保护其使用权和获得报酬的理由。一般来说，这样类比很有效，这也是玛丽·波诺和迪士尼法案的法律论点基础。但是对想法收费则没有这么简单，其原因正如艾瑞克指出的，想法很难界定，想法与想法之间的界限非常模糊，且人们对想法成果（ideas）所有权的态度也不一样。而且，还遗留了一个巨大的问题——报酬到底应该有多少，仍然没有确定答案，这涉及：权利的性质是什么？保护期是多久（被称为"期限"）？限制与例外（诸如引用摘要的权利）的范围是什么？

迪士尼和其他权利所有者提出了一个独立的诉讼主张，即激励，他们认为对创作者来说，占有他们所创作的一切是对他们所从事工作的激励。一般来说这样的说法没错，但一个人之所以有创造力可能因为诸多不同因素。金钱是其中之一，但并不总是如此。我们很难证明在作者去世这么久之后，所有权还是有效的激励（我从没听说有公司能在那么久以前就制定好这种计划）。所以，用激励机制来证明所有权合理性的说法是很难站得住的。

当然，关于知识产权还有另一个独立的观点，那就是人皆有拥有其创造物的自然权利，无论他创造了什么。这是基于乔治·黑格尔（George Hegel）和托马斯·霍布斯（Thomas Hobbes）以及约翰·洛克（John Locke）关于人权（Rights of man）的观点。这种自然权利在适用版权的个人表达类作品中表现得最强（因此当歌手演唱《我拥有了你，宝贝》这首歌时，不仅应该知道歌曲作者是桑尼·波诺，还应该向他支付版税），而在适用于专利和商标的商业性想法中表现最弱。这些权利还受另一种与版权并列的所谓精神权利所保护。有一种观点认为，随着经济权利的不断降低，精神权利的影响将越来越大。

这导致了私有化知识产权的出现，但这是一种比较特别的财产权。它能提供所有权（ownership），但却几乎无法保证或对其提供完全的拥有（possession）。对于实物财产权（physical property），我们通常可以说"法律的九成是关于占有权的"；而对于知识产权，我们只能说"法律的九成是关于关系的"（这就是为什么我在成功法则第 2 条中指出"聘请最好的律师"的原因）。

为什么是法律和许可
Why Law?

知识产权（intellectual property）比实物财产权（physical property）更依赖于法律和法规。知识产权只有在政府通过某项相关法律对其承认后才会存在。**没有法律，就不存在知识产权**。我们需要法律来界定哪些想法和作品有资格成为财产，阐明所有者的权利，制定条款，并使法院能够惩罚违法者。知识产权有一种特殊属性：它是通过一种消极权利来实现的，即禁止某人做某事的权利。比如说，版权的目的是阻止他人抄袭复制，专利权的目的是阻止他人未经许可的仿制。

法律也规定了保护期限的长短。比如，一本书的版权保护期限是作者有生之年及身后 70 年，这样的规定并非出于写作或出版的固有属性，而是因为政府认为这是所有权和公众使用权之间的最佳平衡点。而专利保护期通常为 20 年，这样的规定也并非依据发明物的固有属性、市场需求或成本核算，而纯粹是因为政府认为应该是这样。

由于知识产权完全依赖于法律，没有任何外部的现实基础，所以它很容易被不断修订，尤其是被那些拥有优秀律师的人。正如我们见到的，桑尼·波诺作品版权的持有者向政府施压，要求延长版权保护期。过去英国政府对版权的保护期为 14 年，而现在则延长至作者身故之后很多年，甚至远超过该作品本身的商业寿命。专利权的保护期曾为 15 年（美国的专利保护期曾为 17 年），但是现在几乎所有国家都将保护期定为 20 年。即使这样，当专利或版权保护期结束后，越来越多的权利所有者开始将它转变为商标，使保护期与企业的寿命一样长。

德国的格林兄弟创作的《白雪公主》家喻户晓，该作品于 1812 年首次出版。尽管这个版本以及后来陆续推出的版本都符合版权的标准，但所有这些版权都已经于 1893 年到期。迪士尼于 1937 年将格林童话版本的"白雪公主"搬上了大荧幕，其版权保护于 2008 年到期，尽管 1993 年的数字版本仍处于保护期内。但是迪士尼知道所有这些版权总有一天都会过期，因此，迪士尼在 2008 年向专利商标局提出申请，将白雪公主注册为商标，其范围不仅包括电影和电视，还包括"通过通信和计算机网络传播的时事、新闻和娱乐信息"。如果申请成功，迪士尼将永远占有白雪公主这个商标，直至该公司倒闭，并且还能阻止竞争对手拍摄格林童话时使用这个名字。

为什么是国际化协议
Why International?

相比实物财产，想法成果（ideas）更容易在国际范围传播的特性使其需要更加严格的国际公约来对权利人进行比实物财产更有力的保护。1883 年在巴黎签订的《巴黎公约》是第一个全球性的知识产权公约，它涵盖了专利、商标和工业品外观设计等领域。3 年后的《伯尔尼公约》（Berne Convention）是专门保护版权的公约。此后，还出现了众多涉及民间习俗、植物品种、生物技术等领域的保护公约。

伴随着技术的革新，这些公约也在不断接受定期审核（也许批评一词更准确）。版权保护方面的公约可能是最麻烦的了，因为艺术、设计、音乐和视频是最容易被复制的。法国可以算得上是对外国作品最友好的国家，相比之下，美国是最排外的。最讽刺的是，尽管美国强烈反对盗版行为，但该国直到1989年才签署了《伯尔尼公约》，比欧洲国家整整晚了100年。在此之前，美国法律只保护美国本土的书籍。这一巧妙的策略允许纽约的出版商在不支付版税的前提下抄袭外国图书。19世纪最成功的英国作家查尔斯·狄更斯不辞辛苦来到美国进行抗议，但是也只能通过现场表演的方式从美国读者那里挣一点钱。

专利仍然需要发明者逐个国家进行注册。在A国注册只能享受到A国的保护，要得到B国、C国的保护，则必须依次进行注册登记。当然，也只有在A国注册过的专利持有人才允许到其他国家注册，因为只有他能证明该专利的新颖性。所以该专利拥有人的竞争者可以在B国、C国制造和出售相应产品，但是无法申请专利保护，而且一旦被原发明人发现，该发明人可以通过声明专利权阻止该竞争者的行为。

每个国际公约都需要一个秘书处来确保所有缔约国遵守公约规定。世界知识产权组织（WIPO）负责管理《伯尔尼公约》和《巴黎公约》，现在该组织已经成为联合国的分支机构之一。世界贸易组织（WTO）建立了一个以《与贸易有关的知识产权协定》（TRIPS）为框架的规范体系。上述两个组织的总部都设立在日内瓦。在欧洲，欧盟委员会认为有必要建立一个适用于欧洲范围的知识产权内部保护体系，以便协调整合各成员国的相关法律。

三大体系
THE TOP THREE

大多数创意想法都可以被版权、专利权和商标权所涵盖。图书归版权法保护，工业流程技术受专利法保护，人名的保护则属商标法范畴。然而，权利人非常清楚拥有的权利类型越多，获利也会越多，就如同给门加了两道锁一样。某项适用于专利保护范畴的创新，可能也适用于设计权和商标的保护范畴。一部影片除了属于版权保护的范畴，还包含了许多拥有独立资格权（qualifying）的作品，比如说，每部影片都会有配乐，哪怕只出现几秒钟，该音乐都会延伸出创作权、出版权、表演权和录音权等不同类型的知识产权。顺便说一句，最后一条"录音权"是一种"机械"权利，非常微妙。

设计权是知识产权最常见的变种。**英国在 1787 年首次提出设计权，比艺术版权的提出几乎早了 100 年**，由此可见工业设计和制造业在当时的重要性。今天，大多数国家都为设计保护提供了几种选择，包括自动拥有的版权和需要通过注册获得的专利权等，但是由于很难对设计进行定义，因此，为设计权提供的保护机制很微弱。最典型的例证就是时尚领域的商业成功很大程度依赖于对复制的宽松态度。据英国知识产权组织报告，2011 年，绝大多数设计师就根本没有费心去申请设计权。

世界地理标志（Geographical Indicators）注册机制主要作用是保护特定地区的食品和饮料，如香槟酒和斯蒂尔顿奶酪；而微生物注册机制，如细胞，则用于保护食品和药品。尽管互联网域名（URLS）并不被认为是商标，但国际法律都倾向于将其划为商标范畴进行管理，因此，提前注册商标可以阻止竞争对手在网站地址上使用该名称。目前，各国正在协商将基因信息、传统知识和民间传说纳入知识产权的保护范围。欧洲还特地制定了保护数据库的一次性法律。

美国还专门制定了用于保护商业秘密（trade secrets）的法律，该法律允许人们拥有属于自己的信息，并阻止其他人使用。这里的商业秘密是指"应用于企业内部的公式、模式、设备或者信息汇编，使企业有机会比不知道或者不懂得它的竞争对手获得优势"。这种定义方式非常宽泛，从而导致了激烈的争执和数额巨大的赔偿。多年来，美国杜邦公司（Dupont）一直怀疑其凯芙拉（Kevlar）纤维的制造工艺被韩国可隆公司（Kolon）窃取，这种纤维材料既轻便又结实，深受市场的欢迎。杜邦公司诉诸法庭，2011 年，法庭最终宣布可隆公司商业秘密窃取罪名成立，向杜邦公司赔偿 9.19 亿美元。长期以来，公认最有价值的商业秘密是可口可乐的饮料配方，但是现在谷歌公司的页面排序算法（pagerank algorithm）有可能成为冠军位置的强有力竞争者。

版权
COPYRIGHT

创意或想法中没有版权，只有在对想法的表达中，才存在版权。创意是催化版权的燃料，可是它本身却不受保护。当我在思考下一句话的时候，我脑子里的各种短语都不属于版权作品，也无法受到任何保护。不过一旦把这些想法写下来，每一句就都会受到版权法的保护。从法律上讲，所有文字，包括我的笔记，都在保护范围内。

这里存在两个问题。第一，开放的民主社会都会认为，文学和艺术性个人表达应该被自由分享。我们对于自己在某段谈话中的贡献、措辞或见解并没有所有权。托马斯·杰斐逊（Thomas Jefferson）写得很优雅："点燃蜡烛照亮他人者，也不会给自己带来黑暗。"既然如此，人们为什么只因为把想法写下来，或是登上舞台表演，就应该拥有他们在文学和艺术表达呢？其二，引用一句话会对原作者造成多大损失？并且，大多数适用于版权范畴的作品并不需要或只需要非常少的资金投入。

但创意人士有理由提出抗议，认为他们作品的价值不逊色于任何发明——尽管私底下他不一定这么认为。虽然无论从哪种意义上讲，许多作品的产生几乎不需要什么成本，但是也有极少数重要的作品需要在很长一段时间里投入大量的资金。这些创作者们长时间地辛苦工作，他们也得吃饭，因此他们也应当有机会同其他人一样富有。

显而易见，这种紧张关系存在于整个人类历史中，直到今天仍然影响着人们的态度。早期社会都把著作、画作和音乐的作品归属视作整个社会而非个人所有。独立的作家职业和对表达的所有权观念直到古希腊时代才出现，可是在基督教时期和中世纪初又逐渐消失，一直到最近才逐渐在一些国家站稳脚跟。那时的作家和艺术家都相信自己是表达神灵启示的媒介，因此，根本不应该从自己的作品中获取个人利益。"这些都是我免费得到的，"马丁·路德（Martin Luther）曾引用《圣经》说，"你们白白地得来，也要白白地施与。"

作为世俗人文主义的一部分，个人灵感和作者权利的概念又重新在欧洲出现。15世纪后，英国判例法开始承认作者对其作品所拥有的权利,但是皇家特许出版公司(Stationers' Company)——英国皇家为印刷及出版业授予特许经营权的机构——所获得的利益甚至比作者还要多。大部分作家还都满意这样的安排,相对来讲,他们并不看重自己作品的保护,只关心如何早点将其发行,且他们大部分收入并非来自于书籍的销售,而是来自国家和私人的赞助。英国内战期间,政治环境发生了变化,保皇派的皇家特许出版公司丧失了特权,作家们开始维护他们的经济权利。当时,绝大多数的作家都住在伦敦,而且彼此认识(这是一个早期由文化集群转型为成功商业集群的案例),当印刷业者对新作品的需求远超过作家的创作愿望时,作家们发现自己已经处于强势的谈判地位了。

他们游说英国议会阻止印刷商和出版商"在未经作者同意的情况下,擅自印刷、重印和再版书籍"。作家丹尼尔·笛福(Daniel Defoe)曾为此做出精彩的辩护:"**书是作者的财产,是他创造力的产物,也是从他大脑中出生的顽童。**"1710年,安娜女王的议会顺应潮流,发布了全世界第一部版权法案(《安娜法令》),该法案奠定了一个重大的基本原则,也就是作者拥有"印制书籍的唯一权利和自由",任何人对其作品的使用都必须获得作者的许可。1719年,当笛福(Defoe)的大作《鲁宾逊漂流记》出版时,他终于可以骄傲地说:"写作已经成为英国商业中的重要分支。"(50年后,伦敦出版商向塞缪尔·约翰逊支付了1 500畿尼请他编写字典,相当于现在的370 000美元。)

直到1783年美国联邦政府通过了第一版版权法之后,印刷品的内容才得到保护。而在此之前,只有印刷技术受到专利法保护。托马斯·潘恩(Thomas Paine)、诺亚·韦伯斯特(Noah Webster)以及其他作家基于霍布斯和洛克的自然法提出了对于版权的要求,不过被他们自由表达和政治独立的理念所扭曲。就像版权历史学家罗纳德·贝廷(Ronald Bettig)提出的,法律假定了"创造力、利益和社会福利之间的内在联系"。尽管美国反对殖民主义,他们仍然效仿英国的法案,建立了自己的版权保护法律。

与此同时,英国议会也逐步扩大了版权法的适用范围。1734年版画获得版权保护;1787年纺织品设计获得版权保护;1814年雕塑获得版权保护;1833年是音乐表演;1862年则是绘画、图纸和照片。为什么绘画等了这么久?这看起来似乎很奇怪,不过版权确实正如它字面所说：这是一种复制权。**绘画一直被当作私有财产加以保护，而且只有当技术发展到可以制造出具有足够吸引力的复制品时，绘画才会被视为知识产权而获得保护。**

版权在知识产权三大体系中最特别，因为所有"作品"都能自动获得版权保护而无须告诉任何人，无须登记注册，甚至不用打上©的符号。虽然美国仍然保留注册登记制度，但是所有作品一旦符合要求都将受到保护，无论它是否登记注册。作品的适用范围并不局限于既定范畴。这些作品主要分为三类：第一类是文学、戏剧、音乐和艺术作品；第二类是录音资料、电影、广播和有线电视节目；第三类是对已出版作品的重新设计排版。要想获得保护，作品必须符合上述分类，必须是原创的，必须包含了作者的技能和劳动。英国知识产权局（IPO）的界定更宽泛，它规定作品要受到保护并不需要"新颖的或是富有艺术价值"，但它必须是"独立智力劳动"的成果。例如，一连串手写的计算机代码也可以被认定为是文学作品，只要它是作者技能和劳动的结果。

1710 年的版权法案规定，作品标准保护期限为 14 年，到期后可以续订，但保护期限不超过 28 年（美国早期法律规定的保护期限更短，只有 5 年或 7 年）。现在，一般作品可以享有作者有生之年加 70 年的保护，表演、电视、电影以及其他协作产品的保护期限有所不同。对已出版作品的重新设计排版作品的保护期限为 25 年。

法律也详细规定了"限制与例外"，也就是在何种情形之下可以允许其他人合法地且不用承担责任地使用某件作品。最常见的例外是"合理使用（欧洲是 fair dealing，美国是 fair use）"，该条款允许人们在教育和研究之目的下使用某件作品，或出于评论目的引用小部分内容。对图书内容的引用是允许的，原因是通常引用的内容都是比较概括的。但如果大量地引用作品的实质内容，就可能会有麻烦。法律并没有具体说明可以复制多少，并依赖于"相当大的比例"这样的措辞。如果教师想在课堂上使用一份有版权的材料，他需要考虑是否应取得原作者的授权，学生复印课本时也要考虑版权的限制。1991 年，金考快印就曾因非法复制了 12 本图书而被纽约地区法院罚款 510 000 美元，并向原告支付了 1 365 000 美元的诉讼费用。

版权法在以下五个方面触及创意经济。首先作者（author），这个术语不只包括写作者（writers），也包含所有相关作品的创作者（creators），比如设计师、电影制片人等；第二是创作行为（action），也就是为了创造一个作品所必须付出的技能和努力；第三是作品（work）本身，包括文本、图像、表演、出版物和电视广播等；第四是法律规定的复制权（right），可以被细分为几乎无限的权利，包括在不同媒体权地区、语言、期限等出售或授权许可等权利；第五是围绕权利人是否许可或是禁止其他人进行复制时发生的交易（transaction）。该交易可能发生在作者与中间人、中间人与中间人，或是中间人与用户之间。

这五个方面之间存在内在的逻辑关系，只有我先创造出一件作品，我才可能允许或不允许你进行复制。版权的两大支柱是我做了什么和我允许你做什么。

数字化颠覆
The Digital Flip

数字化则无视此逻辑。美国商务部在一份关于互联网和版权的报告中认为："作者、制作人和表演者之间的差别已经变得无关紧要。"原创与复制的基本定义暗示着原创作品和副本之间存在一种层级式的主从关系。但数字技术彻底颠覆了这一假设。数字编码的本质就是将媒体内容转化成数据，进行操作，并一模一样地复制。而互联网的本质就是让这些数据在全球范围传播，在完全不顾及任何国家法律的情况下进行复制。这两大过程重新定义了媒介的本性。

原感恩至死乐队（Grateful Dead）的词作者约翰·佩里·巴洛（John Perry Barlow），也是电子前沿基金会（Electronic Frontier Foundation）的联合创始人（该基金会致力于推动言论自由），生动地描述了这种颠覆的原因："**未来，我们不得不重新审视信息，就好像我们从未见过这些东西一样……未来的保护措施对伦理道德及技术的依赖要高于对法律的依赖。而未来的经济也将更多基于联系**（relationship）**而非占有**（possession）。"他非常欢迎这种趋势，并认为"大部分人可以靠自己的聪慧力（wits）为生，并非依赖于按照法律实例方式所保护的智力或专业技能，而是依靠基于同受众或客户持续及深入互动所带来的价值认同"。

第一个被颠覆的行业是音乐。自从数字技术得以运用，音乐产业真可谓如鱼得水。音乐曲目文件非常短，所需的带宽或存储空间也很小。在智能手机上播放音乐也许效果并不太好，但比起模糊不清的印刷文字或满是噪点的图片来说，这些略带杂音的音乐还比较容易接受。

其结果是带来了音乐业长达二十年的增长，这主要体现在音乐家数量和新作品及专辑数量的增加，同时通过数字化得以再次进入市场的旧专辑数量也越来越多。听众越来越愿意也越容易尝试到新的音乐作品。在Facebook、QQ音乐以及其他音乐网站上，"喜爱"和"关注"两个按钮让人们收听到的音乐比在电台和当地唱片店的音乐多得多。

随着数字复制技术日益普及，人们对与复制相关的法律问题也越来越困惑。屏幕技术（Screen Technology）将音乐、图像和文字信息简化成与其他各种电子文件完全一样的形式，并显示在包括电脑和智能手机在内的所有屏幕上。习惯了免费拷贝文本文件的人觉着免费拷贝音乐文件是理所当然的；听着免费音乐广播长大的人，也觉得在智能手机上免费收听音乐很自然。

唱片公司也顺应这一趋势，他们将互联网视作新的营销机会，并开始鼓励艺术家向互联网上传长度不超过30秒的音乐剪辑小样。但不久后，少数创作者开始打破30秒的规定，例如百代美国分公司Capitol旗下的"野兽男孩"合唱团（Beastie Boys），他们违反了Capitol的政策把自己一些绝版歌曲上传到网络上。大卫·鲍威在光碟发售之前，先在网络上发布了整张专辑；埃尔维斯·科斯特洛（Elvis Costello）也把他所有的作品都放在网上，方便人们下载；金属乐队（Metallica）则许可听众在现场录制他们的表演，并允许交易这些视频。

当一位名叫肖恩·范宁（Shawn Fanning）的辍学生开发出了一款名为Napster的文件共享程序时，形势发生了巨大的变化。这款软件允许用户搜索其他用户所拥有的任何MP3文件，并复制到自己的硬盘中，其原则就是你搜索别人电脑时，也要允许别人搜索你的电脑。只要输入音乐作品名称，Napster除了搜索相关网站外，还可以搜索该网站所有用户的硬盘。如果某唱片公司高管把一套尚未发行的新曲目放到他的硬盘上，Napster就有可能会找到并复制这些音乐。不久后这种搜索服务变得越来越流行，使得一些美国大学的网络系统为之阻塞，校方不得不开始禁止学生使用这种服务。不过学生们的反应却异常激烈，甚至不惜掀起一场全国范围言论自由运动作为回应。

人们意识到，任何人都可以在互联网上交换音乐，这让主流音乐品牌感到恐慌。美国唱片行业协会（RIAA）开始对Napster提起法律诉讼。而金属乐队的歌手拉尔斯·乌尔里希（Lars Ulrich）发现有歌迷将他们尚在制作中的一首单曲传到网上，因此，他对所有免费下载该歌曲的人都提起诉讼。Napster 的辩护理由是他只提供了复制文件的系统，其在本质上和用录音设备制作录音带，或用录像设备制作电视广播带一样。他认为自己本身并没有侵犯任何版权，权利人也并不能把责任推给他们，就好比不能因为贼用梯子爬到楼上行窃就把责任推给造梯子的人。但是，在 2000 年，美国某地方法院因 Napster 文件共享系统的规模过大，已超过其所辩称的"私人复制"（private copying）范畴，从而认定其"大规模侵权"（Wholesale Infringement）的罪名成立。此后，Napster 调整其经营策略，开始提供合法的下载服务，最后被音乐点播服务商 Rhapsody 公司收购。

近 10 年来，随着下载技术广泛普遍，版权侵害已经从对音乐版权逐步扩展到了对电视、电影的侵权。到 2010 年，一部好莱坞大片刚在美国上映，几天后盗版碟就在亚洲市场上出现。一些非法公司利用大规模的服务器群从事盗版活动。2012 年，美国联邦调查局对德国出生的金·达康（Kim Dotcom）发出逮捕令，声称其在香港经营的网站 Megaupload 的访问量已经超过 10 亿人次，注册用户达 1.5 亿人，每天活跃用户达 5 000 万人。联邦调查局估计其依靠出售广告和提供增值服务的所得总收入高达 1.75 亿美元。

对于侵权行为所造成的损失规模，无论是从产品数量还是产品价值上讲，各界意见并不一致。唱片公司估计他们每年的损失为 200 亿～300 亿美元，游戏业每年的损失约为 30 亿美元，出版业每年的损失约为 10 亿美元。根据商业软件联盟（Business Software Alliance）的估算，全球大约一半的软件用户用的都是盗版，软件公司每年损失约为 70 亿美元。好莱坞宣称，美国每年因电影、电视、音乐、游戏和软件的"内容盗窃"造成的损失达 580 亿美元，该数据是各类估算出的损失额中最高的，也引起了激烈争议。

早期对侵权行为造成的估算方式是按照每被剽窃或侵权一个产品对应一个产品销售额的损失。也就是说，如果每盗版一个价值 10 美元的专辑或录影带产品，权利人将损失 10 美元。他们最近的估算方法稍微保守一些，按照每盗版 5 个或 10 个产品对应 1 个产品销售额的损失，这样的估算方法更真实些。许多使用盗版产品的人不会去购买正版产品，原因可能是当地没得卖或买不起。正版产品价格在一些国家非常高。电影《黑暗骑士》DVD 在俄罗斯售价为 75 美元，而美国售价仅为 10 美元，租赁价更低至 2 美元，所以使用盗版的诱惑非常大。现实情况是，人们往往只有两种选择：买盗版或者根本没有正版可以买。

这对人们态度和行为造成的影响越来越广，比我们最初预想的要复杂得多。主要体现在两个方面：一方面，人们使用免费下载产品，而不是付钱购买，这将导致等同于一个产品的销售损失；另一方面，免费下载也让他们有机会发现新的音乐作品，也可能会吸引他们购买更多的正版产品。

音乐及其他娱乐产品，或者说几乎所有产品的销售增长都依赖于那些已经看过、听说过或体验过这些产品者的推荐。因此可以说，商业上存在一定程度的复制很常见。从软件到鞋，许多现代品牌成功都依赖于产品迅速传播带来的网络效应，即"街头信誉（Street Cred）"。因此，可以说抄袭，包括剽窃行为对企业来说是利大于弊的。2011 年 HBO 热播剧《权力的游戏（Game of Thrones）》据说是有史以来被非法下载次数最多的电视剧，该剧导演大卫·佩特拉卡（David Petrarca）认为："我们并不在意非法下载，因为社会上引发的文化和评论热潮将进一步推动该剧的热播。"比起媒体和娱乐行业，计算机软件更加依赖这种网络传播效应。一个使用盗版软件（例如在另一台电脑上安装单用户许可软件）的人可能认为这种行为无关痛痒，而实际上也的确没造成多大损失。软件公司也希望他们的软件能尽可能地扩散开来，甚至会采用通过赠送的方式来推广。这样的做法有点不合常理，当然，企业仍要考虑如何覆盖成本并盈利。

另外的选择

Alternatives

如果早期互联网开发者们主张了自己的私有财产权，那么互联网可能会变成一无所有的荒漠。英国人唐纳德·戴维斯（Donald Davies）和美国人保罗·贝恩（Paul Baran）发明了应用于包括互联网在内的所有网络的封装交互技术，但他们并没有主张这些技术的版权；现就职于位于日内瓦的欧洲核子研究委员会（CERN）、欧洲粒子物理学实验室的蒂姆·伯纳斯-李（Tim Berners-Lee）既没有为其发明的万维网申请专利，也没有主张版权；应用于大多数 Web 服务器的 Apache 系统的发明人也没有这样做；被 70% 的电子邮件系统所使用的 SendMail 系统、由四名南加州大学学生编写的最流行的 DNS 软件 BIND（将无数电子邮件地址转换为英语文本），以及拉里·沃尔（Larry Wall）发明的应用于超文本链接的实用报表提取语言（PERL），这些技术的发明人都没有主张过版权。

与此同时，主流的娱乐企业们还深陷在版权的束缚中，以致他们完全不知道正在发生什么。**他们无法理解，如果没有版权，一切都能繁荣**。等他们意识到正在发生的事情时，开放获取（Open Access）的基本原则已经确立，游戏结束了。

开放获取的标准载体是自由开源软件（FOSS），这意味着在"相同方式分享①（Share – and – Share – Alike）"的原则之下，任何人都可以对软件代码进行编写和修改，同时作为前提，也必须允许其他人享有同等的修改权利。20 世纪 80 年代，自由开源软件领域的先驱理查德·斯托曼（Richard Stallman）开始研发以"相同方式分享"为原则的新型操作系统 GNU。计算机黑客喜欢用双关语，GNU 的名字其实是"GNU's Not Unix"的递归缩写。这里的 Unix 指 AT&T 的 Unix 语言，现在由网威（Novell）公司所有，许多互联网用户都因为其严格的授权条件和过高的成本而讨厌它。斯托曼希望 GNU 能够在包括所有权及授权条件等方面以同 UNIX 完全相反的模式运作。他与芬兰程序设计专业学生林纳斯·托瓦兹（Linus Torvalds）合作，以托瓦兹在大学读书时基于"相同方式分享"原则开发的 LINUX 内核作为核心，开发了 GNU 操作系统。斯托曼的 GNU 操作系统加上托瓦兹的 LINUX 内核，GNU/LINUX 成为最著名的自由开源软件范例，其源代码是完全免费和开放的。

自由开源软件的支持者放弃源代码所有权，主要基于两个观点：首先，任何人都不应该将类似计算机代码这类基本事物占为己有，就好比不能把字母表中的字母或某种语言占为己有一样的道理，这是需要绝对坚持的道德准则；**其次是私有化所有权会阻碍发展（按生态学的术语，**

---

① 相同方式分享是指用户可以复制、发行、展示及演出该作品；但若对该作品进行改编形成新的作品，则仅在遵守与原作品相同的授权条款下，用户才可以发行、使用由原作品产生的新作品。

它限制了学习和适应）。

托瓦兹认为，那些试图将源代码据为己有的人就如同发明印刷机器后还妄想拥有字母所有权的人一样可恶，因为其他人如果想要把各种字母编排成文字还需要获得他的许可才行。理查德·斯托曼以传教般的热情激动地宣称：有关人类表达的多数形式都不应该被私有化，他发明了通用公共许可（General Public Licence，GPL），其功能就如同《伯尔尼公约》下的版权许可，把程序永远公开化。他希望用站在用户立场的新术语"反版权"（copyleft）来取代站在权利所有者立场的术语"版权"（copyright）。

按照其行业自身标准，LINUX/GNU 取得了巨大成功。LINUX 不仅为安卓操作系统提供了内核，还占据了大部分服务器市场。在 2010 年，LINUX 占服务器市场的份额为 60%，而微软只占 30%。它还统治了超级计算机市场，全球最快的 500 台超级计算机中，90% 都使用 LINUX 系统，因为那些高度专业化用户希望能够不断地重新编写源代码，而不与原厂商协商任何版权或专利授权的问题。

LINUX 操作系统因技术领先、用户友好赢得了声誉。2012 年，前微软欧洲研发中心的负责人说，微软公司从事视窗操作系统研发的只有四个人。相比之下，LINUX 则有成千上万程序员在共同开发，其中有些人可能更聪明。微软公司承认，"LINUX 以及其他操作系统的拥护者，正进行一场可信度日增论证，认为这些操作系统即使不比其他商业操作系统更具优势，但至少一样可靠。操作系统收集和利用互联网成千上万个人集体智商的能力简直令人吃惊。"计算机专家艾瑞克·雷蒙德（Eric Raymond）的说法非常有说服力，"在很多方面，开源世界的行事方式同自由市场或生态系统非常类似，自私主体的集合都试图将自己的利益最大化，但是在这个过程中却自发形成了一种自我纠正机制，其精确性与效率要远远高于任何自上而下的中央计划体系。"

这种自发式生态系统最显著的例证就是"知识共享①（Creative

---

① 中国大陆称作"知识共享"，网络常用"CC 协议"的称呼，台湾称作"创用 CC"，是一个非营利组织，也是一种创作的授权方式。此组织的主要宗旨是增加创意作品的流通可及性，作为其他人据以创作及共享的基础，并寻找适当的法律以确保上述理念。我们认为更准确的翻译方式应为"创用共享"。但本书中采用中国大陆的称法。

Commons)"授权体系，该体系积极地推动默许授权文化，而非严格地对艺术、文化和视频的授权进行限制。这种共享系统产生于许多人想要放开图片、录影带、写作和其他媒体资源的使用许可的愿望，从而使其他人能够放心地免费使用这些资源。该系统非常周到，提供了三种版本的授权：针对普通大众的、针对律师的以及在计算机语言领域使用的。

"自由开源软件"和"知识共享"对创意经济发展有积极影响，其"相同方式分享"的基本原则已逐渐成为人们在线上线下做事的道德准则。接受过程是不情愿的，"自由开源软件"刚出现时，软件公司很有敌意；当"知识共享"成立时，影视公司抨击其许可体系根本不是真正的版权，是错误的，并设法阻止该组织成员参加行业会议。事实证明，上述两种体系对社会发展是帮助而非阻碍；为社会中数量不多但极有象征意义的群体提供了合理的、用户友好的服务。

这个观点在"数字经济合作与所有权"（CODE）大会上被提出，该大会由英格兰艺术委员会与波罗那·菲兰（Bronac Ferran）共同主办，主要探讨艺术、人类学、广播、天文学以及基因组测序等问题。后来成为人类基因组百科全书计划（ENCODE）咨询委员会唯一英国成员的蒂姆·哈伯德（Tim Hubbard）在大会上发表关于遗传学的演讲，建议在充分考虑表观遗传调控的情况下对基因进行重新定义。同英美的基因组地图类似，人类基因组百科全书计划也是按照"自由开源软件"原则进行的。

开放获取

Open Access

目前，"自由开源软件"原则已经运用于大部分政府用纳税人的税款投资运营的大数据领域，而公众认为在某种程度上他们仍然拥有所有权。这些所谓的公共数据包括对地理定位应用程序至关重要的地图和邮政地址，以及潮汐和航海数据、气候数据。政府机构不仅缺乏使用公共数据的技巧，也缺乏管理数据的资金，更糟的是，他们不允许其他人使用这些数据。GapMinder 基金会的创办者、瑞典数据统计学家汉斯·罗斯林（Hans Rosling）把自己比做公共数据领域的罗宾汉，他认为联合国、世界银行、国际货币基金组织这类国际组织在阻止公众使用数据上实在是穷凶极恶。他们从成员国获得公共数据，然后"用低效愚蠢的方式再卖出去"。这种占着茅坑不拉屎的态度与"自由开源软件"所秉承的"人们能够使用的原始数据越多，公众受益就越多"的精神背道而驰。

美国联邦政府在开放公共数据方面走在了世界前列，包括允许大众对这些数据进行再利用，开放美国领先的全球定位系统（GPS）及其他地理定位程序的应用。不过，大多数政府在这些方面表现不佳，甚至浪费了这些公共资源。奥巴马总统曾下令所有公共研究项目的研究结果都必须免费公开。在英国，开放权利组织（Open Rights Group）和蒂姆·伯纳斯-李正在同政府合作说服公共机构开放公共数据，但这并非易事，因为许多机构都面临资金压力。即便是他们想要公开数据，也通常是卖给出价最高的买主。这里面还牵涉隐私问题。为了能让大众免费使用英国地形测量局（Ordnance Survey）的地图数据，各界花费巨大时间精力，因为在英国甚至连邮政编码也是属于私人拥有的。

同时，政府资助型研究项目的市场也非常低效，因为研究者通常会将研究成果出售给商业出版公司，而后者则会向使用者索要高额使用费，这种导致了公众要么不能使用这些研究成果，要么必须花钱，这意味着他们要付两次钱。出版商则辩称内容的审查，即所谓的同业审查成本很高。尽管可能他们说的是真的，但无论如何出版商获得了巨大的利润，而且这妨碍了那些跟大学没有直接关系者对成果的使用。由规模不大的美国公共科学图书馆（Public Library of Science）以及后来加入的美国国立卫生研究院（America's National Institute of Health，全世界最大规模的研究基金来源于这家机构）发起了推动政府资助研究项目必须公开的运动。2012年超过10 000名学者共同抵制全球最大出版商之一的爱思唯尔（Elsevier）（另两家是威立 Wiley 和施普林格 Springer），至此，天平开始朝着有利于用户的方向倾斜。英国和法国政府均表示支持开放获取的原则，世界最大的两个私人基金会比尔和梅琳达·盖茨基金会（Bill and Melinda Gates Foundation）与威康基金会（Wellcome Foundation）也要求他们的研究成果向大众公开。

开放获取这一原则，从最初一个极客的想法，逐渐发展为社会道德准则，最后演变成了一项大规模运动；从起初激动人心的"自由开源软件"，到"知识共享"授权体系，再到如今要求所有公共数据免费开放。从越来越多的黑客、研究者到如今政府都一同承诺将"相同方式分享"作为规范监管信息和媒介使用的第一原则。因此,权利人需要重新考虑商业规则及所有权化的版权规则来顺应这一趋势。

曾经在很长的历史时期,版权资料都同时受到好的法律和坏的技术的保护。好的法律指的是法律规定的公平正义,侵权赔偿金符合实际损失;坏的技术指的是当时的技术无法做出好的复制品。对版权最好的保护就是正版产品更便宜、更精致、更普及。

而数字化挑战,正在于这种可以创造和复制(或再创造)内容的卓越技术已经出现,且成本更为低廉,大众可以获取任何他们想要的复制品。这就给"法律"造成了更大的压力。**在这场竞争当中,技术一马当先,用户紧随其后,而法律则被远远抛在后面。**毕竟,比起制定一套新法律,研发新的软件或创作新的媒体内容要容易和有意思得多了。

专利
PATENTS

专利是最能直接体现想法资产性质的例子,专利权与实体资产的所有权一样具有强大的垄断性。尽管托马斯·杰斐逊有过"占有想法是不可能的"的言论,但这并不能阻止他后来成为美国第一个专利局的三位创始人之一。当时他担任美国国务卿一职,和他共事的另外两位创始人则是美国作战部长亨利·诺克斯(Henry Knox)以及检察总长埃德蒙·伦多夫(Edmund Randolph)。由这三人的头衔也不难看出,当时美国新政府对成立专利局非常重视。专利局成立的头一年,杰斐逊和他的同事一共批准了三项专利申请。今天,美国专利商标局平均每10分钟就批准三项专利。**在国际排行榜中,专利已经取代农业产量和铁轨里程数成为衡量经济发展的重要指标。**

利害攸关。几乎每部智能手机产品都会涉及10 000~20 000项专利。手机品牌厂商和操作系统生产商(如微软的视窗系统、苹果的iOS操作系统以及谷歌的安卓系统)经常进行剑拔弩张的谈判,往往会演变成诉讼,有时还要求诸法院。而法官和陪审团们不仅要审核难度极大的专利权有效性问题,还要基于不同的竞争领域做出侵权损失界定以及赔偿金评估等裁决。2012年,曾有一名英国法官尝试将这些复杂问题化简到审美层面,在判决认定三星Galaxy平板电脑并没有抄袭模仿苹果的 iPad 时说，"因为它看上去没有苹果那么酷"。对于这类问题，美国法院试图做到更客观，但这不是件容易的事。

全球供应链的复杂性意味着，最初的发明人申请专利时指定了某种用途，但其中某被许可方可能想让其别有用途，而次一级被许可方可能又想再次以其他的方式使用它。还有一种复杂性是，最初的专利持有人可能被其他公司收购。早期开发安卓系统的团队只有 4 名员工，他们完全无法预测到未来安卓系统应用如此广泛。后来，有其他专利持有人向安卓索取专利使用费，声称该系统采用了他们的组件，但安卓拒绝了这种要求。

每一项专利都必须在其生产的国家进行准确注册，并同时也要在其组装和销售的国家或地区进行注册。这大概也是苹果与三星之间旷日持久的专利大战的原因之一。他们辩论的焦点是：苹果产品中所使用的英特尔芯片涉及三星的专利，而这些产品到底是在什么地方销售是问题的关键。苹果认为这些产品是在美国销售的，并拿出了位于库柏蒂诺（Cupertino）的苹果总部开出的收据。但是三星方面则拿出了一份提货单，上面显示产品被卖到德国，然后再转运至中国。如果苹果的说法成立，按照美国法律，他们可以免费使用这些专利；但如果是三星的说法成立，那么美国的法律则不适用。

涉及的金额是巨大的。据估计，2000 年至 2012 年间用于专利转让的费用高达 400 亿美元。美国法官波斯纳（Posner）在取消苹果与谷歌专利诉讼的听证会时曾说过，"因为这些诉讼毫无意义。在永远的生存竞争中，谁都会不择手段。那些专利的维护者就像丛林中的动物一样用牙齿和利爪，用尽生态系统所允许的一切手段生存下来。"

不可避免的是，巨大的专利赔偿金吸引了大量完全出于诉讼目的而购买专利的企业，他们购买专利并不是为了买卖，而纯粹是为了发起诉讼获得巨额赔偿金，这就是所谓的"专利海盗"（patens trolls）。美国的专利海盗比全世界任何其他国家都多，中国的企业也纷纷效仿。他们利用高额的律师费用、旷日持久的诉讼时间逼迫那些专利使用者支付和解费用。一家在全球范围提供信用卡服务的英国公司 Serverside，被一家注册地在美国德克萨斯州马绍尔市的公司提起专利诉讼，该地区的专利法是出了名的令人伤脑筋。后来，Serverside 公司发现诉讼成本可能高达 200 万～400 万美元，而不得不花钱庭外和解。

就如同版权的起源至今发生影响，专利作为工业财产权（Industrial property），了解其起源有助于我们理解其目前的运作原理。"专利"出自拉丁文的"打开（open）"一词，因为早期的书面许可被放在一种很容易打开的信封中，以方便查阅。第一个有记载的专利是 1421 年意大利佛罗伦萨市议会颁发的玻璃制造技术专利。很快，专利就成为一项有价值的商业资产（business asset）。15 世纪 60 年代，当施派尔的约翰（John of Speyer）穿越阿尔卑斯山，将一台德国新款印刷机带到威尼斯时，他便获得了可以保护其生意的"专利证书"。但本地作家们还没有享受到这种保护，版权在那时尚未出现。

几年后，另一位成功的欧洲商人威廉·卡克斯顿（William Caxton）将印刷机带到伦敦，并要求爱德华四世授予他专利垄断权。后来的事实证明，卡克斯顿和爱德华四世都从这笔交易中赚了大钱。在接下来长达几个世纪的时间中，君主和行业公会把专利变成了一种收入来源，而且还将其用作政治和宗教审查的御用工具。慢慢地，随着贸易和商业的发展，发明者们渐渐赢得专利权，从而不必受制于皇家的反复无常。1624 年，英国通过的《垄断法》（Statute of Monopolies），禁止政治家们利用专利授予来满足自己的利益。这是发明者与公众之间权利合同（Rights contract）的第一次出现。

1790 年，美国制定出了第一套专利注册制度，到 1836 年则建立了正式的专利审查体系。日本在 1885 年通过了第一部专利法。当时正值明治维新初期，日本刚走上现代化道路，一名美国人告诉他的翻译，日本是个仿冒和剽窃的国家。这名叫高桥是清（Korekiyo Takahashi）的翻译虽然根本没听明白他在说什么，却下定决心要研究此制度。他协助日本政府建立起专利局，并出任首任局长。中国的专利法于 1984 年颁布，其效力比版权法和商标法更强，执行也更严格。

三个步骤
Three Steps

不论是可自动接受的普通申请，还是需要严格审查的详细申请（以避免出现为同一个想法授予两次垄断权的尴尬情形），各国的专利相关规定制度都不一样。这种外部举证责任是专利与版权的主要区别。专利发明申请人必须证明自己的发明是新颖的。

专利授予的是第一个提出申请的人，而不是第一个发明的人（尽管美国直到 2013 年才开始采用最先申请人制度）。申请的条件之一就是申请书必须公开发表。在"优先权日期"之前就存在的技术知识属于"现有技术"，可以用来评估一个想法是否具有新颖性。

大多数国家，专利申请成本中政府所收费用几乎可忽略不计，但如果申请的专利比较复杂，那么专利申请的成本可能就会相应提高。英国知识产权局（IPO）对初次申请的收费为 45 美元，但所有进阶审查都将产生额外的费用。美国的专利商标局的基本申请费用为 380 美元，强制性检索额外收取 870 美元，专利延期费为 1 000 美元。中国的专利申请费用为 150 美元。许多私人发明者和小型企业不愿意支付或无法承担这些费用（每一部戴森吸尘器的包装里都会附带一张抱怨专利费太高的小传单）。欧洲专利局和《专利合作条约》（Patent Cooperation Treaty）已经在降低收费和加快审查速度方面进行了努力，但是专利保护成本中占主要比重的实际上是诉讼费。英国《高尔斯评论》（Gowers Review）称，维护一项专利的成本可能高达 750 000 英镑甚至更多。

同版权的适用规则相类似，一个想法想要获得专利就必须适用于专利可授权的范围。美国的标准是，"自然法则、物理现象和抽象观念不能被授予专利"。英国明确了四种例外不能授予专利，"科学发现、科学理论或者数学模型；文学、戏剧、音乐和艺术类作品以及其他任何美学创作物；智力活动、游戏、商业经营的规则方法以及计算机程序；信息呈现"。还有一些"违背公共政策和社会道德伦理的"事物不能授予专利，例如干细胞和微生物。

如果某项申请符合可授权范围，该想法还必须通过三个审核步骤。第一步是"新颖性"（novelty）。第二步是"发明性"（inventive），即发明必须对于"相关技术领域人员"具有"非显而易见性"的实在创新。这里的"相关技术领域人员"是指接受过规范教育，并具有相关专业知识和经验的人。第二步"发明性"经常被专利局和法庭用来驳回一些显而易见、偶发以及毫无意义的申请案。专利这方面的要求同版权类似，符合版权标准的作品也必须包括技巧和专业性，这也是判断一项创意是否有价值的基本要求。

第三步是"实用性"（practical impact），也即我们通常所说的"技术效用"（technical effect），换句话说，此专利必须具备能够被工业化制造或者能够提供产业应用的能力。针对机械装置或者其他有形物体发明的时候，评估其实用性相对容易。如果发明是非实体形态的，审核人员就不得对想法进行审查，这就要困难得多了。这个时候，审查员往往需要检验想法的想法（an idea of an idea）。对"技术效用"的定义，尤其是涉及计算机软件时，是专利申请中最有争议的。

技术变革（technological change）和商业创新（commercial ingenuity）给专利领域带来了巨大压力。接下来，我会选择其中的两个代表性领域进行说明：商业软件和遗传学领域。我会告诉大家美国是如何在1980年批准生物技术的专利，在1981年批准计算机程序的专利以及在1998年批准商业方法的专利的。欧洲和日本则没有这么慷慨。从施派尔的约翰获得印刷书籍特许经营权至今，我们走过的路实在是太漫长了。

贝索斯先生的购物车
Mr. Bezos's Shopping Basket

早期的计算机程序并不被视作知识产权，也得不到保护。1976年颁布的美国《版权法案》（Copyright Act）和1991年欧盟颁布的《计算机程序法律保护指令》（European Union's 1991 Directive on Computer Programs）将计算机程序归为文学作品并给予版权保护。其他大部分国家也纷纷效仿。

但是这种保护作用也许没有看起来那么大。它可以有效地阻止终端用户拷贝完整程序，但无法阻止其他研发人员在掌握其主要特征和原理之后，对代码稍作调整并编写成另外一套程序。20世纪90年代早期，微软"复制"了苹果电脑的桌面操作系统，宝兰（Boland）复制了Lotus公司的电子制表，苹果公司和Lotus都曾提起过诉讼并以为能胜诉，但结果他们全输了。

法院的判决支持了"复制者"，他们认为微软并没有逐行抄袭苹果公司的代码，只是模仿了苹果公司的"外观和感觉"，宝兰也没有盲目地复制Lotus公司的全部代码，只是应用了部分原理。根据版权法规定，要获得版权保护，作品必须是首创的，但不一定是唯一、独特的。微软和宝兰公司声明他们没有复制其他公司的作品，而是在创作自己的作品，也可以主张自己的版权。但法院的判决警醒了整个行业，让他们意识到版权对计算机程序保护不够，需要从某些方面进行加强。

专利能解决这个问题吗？各式各样的企业，不管是美林证券（Merrill Lynch）还是零售连锁沃尔玛，都认为他们的计算机程序符合专利保护的条件。从美林证券的股票交易管理系统，到沃尔玛的库存控制系统，还有数以千计像他们一样的企业，都希望让他们的软件系统能获得与大楼和设备等实物资产一样甚至更好的保护。公司到了晚上都会给自己的仓库上锁，同时他们也希望能够给里面的知识产权上一把专利之锁。

美国最高法院在1981年戴蒙德诉迪尔案（Diamond V. Diehr）的判决中支持了计算机程序的专利申请，其理由是该申请满足了新颖性、非显而易见的创造性和实用性这三个标准。这个判例之所以引人注目，是因为专利局曾经以"专利法明确排除了数学公式"为由否决了一项以计算机为基础设备研发合成橡胶的专利申请。法院认为，尽管"诸如此类"的计算机程序，或"计算机程序本身"不能获得专利保护，但是满足了发明性要求的计算机程序不在排除之列。法院已经区分了程序本身的底层代码和程序对商业过程产生的技术效应，前者是无法申请专利的，而后者却可以。

1998年，美国上诉法院在美国道富银行（State Street Bank & Trust Co.）诉签名金融集团（Signature Financial Group Inc.）一案中判决以计算机程序为基础的"商业方法"符合专利申请标准，从此，基于计算机技术的商业方法也属于专利授予范围。法院认为，该"商业方法"符合了新颖性、非显而易见性和实用性的专利判定标准。另外，该法院也意识到，要区分业务方法的数学代码和商业方法本身是很困难的。在电子商务中，软件就属于方法。它没有外在的、实体的和看得见摸得着的东西。

道富银行案成为美国专利政策的一大分水岭。此后，美国专利商标局批准了数千项商业方法专利。作为（当时）全球最大的电脑销售商，戴尔的成功在于将每台电脑按照客户个性化要求进行定制，并比竞争对手更快地交付。它通过70多项专利保护自己的业务，其中甚至包括一项关于将电脑放进集装箱方式的专利。

佩里·哈特曼（Peri Hartman）在出版业并不出名，但是他拥有一项"通过通信网络下达订单的方法和系统"专利，可使顾客仅需一次点击就能完成订单（美国专利标号5960411）。这项专利技术是亚马逊成功的关键因素。在专利申请书中，亚马逊网站的CEO杰夫·贝索斯（Jeff Bezos）出现在佩里·哈特曼的名字之后，他们将这套系统称为"一键下单"。但由于这项技术明显缺乏创造性，据詹姆斯·格莱克（James Gleick）在《纽约时报》上的说法，当时的专利审查人员在核准该项专利申请之前曾经对此产生过质疑。随后，亚马逊网站起诉了其最大的竞争对手邦诺书店（Barnes & Noble），强制对方将其网上订购系统改为必须点击两次的过程。

杰夫·贝索斯对他的"宝贝"报以很大的野心，他在申请陈述中写道："虽然本发明已被描述为各种实施例（基于亚马逊网站），但并不是说本发明仅限于这些实施例。任何符合该发明核心精神内的变种应用，对相关领域的技术人员都将具备显而易见性。"

贝索斯巧妙地运用专利的合法范畴将那些不确定的和不为人知、但有可能被相关领域技术人员想到的应用方式都纳入受专利保护的范围之内。换句话说，如果一个熟悉网络销售的人在此之后也想到了类似的使用方式，即使他们的想法还未完全实现，实际上也在哈特曼/贝索斯专利的覆盖范围之内。这意味着专利申请人无须为每一种具有细微差异的发明分别申请专利。在亚马逊案例中，哈特曼和贝索斯认为，"专业技术人员和希望看到改进的人会见到一块亚马逊的'禁止侵权'告示牌"，这块告示牌可以一直持续20年，这几乎相当于于一个互联网企业的生命周期。

这导致了大量现有或常见的想法，通过在计算机上首次实现后被注册成了专利。专利商标局已经给团购（群体买家可以协商打折）、专业咨询服务以及在文本中生成脚注等颁发专利，甚至为"一旦顾客询问同类竞争者的较低价格，就立刻降低售价"的系统授予了专利。在给联邦政府针对微软的反托拉斯诉讼提供建议时，宪法学教授劳伦斯·莱西格（Lawrence Lessig）说："这是一种灾难和不计后果的重大改变。我认为这是网络空间创新面临的最大威胁，但同时我也非常怀疑是否所有人都能及时明白这一点。"

谷歌公司主席埃里克·施密特（Eric Schmidt）认为专利诉讼大战会阻碍创新。《华尔街日报》就这件事可能造成的后果对其进行采访时，他认为未来的新公司将会面临更激烈的专利战争，甚至还未起步就夭折了。"谷歌现在发展得很好,微软现在发展得也很好,但让我来告诉你失败者在哪里。想象一下,假如年轻的安迪·鲁宾(Andy Rubin)(安卓系统的联合创始人)正努力推出新型号Danger手机(鲁宾在安卓之前联合创建的智能手机公司)。他如何才能够获得1.0版本手机所需要的专利?这就是问题的症结所在。"**原本旨在鼓励创新的专利体系事实上正在阻碍创新**。

但是按莱西格的话来说,没有任何迹象表明专利商标局想要"搞明白"问题出在哪里。在第705号相关业务分类中,对符合该分类专利申请对象的描述中,甚至将如下的常见行为都包含在内:"(1)确定你的顾客是谁,以及他们所需的产品和服务;(2)告知顾客你的存在,向他们展示你的产品和服务,并让他们购买。"而第705号分类的内容是"通过某项技术转移到投资者希望通过该技术达到的目标结果"。它还援引了一项关于销售团队的专利申请书(专利号6070149)中的一句话,"本发明所涉及的虚拟销售人员,更具体来说,是指能够协助计算机用户以与人类销售代表基本相似的方式完成网上销售交易的软件"。

美国法庭迟迟没有意识到这种与人类现有行为"实质性相似"的专利正在濒临丧失显著性,并有可能对未来出现的真正发明造成阻碍。2010年,美国最高法院否决了两名发明者伯尼·比尔斯基(Bernie Bilski)和兰德·华沙(Rand Warsaw)提出的一项有争议的专利申请,后者曾为一项针对能源公司对冲投资的投资策略编写了一个软件程序。法院认同该软件使用了一台设备(计算机),并且对过程进行了改变,因而可以通过美国专利及商标局所谓的"机器或转换"测试(程序专利或需依附于特定机器或设备,或需能够将物品或材料转化为"不同的状态或物品"),这会大大增加该申请的成功率。但是法院最终认定该程序本质上是一种抽象的过程,而不是实体过程。该判决暂缓了这一危险进程。

世界上其他各国的专利部门一直不愿批准类似专利申请。欧洲专利局表示,美国和欧洲这方面的主要差异在于"在欧洲,发明对象必须具备技术特征,而在美国,不论以任何形式在计算机上完成的发明都具备专利申请资格"。对于能够解决某种商业问题但其"技术差异性"仅仅体现在用软件替代了机械方法本身的专利申请,他们通常不会批准。这也是为什么欧洲专利局驳回了亚马逊的专利申请(尽管亚马逊会继续上诉)。他们坚持,软件本身不构成技术差异性。德国、英国以及其他欧洲专利局也遵循这个原则,中国也是一样。

电脑软件现在已经被深深地整合到几乎所有商业过程当中,以至于向一个程序授予专利就如同是向一个企业的心脏和灵魂授予专利。美国的专利政策向所有计算机化的商业方法敞开了大门,这对创新和社会公平将产生重大影响。

私有基因
Private Genes

生物物质的专利申请引发的争议更大。有些人认为给生物授予专利几乎就如同是在给生命本身授予专利,尽管我们必须认真审视生命的定义是什么。几十年来,不少国家开始允许人们占有植物新品种,并许可对其进行专利注册。芬兰专利史上的第三个专利就是1843年为一种培植活性酵母新方法授予的,数年后路易·巴斯德(Louis Pasteur)在法国为其酵母培养物申请到专利。之后美国成为该领域的领跑者,于1930年颁布了《植物专利法案》(Plant Patent Act),随后德国和其他欧洲国家也纷纷效仿。英国在1964年通过了《植物新品种及种子法案》(Plant Varieties and Seeds Act),授予一批拥有植物新品种的所有人以完全的独占权,只要该植物品种具有新颖性、独特性、一致性和稳定性等特征。因此,只要某种植物没有被市场销售流通过,就可以申请获得专利保护,哪怕其在荒郊野外已经生长了很久。

当时,为用于农业用途的种子或植物授予专利,被认为同为用于医学用途的化学或生物处方授予专利没什么区别。西方的农场主和园艺师因生产成本增加急于增加产量,以面对来自低收入国家进口产品的竞争。如果种子企业不能对他们的投资进行保护,那么在过去的40年里,对研发快速成长和抗病虫害种子进行巨额投资是不可能的。同时那些在自己家里种花养草的人,由于花园里杂草丛生,而自己又没那么多空闲时间,也乐意购买大量包含草甘膦及其他专利的杀虫剂和除草剂,享受由之带来的方便。

如今,几乎每一种植物的遗传价值都被分析过了。包括玉米、土豆、稻米、高粱、木薯、小米、大豆以及小麦等在内的农作物的生物构成,都已经或正在被私有化。欧莱雅公司(L Oréal)把一种可以帮助减少脱发的卡瓦灌木申请为专利；美国 RiceTec 公司为印度香米的基因序列申请了专利，尽管后来美国专利商标局迫于国际压力收回了该项专利授权；雀巢印度公司（Nestlé India）为某种大米滤煮的过程申请了专利；其他企业也纷纷申请涉及茶、咖啡、棉花以及胡椒种子的植物专利。

  我认为最经典的案例是有关龙胆科植物的专利。几个世纪以来，印度使用一种叫夹竹桃的龙胆科植物作为镇静剂。20 世纪 50 年代，一家公司开始在欧洲销售这种受专利保护的镇静剂。由于这种镇静剂在欧洲大受欢迎，导致印度不得不禁止其出口，原因是这种植物的本地价格大幅上涨，超出了普通民众的承受范围。非洲也有一种龙胆科植物叫马达加斯加紫长春花，中间开着深红色的粉红花朵。当人们发现这种植物的基因特性有助于糖尿病治疗时，它顿时变得异常抢手。礼来制药（Eli Lilly Inc.）后来又发现这种植物对付癌症效果出奇，每年因该产品获利达 1 亿美元。但马达加斯加当地人却一分钱也没赚到。礼来制药在为其专利权辩护时说，该公司为鉴定其抗癌效果和生产流程独立投入了数额巨大的资金。而在马达加斯加当地人看来，礼来制药的行径不仅提高了这种植物的价格，也限制了这种在他们看来原本是属于他们自己或是公共领域植物的市场供应。

  泰国公共卫生部的彭娜帕·萨巴乍龙（Pennapa Subcharoen）博士说："制药企业来到我们这里，收集各种样本，**声称是为了保护人类共同的文化遗产。然后他们研究这些样本，研发它们的用途，并宣传对其拥有知识产权，最后又回来高价卖给我们。**"她认为，这些制药公司并没有发明这些植物，只是开发利用当地人民对该植物医疗效果的了解而已，尽管他们也发现了一些当地人不知道的东西。里约生物多样性公约（Rio Convention on Bio-Diversity）对某种植物是否可以被交易进行了一定的限制，但对谁应该支付费用、支付多少费用等问题却没有规定。目前平均专利许可费仅为总收益的 1%~2%，但是发展中国家希望能达到 10%。尽管这样的许可费率看起来有点高，但美国国家公园管理局（US Park Service）对在黄石国家公园进行的生物勘探行动就是按照这个比例收取费用的。

  在被创造物的所有权与那些因软弱、无知或贫困而无法自我保护者的保护之间；以及在让那些有钱、手快可以通过专利方式获得所有权，和不让那些不掌握技术的人被推到了生存边缘之间，存在一种微妙的平衡。正如圣雄甘地（Mahatma Gandhi）所说，"我不能用围墙隔离我的房子，或者把我的窗户堵塞住。我要让我的房子自由地承载八面来风。但是我的双脚不能动摇。"

基因争夺战
Gene Grabs

是否应该把人类基因视作公共领域，让所有人共同享有所有权，还是允许个人像拥有植物新品种专利那样，拥有特定基因序列专利的使用权？当细胞技术的发展使科学家能够识别、培育和重组细胞，从而创造出微生物时，这个问题变得异常迫切。

美国国会在1952年曾说过一句名言："日头底下人类制造的任何东西都可以申请专利"，这意味着一切非人类制造的东西都不能获得专利。不过后来，美国的立场发生了根本转变。30年后，在著名的Diamond v. Chakerabarty案中，阿南德·查卡巴提（Anand Chakrabarty）利用基因改良创造的微生物吸收漂在海面上的漏油，并为此微生物申请专利，美国最高法院受理了这个专利申请。美国最高法院决定将核准专利的标准从"有无生命"（有生命的可以申请专利，无生命的则不可以）转变为"自然界产物（无论是否有生命）还是人类的创造发明"。当然，这些发明可能是活的。最终，最高法院为这种细菌授予了专利。

美国专利及商标局目前的指导原则是，除了人类之外的所有生物有机体都可以通过引用宪法第十三条修正案来获得专利，而该修正案当年是为了禁止奴隶制而设立的。这种从"一件也不授予，永远不授予"到"除了我们自己（如果意味着奴役）之外的一切都可以授予专利"的巨大转变，体现了人们对私有财产权定义的一次重大突破，也意味着专利局对生命所有权态度的巨大转变。

美国专利及商标局曾为哈佛大学用于试验的"肿瘤鼠"（Oncomouse）授予了专利，这只老鼠被注入了癌症基因用于癌症研究。起初，欧洲专利局对此表示反对，但最终达成了一致意见。他们认为这种技术对遗传物质有巨大的改变，因此符合新颖和独一无二的专利标准。也有人为在研究期间老鼠遭受了巨大的痛苦而表示抗议，但欧洲专利局认为，相比该专利对于人类社会做出的巨大贡献而言，对老鼠的伤害可以忽略不计。这个案例是"权利合约"为了在创作者的个人利益和社会公益之间取得平衡所做出的一次重大转变。

同时，美国法院认定，人不能对自己身体的某部分拥有绝对的所有权，尽管这完全不符合我们通常的想象，对人身体某些部分的私有化也被提上议事日程。该案例发生在加州大学医疗中心，当时工作人员从一个名叫约翰·摩尔（John Moore）的人的脾脏中发现了一种奇怪的细胞排列，并对此申请了专利。当时摩尔被诊断患有毛细胞性白血病，医生们发现他的 T 淋巴细胞非常具有研究价值，于是在未曾告知摩尔的情况下，开始在其被摘除的脾脏上进行研究。确实如他们所料，摩尔的细胞具有不菲的价值，甚至可能衍生出好几亿美元的产品。当摩尔发现了医疗中心侵占了自己的细胞，并利用其获利的时候，一纸诉状起诉到了法院，但不幸的是，摩尔输掉了官司。**加州最高法院的判决理由是，细胞一旦离开了人体，就不属于原机体所有人了。**

欧洲专利局认为，只要符合其他专利授权标准，个人的、动物的或植物的基因序列以及它们的功能都可以申请专利。它明确地划定了"整个人体"的专利范围，但在一段时期内，将身体部位认定为专利被认为是非常愚蠢的。1998 年欧洲的一份专利指令文件已经敞开了大门，该文件认为"独立于人体之外的成分，或是依据某技术程序——包括基因的序列或部分序列——所制造的分子，都构成可申请专利的发明，即使该分子的结构和某自然分子的结构完全一样"。

当科学家们绘制出人类基因组图谱后，这两种观念终于正面交锋了。其中由国家拨款 30 亿美元设立的人类基因组图谱计划（HGMP）①将其所有研究成果出版发行，使之成为公共财产。曾赞助英国研究的惠康基金会（Wellcome Trust）负责人约翰·沙士顿爵士（John Sulston）说，"我们的基础信息，我们的软件，都是无保留地公开，供任何人应用、竞争或者在其基础上实验开发出新产品"。与此相反，商业化运作的塞莱拉公司（Celera）将许多能盈利、最有价值的部分进行了私有化。HGMP 和塞莱拉公司在原则上都同意任何对基因的使用都是可以获得专利的，但是在具体的专利获得标准，尤其是"什么"可以获得专利等问题上却存在巨大的分歧。

---

① 全称为 Human Genome Mapping Project。

"什么"是指的"发明"还是"发现"？通常，这两个词的意义都是非常清楚的，所谓"发现"就是寻找或者确认已经存在的东西；而"发明"则是新的东西。欧洲专利公约表示，发现是根本无法申请专利的（属于"排除项目"），英国也持相同观点。但是，美国专利及商标局则避实就虚地宣称"发明就是指发明或发现"，而且，美国一些企业也总是将这两个词互换使用。

HGMP认为对特定基因的鉴定属于"发现"而非"发明"，所以不应该授予专利。即便是二流的科学家也知道基因就在那里，需要将技术和智慧应用进去，以符合非显而易见性及实用性的专利要求。为此，HGMP尽可能快地将其研究成果公之于众，并使其成为"开放获取"状态，从而阻止任何人对这些成果申请专利。

另一方面，塞莱拉及其他公司辩称，他们用来鉴定原始基因序列的技术非常复杂，且完全不同于常规方法（也就是说具有很强的新颖性和创造性），按通常理解，应该属于构成了发明的要件，有资格获得专利。另外，塞莱拉公司也对外宣称，他们拥有大量产业化应用的想法，这也是一个取得专利的合理途径。为了获得专利必须说明自己的想法具有应用潜力，但是你却不必亲自演示所有可能存在的实际应用，这与亚马逊展示其"一键下单"应用和生物公司为DNA产品申请专利是一个道理。2013年，最高法院判决Myriad Genetics基因公司的一些乳腺癌基因测试专利无效，从而收紧了专利申请的条件。但是该判决影响甚微，对于基因的争夺仍在继续。

商标
TRADEMARKS

品牌及商标是全球消费主义最显著的标志，有人喜爱它们，也有人鄙视它们。**它们早已不只是符号，而是因其可以跨语言和文字被人们识别的特殊性，成为一种独特的、高价值商业资产。**耐克公司表面上是在销售某种特殊的运动鞋，实质上销售的是其品牌，或者说是其企业本身。

商标是知识产权三大形态当中历史最古老的一种，尽管它是最后一种被纳入成文法加以保护的。追根溯源，第一批商标的产生是用来标识家庭饲养动物的，当时的饲养主有的给牲畜烫上烙印，有的剪去牲畜的耳朵作为区别于其他饲养主牲畜的标识。某些历史学家认为"品牌（brand）"一词可能就是出自古盎格鲁撒克逊语言中的"烙印（burn）"一词。另外，大量制陶者、雕刻师、家具工匠以及石匠会通过刻名字及符号的方式对作品进行署名。制造业和贸易，尤其是国际贸易的兴起推动了品牌的发展，生产商想要在全球范围内推广其产品，而买家想知道他们买到了什么。同时，品牌有助于生产商和零售商保持固定的价格，并推动了无须专业人员的大型零售商场的发展。

现代品牌的目标是将自己逐渐灌输进客户的头脑当中，使他们在消费时不会考虑其他品牌，甚至为了向别人展示他拥有该品牌而愿意付更多的钱。这种情形意味着，**消费者实际上是付钱给企业让他们给品牌做广告（与传统的商业模式正相反）**。品牌持有者在选择品牌的时候，需要考虑到是否易于转移到不同行业、能尽量紧密地与产品融合，并可以授权给其他相关领域产品。很多企业利用品牌授权许可获得的利润比从自己的产品中赚的钱还多。

品牌的价值可能超过这个企业其他所有资产的价值总和。根据品牌领域的专家——国际品牌集团（Interbrand）估计，耐克的弯钩标志价值达到100亿美元，跻身全球最有价值品牌之列。表1是2012年全球最有价值品牌的部分名单（表2为译者给出的最新资料）。

表1　最有价值品牌（全球最有价值品牌，2012年）

品牌名	品牌价值（单位：10亿美元）
可口可乐	78
苹果	77
IBM	76
谷歌	70
微软	58
通用电气	44
麦当劳	40
英特尔	39
三星	33
丰田	30

表 2　全球品牌价值排行（2017 年，来自 INTERBRAND）

品牌名	品牌价值（单位：10 亿美元）
苹果	184
谷歌	142
微软	80
可口可乐	70
亚马逊	65
三星	56
丰田	50
FACEBOOK 脸书	48
梅赛德斯·奔驰	47
IBM	46

在排名中，最靠前的中国品牌是中国移动以及一些大型银行、金融服务机构和酒类企业。最大的软件和互联网企业品牌分别是腾讯 QQ（60 亿美元）、百度搜索引擎（20 亿美元）、联想电脑（20 亿美元）、阿里巴巴电子商务（10 亿美元）以及网易游戏（10 亿美元）。

同专利一样，商标也必须注册。任何单词、名称、形象、声音，甚至气味，只要能被识别为某种东西，并且具备区别于其他商品或服务的特征都可以被注册为商标。有一些是例外，如其他商家在合理范围内可能使用到的词汇，或任何暗示商品品质、用途或价值的东西，都不能注册为商标。

商标不像专利那样需要独一无二的创造性，也不必像版权作品那样需要智力或艺术的努力。所以，一些律师认为商标并不符合知识产权的定义。

2011 年，全球总共有 420 万件商标注册申请，是专利申请的两倍，相比 2010 年增加了 13%。超过一半的商标申请发生在德国（210 万件），其次是中国（140 万件）、美国（130 万件）和法国（120 万件）。

今天，可以通过两种互为补充的方式保护商标。标准的方法是对商标进行登记注册，这与专利保护的过程类似。一项商标申请必须能够显示该标志正在被使用中，符合商标注册规定，并且以前没有人注册过。

如果注册成功，只要商标持有人一直正常使用，并按照规定支付续期费用，该商标将永远有效。申请和续期的费用通常都比较低，但与专利相类似，商标争议的诉讼费极高。美国有一种专为服务类商标申请设立的"服务标识"门类。

但是，无论是否注册，商标都可以通过法律保护自己，打击"仿冒品"，即阻止某人仿冒他人的商品。在法庭上，法官都会问一些实际问题来衡量是否发生仿冒：公众是否会将某品牌的商品混淆成另一个品牌的商品？版权法专家迈克尔·弗林特（Michael Flint）说，判断是否假冒他人注册商标可以通过五大标准来衡量：（1）包含虚假陈述；（2）发生在交易过程中；（3）针对预期的潜在客户；（4）蓄意损害其他商家的业务或信誉；（5）对业务或信誉造成实质损害。

打击"仿冒"的法律可以用于保护任何知识产权。比方说，某出版商起诉另一位出版商出版了相同或相似书名的书，但是他却不一定能打赢官司，因为此案中其版权并没有真正受到侵犯。但是，如果能够符合以上五大标准，或许他可以赢得一场"仿冒"诉讼。

新型权利合约
A NEW RIGHT CONTRACT

知识产权的基础是权利所有者和公众之间的"权利合约"。该合约的作用是在两个原则中找平衡：一个原则是人们付出创意努力，就该得到相应回报，且能阻止别人非法使用或者复制该产品；另一个原则是如果某项发明创造进入公共领域并可以免费使用，整个社会将会从中受益。因此，所有国家的法律都是知识产权的所有权与控制权、使用与获取之间的平衡。没有一个国家能够找到这个最佳平衡点，这种想法本身也是不切实际的。这条分界线到底应该划在哪里？每个人对此的设想都不一样，且随着技术的发展，所有者的防御策略以及公众获得使用权的能力也在发生改变。我们想要的和我们有的，这之间的差距还是非常巨大的。

权利合约的作用之一是处理传统实物财产权中为人熟知的所有权及财产的概念，无法完全强行套用到知识产权上的现实问题。而且，人们还有一种更加根深蒂固的观念，认为盗窃知识产权所带来的损害并不像盗窃"真东西"那样严重。

人们还认为，一本实体的书（书本的设计、封面、纸张以及厚度等）和一卷影片录像带的物理拷贝（人们的观念同看待书本一样，其重量）要比它们的内容更值钱，因此应该通过其实物价值而非智力价值来判定偷窃行为的违法程度。在人们眼里，盗窃精装书要比盗窃平装书的罪恶感更加强烈。这种情况越来越糟（也许是更好，根据某人的观点）。因偷书而产生罪恶感的人通常并不会因为盗窃电脑硬盘打印出来或从网上下载的相同文字而产生罪恶感。的确，目前因侵犯知识产权被逮到的可能性很小，但是相应的负罪感也更小。

如果有人偷了邻居家的椅子，所有人（国家、教会以及街坊邻居等）都会认为这是违法行为，应该受到相应的惩罚；如果成了惯犯，还会被投入监狱。偷一本书（或者说"忘了归还"），虽然也是偷，可却不至于被扔进监狱。至于"偷了"了书里的内容，谁在乎？就像你拷贝了一段录像，邻居们可能还会问你："能给我看看吗？"

每个国家都拟订了各自版本的权利合约。美国是少数几个将知识产权纳入宪法保护的国家之一，并赋予国会权力"通过保证作者和发明者在有限期限内拥有其写作和发现的独家专有权，推动科学和实用艺术的发展"（埃尔德雷德利用"有限期限"一词试图阻止延长版权保护期限，但最终还是失败了）。这种功利主义的方式符合了知识产权权利人的商业利益。

在欧洲，以法国和德国为代表的大陆法系国家会优先考虑创作者个人的权利（a creator's personal rights）而不是企业。由于音乐版权所有者抱怨没有收到版税，德国曾迫于压力屏蔽 YouTube；同时，国会也正在讨论一份提案，禁止谷歌在未支付版税的情况下在网站上刊登报纸文章。而英国似乎尴尬地处在两种观念之间，从经济角度出发，英国很愿意效仿美国的商业路线，因为两个国家实行的都是继承盎格鲁－撒克逊（Anglo－Saxon）传统的普通法；但是作为欧盟的一员[1]，英国又有义务跟邻国们在法律方面尽量协调。

普通法系和大陆法系在知识产权方面的分歧主要在于对"精神权利"的态度。精神权利来源于人们的一种信念，认为无论涉及任何商业

---

[1] 当时英国未退出欧盟。

交易，作者对自己的作品都享有绝对所有权。伊曼努尔·康德（Immanuel Kant）在《判断力批判》（1781年）一书中写道，"每一件艺术作品都包含着附着在有形物上的创意精神（Creative Spirit）。人们可以买到实物，但其中所蕴含的精神、灵魂是无法买到的"。道德权利赋予作者享有作者身份的权利（署名权，又被称为家父权 paternity）和阻止他人对作品进行错误地歪曲、篡改的权利（完整性 integrity）以及阻止冒名侵权的权利。在法国，这些权利都是永久而且不能让与的。如果我抄袭了一本早已不在版权保护之列的19世纪的法国小说，那么可能会面临作者后代的起诉。而美国和英国则对这类"精神权利"几乎毫无同情心，以至于直到20世纪80年代，他们才迫于国际压力而开始保护精神权利，但保护期限要短得多。

这些工业国家和世界其他地区之间存在着更大的差距。1912年到20世纪40年代的国民党政府，以及1979年邓小平倡导改革开放后的中国政府逐渐开始重视知识产权。如今，知识产权被看作是国家现代化改革的重要指标之一，政府对此非常重视，甚至给专利申请的数量设置目标（中国人民解放军已经开始对于马路边售卖的未经授权的纪念品展开整治打击的行动）。新一代的中国企业也开始运用法律武器维护自己合法权益，打击假冒侵权行为。而那些准备出口国际市场的企业也发现自己必须和外国的法律打交道。但由于中国与这个世界隔绝得太久了，知识产权意识还非常淡薄，再加上LP、CD和DVD光碟这类物理媒介平台在中国市场根本就没有来得及站稳脚跟，所以大多数的中国年轻人都是通过互联网第一次接触大众娱乐。而在互联网上，版权的管理是非常松懈的。

其他国家也迟迟不愿接受欧洲和美国知识产权私有化的观点。日本是在欧洲开始对知识产权实施保护的200年之后才诞生了第一部知识产权法。在伊斯兰国家，伊斯兰教法认为大脑属于神的财产。印度教的传统认为想象力是与神明共享的，因此不能独立拥有。

此外，出口商与进口商、卖家与买家以及"商业"与"文化"之间也存在着由来已久的分歧。卖家当然希望自己的产品能在所有国家都得到法律的保护，就好比不论到任何一个国家旅行，我希望我的行李箱始终都属于我一样。电影、音乐及制药企业都不愿意自己的产品销售到仿冒和盗版盛行的国家和地区。至于进口国，由于本国根本就没有多少知识产权可保护（这也是为何他们总是处于进口国地位的原因），他们也懒得制定自己的知识产权法律，即便有法律，执行得也十分懈怠。**其中一些国家将西方的知识产权规则视为对思想、知识和技术进口的一种毫无根据的征税**，但也不太敢大发牢骚，因为害怕被西方市场拒之门外的报复。美国已经向澳大利亚、印度、墨西哥和泰国政府表明，如果他们不同意其知识产权规则，就会被排除在美国食品市场之外。

目前，针对知识产权有两种观点相反的趋势，一种是更加私有化，一种是更加开放，两种呼声都越来越强烈。

大部分企业都支持知识产权私有化，反对者寥寥。没有哪家企业愿意放弃获得政府批准的财产权利许可。企业主张版权并没有什么成本，且可凭此手段确立某种全球都能接受的高效交易和合约框架，以便更有效地保护自己的投资。专利制度可以保护包括制药企业在内的许多行业的巨大研发投入，专利数量已成为各界广泛接受（尽管有缺陷）的衡量企业创新水平和经营成功的指标。商标已经成为企业的核心组成部分，并受到品牌持有者的重视，也受到消费者的喜爱。因此，**越来越多的创意作品**（Creative works）**都贴上了财产权的标签，这些标签上写着大大的"私有"二字**。

反对方的理由也很有力。激励机制与回报之间的联系并没有看上去那么强。那些因为各种理由从事创意和创新的人，即便他们的想法没有受到保护，也依然会勇于创造。科学知识的开放获取是各大学及公共研究机构都会绝对坚持的一个传统。电脑出版商蒂姆·奥莱利（Tim O'Reilly）曾问到，如果牛顿把他的运动定律的发现申请了专利，那会发生什么情况呢？**他一定会说："不，我是不会把抛物线轨迹的相关知识告诉阁下的，但是如果你愿意付钱，我可以帮你校正枪的准度。"**

关于知识产权与创新之间的历史联系，联合国和世界银行的研究都表明，18、19 世纪那些在 18 到 19 世纪走向繁荣的国家，包括美、英、法、德以及瑞士，当时的知识产权法律水平都极低。这些国家都设立了专利局，但却从未对专利申请进行新颖性和非显而易见性评估。美国、英国和其他欧洲国家并没有专利注册的系统性规则，包括进行适当的调查核实发明是否真的具备新颖性。这种情况一直持续到 19 世纪末期才得到改变。而英国的第一个专利局直到 1883 年才正式开张，20 年后，人们仍发现英国 40% 的专利是无效的。

美日先行一步
America and Japan Make a Move

每隔几年，权利合约就会遭遇新一轮的批判。当点对点分享成为可能后，音乐便遭大规模非法下载，美国的版权权利人甚至开始状告侵权的年轻人，尽管影响很小，但他们仍在为如何制止大规模侵权而苦斗。在美国，两套关于版权的法案刚出台便夭折，欧盟议会的一些官员则为抗议欧洲委员会的版权提案而辞职。

谷歌公司曾尝试以非营利目的将绝版图书数字化，但此举遭到来自众多作者和若干欧洲国家政府的猛烈抨击。当商业电子图书出现后，人们再次发现了权利合约的不足。盲人（甚至包括一些视力健全的人）想借助Kindle等电子阅读器的内置语音转换听书。美国、法国和德国都相信，要想完全阻止健全人滥用这种特权是非常困难的，虽然不情愿，但也只能睁一只眼闭一只眼。

在2009年哥本哈根和2012年里约召开的全球可持续发展大会上，多数国家代表都希望节能技术在发展中国家得到更广泛的应用，但是由于许多技术都依赖于专利，而这些专利的价格却超出了贫穷国家能够承受的水平。中国派出了唯一拥有知识产权律师的代表团，他们提出对节能技术实施保护例外，但却未能获得其他各方的同意。一个在非洲地区使用3D打印机打印拖拉机备件的提案，也因打印机软件涉及的版权问题而被否决。

这类相关问题的总体框架在决策时总是让步于商业和私人利益。该框架是在若干年前设立的。当时的背景是，美国作为全球化的推动跳板，发现其每年的出口量巨大，以致整个美国经济都严重依赖贸易往来中的知识产权。对此，总统特遣小组的报告显示：

> 在我们的社会中，财产权的概念一直是法律理论、社会及经济活动的核心，可是财产权的概念所处理的主要是有形物，主要包括土地和动产。当信息、处理信息的方法或者是信息产品被视为财产时，随之而来的问题与有形财产理论的应用完全不同。

文字虽拗口但思路很清晰，那就是：美国需要一套新的对外政策，不仅涉及信息，还涉及知识产权以及想法和信息的所有权。

潜台词也很清楚：美国需要一套符合美国利益的政策。所有创意产品（Creative Products）的出口商，不管是销售某品牌或是对某版权的授权，都必须在世界各地受到高度的保护，而且保护的水平应该在任何地方都一样。美国的主张获得了日本支持。就如同美国是娱乐行业的统治者，日本在电子领域也占据霸主地位，他们也希望电视、录放影机及音乐设备上的专利在所有国家都能得到保护。而索尼公司也开始涉足音乐和电影行业。因此，日本站在了美国一边，但这还嫌不够，华盛顿正考虑进一步的措施。

美国认为关于版权和专利的全球性公约的约束力非常有限，并且，美国对管理这些公约的联合国也没什么好感。因此，美国转向更商业化的国际贸易组织。通过美国的积极游说，1994 年，一百多个国家政府在摩洛哥的马拉卡西市（Marrakech），成立了一个新的国际组织：世界贸易组织（WTO），并签署了一项《与贸易有关的知识产权协定》（TRIPS）。这份协定涵盖了所有的创意产品，包括版权、专利、商标和服务标识、地理标志、工业设计、新植物保护、集成电路布图以及商业秘密。

《与贸易有关的知识产权协定》是世界上第一个将知识产权视为经济问题的全球条约。在签署《协定》之前，有关知识产权方面的争议都是私人化的合同内容，通常以闭门谈判或诉诸法庭解决，政府并不参与任何角色。但是，签署《协定》之后，政府就可以通过 WTO 要求严格实施知识产权的相关规定，任何在知识产权方面的不当行为都会招致贸易制裁，甚至被 WTO 除名。

一些国家对这种将西方国家有关财产的原则强加于其他国家，而不顾其是否会对其他国家的艺术、植物、医药或本土艺术造成不良影响的做法表示不满。哈佛大学的经济学家杰弗里·萨克斯（Jeffrey Sachs）对此提出这一批判观点：

> 正如知识毫无争议地正在成为全球繁荣的核心（缺少知识是导致贫穷的根本原因），全球也需要从新的视角再次审视知识产权体制。美国凭借其主导地位将严格的专利制度强加给全世界，实现其打击盗版的目标。可是，如今跨国企业和发达国

家的机构却打算把每样东西都注册成专利,从人类基因组到热带雨林物种的多样性皆不放过,而贫穷国家将被剥削,除非把某种理智和公平原则导入这一失控的过程。

面对这些挑战的主要是各国的知识产权机关,我半开玩笑地将其称作知识产权的中央银行。**它们负责全球的专利和商标的注册,因此是它们在发行构成大部分公司财富的"货币"**。他们还设计了管理艺术、文化、设计、媒体和娱乐所有权的版权规则。

这些发行高价值"通货"的垄断机构每年获取非常高的利润。美国专利及商标局在2012年营业收入约为22亿美元,扣除政府拨走的费用部分,还剩下8 800万美元。英国专利局营业收入约为1.15亿美元,盈余为2 200万美元。这些收入主要来自专利和商标的注册费用,并不来自版权,尽管美国的专利商标局仍然在提供过时的版权登记服务。《伯尔尼公约》明确禁止对版权进行强制性注册,以避免对作者的歧视。

现在,重新引入版权登记制度的呼声越来越高,以便澄清谁对什么东西拥有版权,并且可以为微授权及小额支付提供支持。美国芝加哥期权交易所(Chicago Board Options Exchange)和一家私营上市公司共同建立起了国际知识产权交易所(IPXI),其董事会成员主要来自飞利浦和微软的董事会。该交易所允许人们对许可权进行购买、出售及对冲交易。其主要交易资产是"专利组合"(ULR),这是一种非排他性的许可,可以像股票一样买卖。

中国的一些倡导者们也以城市为基础建立了知识产权交易中心,例如北京版权交易中心。随后,20多个城市也纷纷效仿,但政府出于担心缺少相应的监管措施最终叫停了一些这样的场所。英国政府采纳了伊恩·哈格里夫斯(Ian Hargreaves)的建议,建立起了一个可以促进开展大量低价产权转让的版权中心。

公众的声音
The Public Voice

直到近些年,一直缺席的公众声音才开始出现。2003年,一群美国人请求世界知识产权组织召开会议,讨论如何在成功案例的基础上,更加广泛地应用和推广"自由开源软件"原则，这些案例包括 Linux、人类基因组图谱计划、全球定位系统以及其他一些"相同方式分享"类的项目。世界知识产权组织最初对这个建议持欢迎的态度，但后来迫于美国的压力而改变了主意。一名美国专利商标局的官员声称，"开源软件的精神与世界知识产权组织的职责使命相悖，世界知识产权组织的使命是推动和保护知识产权"。然而，她对开源软件的看法是错误的。实际上，开源软件本身也是一种版权许可，而她对而世界知识产权组织使命的认识也错了，从整体上讲，该组织的使命应该是"**通过一个能平衡各方利益，公平高效的国际知识产权体系推动全世界创新和创意的发展，进一步促进所有国家经济、社会和文化的发展**"。

几年后，我本人召集了 19 位世界顶级思想家，成立了一个国际委员会，其中包括劳伦斯·莱斯格（Lawrence Lessig）、约翰·苏尔斯顿（John Sulston）、林恩·布林德利（Lynne Brindley）、贾米·博伊尔（Jamie Boyle）、纨妲娜·希瓦（Vandana Shiva）和科里·多克托罗（Cory Doctorow）等人。我们共起草的《创意、创新和知识产权阿德尔菲宪章》（Adelphi Charter on Creativity, Innovation and Intellectual Property）中列出了平衡私有财产和公共需求之间关系的基本原则。一年后，当英国政府请求安德鲁·高尔斯（Andrew Gowers）对版权问题进行一次调研时，他说我们的宪章为其提供了绝佳的研究基础。阿德尔菲宪章的基本原理是平衡创造者的私有权报偿和社会化公用权之间的关系（即权利合约）。

今天，法律已经失去了这种平衡作用。首先是版权，1710 年的英格兰法案相比其他古代法律发挥了非常好的作用，并且它的一些原则直至今日还依然有效。但是面临的压力也已经逐渐显现。软件行业与互联网行业和媒体娱乐行业的差距越来越大，前者的启动成本很低，并能随着时间的推移而增长，且对版权的依赖和需求不大。而传媒和娱乐行业的前期投资成本非常高，需要在相对较短的时间内实现收支平衡，而且版权问题更为关键。

上述提到的第一组企业（软件和互联网企业）成长迅速，这证明了相同方式分享原则是分享知识，加速业务发展的有效途径，不仅是互联网黑客，还有 IBM 和谷歌均因此受益（其 Android 操作系统仍然使用 Linux 内核）。

但是第二组企业（媒体和娱乐业）则遭受着巨大的痛苦（部分是因为第一类企业的原因，因为他们控制着互联网通道）。这些媒体和娱乐企业把自己发展的希望寄托在更严苛的版权处罚上，但这种希望非常小且越来越渺茫。**他们需要重新考虑自己的运营模式是否顺应不断改变的用户和技术潮流，然后（只有这个时候）才能重新考虑他们的版权许可问题**。唱片行业和报业收入的急剧下滑是企业整体经营的问题，而不单单是版权问题。商业性的权利人应该设法破除陈旧的思想束缚，采取一种新的方式，这才是符合所有人共同利益的解决办法。

政府在这方面发挥的作用非常有限。近几年耗时最久的全球倡议是《反假冒贸易协议》，该协议因一直在秘密的状况下谈判而且备受争议。政府花了太多时间来庆祝宽带网络的普及，但却没有时间解决知识产权保护方面需要做出的改进（就如同他们从未重新考虑竞争及税收方面的相关政策）。现在已经能看到一些改变的迹象，英国的高尔斯报告请求制定"理性"的决策。但是英国和其他国家政府依然过于依靠偶然性审查，而不愿将这些问题纳入主流决策的制定当中。

在专利方面，我们需要考虑是否将专利仅限定于技术发明（如欧洲、日本和中国），还是不做限定（如美国）。美国人喜欢将专利授予那些常规带有普遍性、但恰巧用计算机代码表达出的业务流程，这种做法应当停止。软件类技术发明的优点是成本很低，开发周期也很短。相比之下，技术研发则难度更高，通常需要很长时间，且需依靠市场检验，譬如药品研发。这样导致的最明显结果是，在高额专利费驱动下的医学研究更倾向于研发边际收益更高的富人药品，而不愿去研究用于热带疾病这中在发展中国家感染人数超过十亿的疾病所需的药品。这导致了另一套体系——国际药品采购机制（UNITAID）的出现，5 年间该机制已经筹集 21 亿美元，这些钱主要用于低成本药品研发，资金的募集渠道主要是航空税费。

我们需要重新审查注册，这是实施产权保护过程的核心。目前，专利申请的三个测试标准——新颖性、创造性和技术效用已经严重超出了律师和专利审查员能够达成一致的范围，更不要提公众和我们所选出代表的理解和认识。美国专利审查员平均每天写 10～20 页的报告，许多申请都审查得十分草率。一个被否决的申请可以重新提交，运气好的话，他们的申请能够被放到一个富有同情心或筋疲力尽的审查员的桌上，并获得更好的回应。苹果公司在为其语音识别系统 Siri 申请专利的时候，前前后后总共递交了 8 到 10 次申请（内容都不一样）才最终成功。2012 年诺基亚宣称在过去 5 年里总共遭受 150 起专利诉讼，而这些诉讼是基于竞争对手能找到的最具说服力的过往案例。诺基亚的说法并不是没有道理。据报道，最终只有一项专利主张被认为是无效的。如果在授予更少但更严格的专利和获得更高利润之间选择，专利机关应该首先考虑提高专利的审查标准。

市场变得越来越嘈杂。谁来审查私人所有权与公共使用权之间的平衡？国家机构监管着他们的商业客户，而谁又来监督他们自己呢？谁又来审查这些审查官？法官斯托里对版权法的描述是"非常微妙，并不鼓励外人参与其中"，但是他们必须参与其中，否则他们的权利合约必然是不公平的。

第七章 搜索、学习、融合与分享
SEARCH, LEARN, MIX AND SHARE

DIY 的宇宙
THE DIY UNIVERSE

企鹅图书中国区的 CEO 周海伦（Jo Lusby）在 2006 年曾说过："中国出版业的每次重大发展都源于互联网。"若干年后，当我再一次和她讨论这个话题时，她依然坚持这一点。

据全球知名咨询集团普华永道估算，娱乐和传媒方面消费总额中有 25% 是在数字领域的消费，其中，用于获取和搜索的支出与内容的支出相当。但是周海伦讲的不光是钱，她是在讲，从全新的写作方式以及读者参与发行和定价的创新实验，所有的新想法都存在于互联网当中。之所以数字媒体在中国发展得比其他国家更快，是因为中国的传统图书产业相较其他地区较为落后，但数字化趋势是全球性的。**互联网对于阅读和出版都有其自己的想法，甚至自己的语言**。比方说，同样是阅读，但现在的人们已经开始使用 Kindle 作为阅读载体了。

Lady Gaga 的经纪人特洛伊·卡特（Troy Carter）认为，在这个新的时代，如果粉丝只能从广播这类单向传播媒体获得偶像的信息，对音乐家来说无异于宣判死刑。卡特一直坚持通过一个由粉丝和订阅者组成的内部网络对 Lady Gaga 的最新消息进行发布。在他看来，多年来地位无法撼动的电台前二十排行榜单（Radio's Top 20）已经过时。特洛伊·卡特以他所说的这种方式生活，他投资了数十家互联网初创企业，其中包括被他称为社交通道的"基板"网络（Backplane）。

本章将关注以下内容：互联网如何成为文学、音乐、电视和电影的默认生态环境；互联网又如何成为推广销售其他产品的默认市场；以及在创意经济条件下，互联网中生产、推广和销售的界限越来越淡化。首先，我们来看看决定互联网生态系统的各种因素。

第一，超大市场。互联网是当今全球最大的市场，在包括媒体内容市场等领域，互联网已经占据主导地位，在其他市场领域，互联网也可以影响市场敏感度、预期甚至定价。

第二，大数据。互联网每天会生成大量关于态度、好恶、行为以及交际等数据，并储存在云端，数据规模之大难以想象。这种"大数据（Big Data）"可以被反复分析、运用且不会"过时"。企业则通过构建数学模型对数据进行分析并剥离出其背后的新意义。互联网的未来与大数据和算法的未来牢牢地捆绑在一起。

第三，网络的网络。互联网依托于用户主导的关系网络，而这些网络是由那些希望引导互联网变得更智能的人所发明、编写及使用的，哪怕仅仅是为了满足某种个人需求而做出些许的微小改变。这些人以网络化的方式联合起来对互联网进行完善。这种协同创意同时也影响着互联网中的创造力、所有权和补偿方式。

第四，融合。互联网早已摆脱了台式电脑和笔记本的束缚，现在从平板电脑到智能手机等一系列设备都可上网。更戏剧化的是哪怕日常物体中也可嵌入小小的传感设备，将数据传输至云端并让全世界获取。这种融合化趋势，一方面得益于但同时也受限于大型门户公司都在努力营造的专属他们自己的迷你生态系统。

超大市场
The Mega Market

互联网经济的成长速度是全球最快的，远超过中国经济的增长速度。原因之一是现在上网变得越来越方便，随时随地可以连接到互联网，原因之二是现在人们花在互联网上的时间更多了。

中美两国的年轻人尤其擅长通过互联网发明全新的应用乃至数字化生活方式。包括加利福尼亚州在内的许多州正在以前所未有的速度生产出一系列创新事物。作为互联网的第二大创新发源地，中国互联网最发达的领域是社交网络和电子商务。大量的中国互联网用户在网上花时间搜索、购物、社交和娱乐，中国网民的数量远超任何其他国家。

不过，事实上这两个全球互联网巨头国家之间却没什么交集。很少有美国人会进入中国的网络世界，倒是有很多中国人想尽各种办法翻山越岭般地进入到美国的互联网空间。

中美两国的程序员虽然语言不通，但他们都精通相同的编程语言。这使得他们能够互相理解彼此编写的程序和算法，即使目前来看这种共同性所带来的交流还算有限，未来的确有很大空间。

两国的投资者之间有比较多的交集。雅虎曾持有阿里巴巴（中国最大的电子商务网站）43%的股权，目前仍拥有10%，此外还持有新加坡淡马锡控股①、日本软银②和莫斯科Digital Sky Technologies③（DST也是京东和Facebook的投资者）的股份。几家规模略小的美国基金也在北京设有办事处。腾讯30%的股份由南非的纳斯帕集团持有，该集团是继谷歌和亚马逊之后全球第三大互联网公司。腾讯也同动视暴雪成立了合资公司。沃尔玛则投资了1号店网上超市。相比之下，欧洲企业在互联网领域投资的活跃程度则略低一些。

2012年，全球网民人数达到24亿人，占世界总人口的34%。这也意味着20多亿人连同他们的家人及朋友可以进入了建立在创意生态三原则（普遍性、自由、市场）基础之上的全球互联网。北美和欧洲的互联网普及率最高，但网民人数最多地区是亚洲。中国网民总数达到5.6亿人，比美国网民总人口2.45亿高出两倍还多。（译者注：2017年底，中国网民数已达7.72亿人）

同年，谷歌每秒点击率达到数百万次。每秒钟都有一段长达一小时的视频向YouTube上传。Facebook拥有超过10亿的注册用户，同时有超过1.5亿人在线。腾讯QQ拥有7亿用户，经常在线的人数高达1亿。（译者注：2017年9月微信日均登录达到9.02亿人）

全球有超过60亿个注册的手机通信服务用户，这意味着相当一部分人拥有不止一台手机。其中超过十亿台为智能手机。超过550亿个手机应用被购买并安装。尽管这些应用程序大多是个人开发且价格很便

---

① 新加坡投资公司。
② 日本最大的软件销售商。
③ 由一群前高盛员工创立的基金，专注投资互联网企业。

宜，但仍然为开发者们带来了 90 亿美元的收入。其中，游戏（49%）是销售量最大的版块，其次是社交软件（30%）、娱乐（7%）和新闻（6%）类软件。在直接通过浏览器接入互联网和把应用程序下载到手机这两种方式中，人们逐渐地倾向于后者。截至 2012 年年底，美国人花在应用程序上的时间已经超过了通过手机和台式机上网的时间。在中国和印度，手机上网比台式机上网更流行。

在实体零售渠道较少、店面吸引力不足或是人们没有时间购物的国家和地区，网上购物的增长非常快。中国、巴西和印度城市中的年轻人用于网购的消费达到了可支配收入的 30%，而在美国和欧洲国家，这一平均数字只有 5%。阿里巴巴 2012 年的交易额达 1 590 亿美元，超过了亚马逊和 Ebay 的总和。

所有国家的政府都通过监控互联网接入来发现犯罪。**总体来说，正如"改变、多样、学习和适应"四大特性所表明的，网络开放程度越高，创意和创新能力就越高**。美国和欧洲的自由程度最高，而阿拉伯国家、伊朗、非洲国家和古巴等国家使用互联网的自由程度则得分垫底。中国是个例外，虽然中国政府对于互联网的管理范围很宽，但是中国人在代码、应用程序、电子商务和在线媒体领域的创造力仍然很高。

北非的国内战争和广为人知的中东"阿拉伯之春"，都是在互联网上与地面战争同步打响的，它们也以 Facebook、推特、汤博乐（Tumblr①）和其他社交网络作为战场。埃及的"4 月 6 日青年运动"②在 Facebook 上拥有 7 万名追随者。叙利亚政府和反对派都会定期往 YouTube 和网络相册（Flickr③）上传视频。政府成立了叙利亚电子部队，以打击反叛势力对 Facebook、推特和 YouTube 的利用。在一份由西点军校反恐中心出炉的报告中，分析家克里斯·赞贝雷斯称，叙利亚的很多网站、视频和博客的专业水准极高，还展示了由非专业人士拍摄制作的有关格斗、空袭以及与俘虏相关的视频。

---

① 博客网站。
② 埃及网民为支持大迈哈莱工人运动，于 2008 年在 Facebook 上成立的群。
③ 雅虎旗下的社交网站。

大数据
Big Data

互联网是一台自我复制的数据机器,承载着不断增长的海量数据。明智的人已经开始忘掉什么是艾字节①、什么是泽字节②,而是以美国"伟大国家"的精神谈论"大数据"。如果有人问"大数据有多大"的时候,他们会回答"足够大"。目前,大数据的起步容量在一艾字节左右。数据量大小固然重要,但评判时更关键的是要看不同类数据边界的性质,可能出现的信息关联数量以及对新型数据管理工具的需求程度。

对新型数据管理工具的需求最初来自于天文学和气象系统,随后是金融市场,这些领域不仅依赖于大规模变量之间多维度的交互关系,同时,它们的用户大多也不是行业专家,因此需要更简单的管理工具和通俗易懂的数据可视化概览。第二类用户群是互联网公司,这些公司的业务完全在互联网上运营,他们没有任何砖头瓦块形态的实体资产,更未曾继承过任何实物贸易的知识经验,它们只关心人们在互联网上的行为方式。

任何人只要登录互联网,就会留下数字印迹。每次点击网页,发送邮件,使用搜索引擎,在线购票或是访问社交网络,我们都会留下"足迹"。只要打开智能手机,就相当于公开了自己的位置。聚沙成塔,这些印迹汇成一种能够映射我们生活的"影子经济"。不过从很多方面看,它都不能算是影子经济,而是另一种平行经济,和看得见摸得着的实体经济一样真实。

多年来,互联网公司一直在收集这种用户数据,但除了将其用于让自己企业关心的社交、搜索和电商业务更方便之外,并没有对这些数据进行更深层次的应用。如今,这些公司开始研究如何更有想象力地利用这些数据。它们聘请年轻聪颖的数学系毕业生,他们因出众的量化分析、开发算法、归纳数据和分析数据关系的能力而被亲切地称为"宽客"(Quants③)。

---

① 计算机储存计量单位。一艾字节等于 2^{60} 字节,即 1EB = 2^{60}B。
② 计算机储存计量单位,是艾字节的 1 024 倍。
③ 指数据分析师。

这些公司很快就意识到，自己正坐在一座独特的金矿之上。它们无须去那些偏僻的地方开采昂贵的矿石，而只需坐在家里，顾客就能免费地将黄金送上门来。

大数据的精髓是：一切都是数据或运算。数据是黄金，而运算就是铁镐和铁锹。

举个例子，当我们输入一条搜索请求时，搜索引擎会将文字简化为数据，并将这些信息存入数据库。只掌握某个人的搜索内容意义并不大，但是如果通过对大量搜索内容进行分析和比对，并对其进行归纳分类，就能看到结果。

2009年，谷歌的一位名叫克莉·康拉德（Corrie Conrad）的工程师发现，依据美国医疗服务机构提供的信息，依据用户在搜索医疗信息中所使用的关键词来预测和映射流感爆发趋势和范围，比美国的医疗机构更有效，也更准确。于是她编写了一种算法，通过这种算法，可以将数据进行精炼，后来她成功将其推广到一线的医疗服务机构和制药企业。

此后，谷歌便开始着手对人们搜索的关键词进行研究。首先，他们积累了大量的拼写数据，包括常见的首次输入短语、常见的拼写错误以及常见的更正拼写方式。利用这些数据，谷歌开发了世界上最全面的拼写检查系统。它不需要掌握所有语言，不需要了解各语言的怪癖和例外，而只需将新出现的拼写与其他已有拼写进行对比（包括后者的错误和修正），计算出误差，就可以获得想要的拼写结果。实现这些的成本极低。对谷歌来说，这是一项再普通不过的业务。

谷歌公司利用同样的原理，通过比对分析数十万份联合国和欧盟的文件，开发出了一种翻译算法。此前的翻译系统大多是通过尝试去理解语法和行文的规则来进行翻译，但也因为这个原因这些翻译算法都很难成功。而谷歌的翻译算法不需要理解语法规则，只需要分析人们的行为。**这样就把一个社会语言学问题巧妙地转变为一个数学问题。**

记者加里·沃尔夫（Gary Wolf）对那些靠数字进行判断，**并用数据来"量化"生活质量的人很有兴趣，他称之为"量化自我"**（Quantified Self）。他写道：

> 睡眠、锻炼、性、三餐、情绪、地点、清醒程度、工作效率乃至精神上的幸福感现在都可以进行数据化的计量、追踪、

共享及展示。尽管社会学家可以从宏观数量层面对我们进行调查研究，实验室心理学家可以用更巧妙的办法——志愿者来获取我们的资料，但是我们在吃饭、玩耍、交谈和恋爱时真实情况却无法追踪，直到几年前仍是如此。随后的四件事情带来了改变。第一，电子传感器变得更小了，性能也更优异；第二，人们开始携带强大的计算设备，通常是手机；第三，社交媒体让分享成为常态；第四，我们开始逐渐意识到一种叫做"云"的全球超级智能正在崛起。

这些数据流可以被应用于各种意想不到的领域。发生自然灾害的时候，比如2010年的海地地震，被困者甚至不需要讲话，也不必挪动位置，就可以通过智能手机产生的数据，把自己的位置和状态信息告诉救援人员。联合国主导的大数据计划"全球脉动"（Global Pulse）则通过监测社交网络的使用情况来预测发展中国家的变化并提示诸如食品短缺、洪涝和内战等重要事件。在人工监测失败后，中情局背景的帕兰提尔科技公司（Palantir Technologies 该公司名称碰巧也来自托尔金的《指环王》）采用了通过分析人物、地点和事件间的关联的方式来发现恐怖分子。

不过使用数据算法也有一定的风险。任何一种基于计算规则的设备，都存在失控的可能性。亚马逊曾经遇到这种情况，两家图书销售商Profnath 和 Bordeebook 的算法出现了异常，将同一本书的价格飙高到23 698 655.93 美元附加3.99 美元的运费。系统错乱背后的具体的原因人们虽然还不清楚，但初步看来应该是 Profnath 的算法想要抢下这本书的最低价，但是同时可能是缺货的原因，Bordeebook 的算法反而在抬高价格。好在是毫无意外这本书没人下单，所以也没造成什么损失。

在金融交易中，类似的问题即使能很快被发现，往往也会造成严重的损失。2010 年 5 月 6 日，美国道琼斯指数"闪电崩盘"，几分钟内缩水 800 点。但与日后可能引发的恶果相比，这还算是微不足道的。如今，一场名叫"算法战争"（Algo Wars）的角逐正在投资机构间展开。这些投资机构正使用以类似"潜匿"和"鲨鱼"等攻击性词汇命名的算法以皮秒，甚至万亿分之一秒的速度优势赶杀竞争者。大多数机构的员工都完全无法跟上这样的节奏（这才是关键点），而那些本应当对金融交易行为进行规范的权力部门就更跟不上了。纽约的交易商一直对此事争论不休。而之所以欧洲经济危机无法找到简单的解决方案，其原因也在于这种基于算法交易体系占据了主导地位，该交易体系非常私有化、神秘而且完全超越了目前我们对金融监管的理解。

隐私也变得越来越脆弱。谷歌和 Facebook 等互联网公司所掌握的个人资料比以前任何私人或公共机构都要多得多，这早就不是什么新鲜事了。它们知道人们去了哪儿，正在做什么以及可能产生的消费（据谷歌宣称，信用卡公司可通过算法得知一对夫妇会在何时分手或发生婚外情）。它们还给出了商业上的辩词，认为这些信息有助于更精准地投放广告，不仅仅像以往那样，只针对特定人口统计数据意义的人群，更可以对应到人们的私人习惯上。

谷歌往往能比医生更早知道谁生了什么病，这是因为人们在感到不适后第一反应会是在谷歌引擎上搜索医学信息。谷歌的前 CEO 埃里克·施密特①（Eric Schimdt）在微软克瑞格·蒙迪②（Craig Mundiey）的支持下曾向奥巴马总统提出协助升级美国奄奄一息的医疗护理系统，用他的话说，该系统严重过时，而且医生和患者的信息严重不足，不过由于当局对此过度谨慎未能同意，这让他非常失望。

人们对智能手机的喜爱则将赌注提升到了一个新高度。英国的 Blippar③ 公司开发了一款可以识别影像并把动态影像叠加到场景中的智能手机应用，将摄像头对准各类产品包装，通过 Blippar 应用可以产生非常有趣、信息更丰富的短视频或小游戏。包括吉百利和维珍这样的企业可以利用该应用统计和追踪消费者在不同时间、地点对不同产品的关注度。另外一个代表性企业，广告公司纳什维尔红椒公司（Nashville RedPepper）自称为"黑夜里的广告商，黑夜里的发明实验室"，该公司致力于开发一个基于 Facebook 的信息系统，通过识别顾客进入商店的时候拍摄的面部照片，将有关的折扣和特卖信息推送到该顾客的手机上。

这种做法会有影响么？零售商的"忠诚顾客奖励计划"中一大经

---

① 现任 Alphabet 董事长。
② 微软前任首席研究战略官。
③ 著名的增强现实广告平台。

验就是：如果人们觉得有好处，他们就愿意提供信息，但也必须指出，大多数人这么做也多是因为别无选择。比如谷歌的街景地图（StreetView）将街道和人群都拍摄下来，又比如谷歌对于当地 WiFi 网络信息的收集，这些都曾经引发过忧虑，但鉴于其带来的便利性，大部分人觉得这样倒也值得。

同时，也存在个人信息被盗或错误，并可能会带来问题。欧洲和美国的隐私法允许人们发现和纠正已知数据库中错误信息。然而对于大数据，则没有人能真正了解数据的来源（或者说它们来自哪个国家，适用于何种法律）。不管怎样，每一个字节每时每刻都正在拷贝进新的数据集里。

大数据集的维护管理成本非常高，而宽客要求的薪水也很高。大企业或许还能承担得起，但小公司和非营利机构恐怕就力所不及了。大学研究人员担心这些额外的费用会提高研究预算，哪怕只是租用一天数据集也很贵。正在削减公共开支的美国和欧洲更是如此。可见，大型机构运营大数据的优势要高于小型机构。

网络的网络
Networks of Networks

对互联网的最佳理解是：一种通过其他网络将用户连接至网络中的方式。以太网（Ethernet networking）的发明人罗伯特·梅特卡夫（Robert Metcalfe）在向客户推广的时候遇到了难题，他需要证明以太网未来的利润将以指数级增长，于是他成为头一个坐下来对其进行数学计算的人。据梅特卡夫的计算，网络的价值等于节点数的平方，也就是说用户人数或所连接的电脑数量。最小的网络由两个互相交谈的人组成，根据梅特卡夫法则，其价值即为 2×2 或者是 4。如果第三个人加入，就有了 3 个连接点，在梅特卡夫法则下，该价值就变成 9。如果第四个人加入，节点数达到 6，价值将达到 16。节点数的增速总是大于人数的增速。有了 2 亿个连接点，就有可能与另外 2 亿人相连。中国 6 亿网民的价值就是 36×10^{16}，这个数字简直大得超过我们的理解。如此一来，我们又回到了大数据。

互联网是由其用户为他们自己的用户开发的。它既是我的网络，也是你的，是大家的网络。这与几十年来电信业的经营思想完全相悖。美国电话电报公司（AT&T）、英国电信、日本电信等电信服务商把全部注意力放在如何建立自己的网络基础设施上，却完全没有关注到互联网，它们的反应同后来的唱片公司和报纸公司一样迟钝。这些企业的商业战略是预测消费者需求，为商业客户提供优质服务，并小心地维护着"一天一天"的运营。**在它们眼中，这就是所谓"智慧网络"。但它们全都大错特错了。**

每当这些电信企业将网络升级得更加"智慧"，人们又有了别的需求。美国电话电报公司的大卫·艾森伯格（David Isenberg）在一篇火药味十足的文章《愚钝网络的崛起：为何智慧网络不再是个好想法》中提到了解决的办法。艾森伯格曾在诺贝尔奖获得者、科学家和政治活动家阿尔伯特·圣吉尔伯特（Albert Szent–Györgyi）的指导下进行过人类意识方面的研究。他知道，网络的结构会直接影响其用户是否可以按照其需要进行交流。艾森伯格期待建立一个民主的、由用户主导并控制的网络。他认为应该尽量降低那种被他称为"不足为道的琐事"所约束的网络的数量。

他意识到，电信企业被四个过时假设所禁锢，这四大假设是：基础设施是稀缺的，且造价高昂；通话是导致网络阻塞的原因；硬件线路转换是核心科技；网络应该由网络公司控制。他说，这些假设正在崩溃：带宽已经不需要准入；数字资讯的受欢迎度超过了声音；硬件的交换机被更加灵活的路由器代替；激烈的竞争意味着没有哪家公司能独享网络，更别说掌控了。艾森伯格相信，网络需要由用户来控制，"网络应受数据需求引导，而非拥有者人为设计的假设"。他把所谓"智慧网络"与无纸化办公归为一类，属于毫无结果的尝试，**因其试图对需求进行管理，但其实根本没有考虑过人们真正想要的是什么。**

美国电话电报公司的汤姆·艾夫斯林（Tom Evslin）将该文章形容为"一杯泼到脸上的冷水"。计算机电话技术杂志认为，这"很可能是通信行业最具争议的文章"。计算机和互联网业再次掀起关于是要智慧网络还是要愚钝网络的争论。我们到底需要智慧出现在什么地方？是网络（云）还是我们自己手中？我们可以借用艾森伯格说的一句话——"服从的"云，因为它是按照我们的需求工作的。云是活的记忆，它们正在演变成为完整的大脑。他们有秩序地、以智慧或至少运算的方式对输入（更多数据，另外的算法）进行回应，这两种方式对云来说实际是一回事。

《金融时报（Financial Times）》的副主编彼得·马丁（Peter Martin）在开始描述互联网给商业带来的影响时，抓住了互联网开放、服从的服务精神。

> 互联网因其专属性、灵活性及共识性的结构，给所有生意人都上了一课。从某种意义来讲，它是未来公司运营模式的原型。这一共识来自一个共享的目标：创造能够轻松交流的网络。这一方面属于技术愿景，这需要丰富的计算机技术知识。另一方面也属于理想愿景，这需要对自由表达以及一个高于政府和商业利益的沟通媒介做出人文主义承诺。基于共同目的合作伦理和公开讨论也是一股极其强大且富有创造性的力量。

从科学诞生伊始到如今的网络办公，这些有关想法的公认原则——开放自由的合作，拒绝快速生成"财产权利"，为完美解决方案不断进行修正，同行的鼓励和积极合作态度，公平政治的道德情操——全面激发了众多共享化的创意形态（Forms of Creativity）。

全球知名的社交网络，诸如推特 Twitter（美国著名社交网站）、Tumblr（图片分享网站）、Pinterest（全球最大的轻博客网站）以及中国的 QQ 和微博，它们最大的吸引力在于能让用户以最快的速度发布他们喜欢和不喜欢什么。"关注（follow）"按钮的设置鼓励人们"转推（re-tweeting）""转帖（re-blogging）"和"转钉"（re-pinning）。"定制（curation）"一词不再局限于艺术领域，而变成用来形容人们可以随意选择和分享热门主题的词汇。

从最初想法的构思阶段、设计阶段一直到市场营销阶段，网络关系可以让人们在创意的所有阶段——从考虑原始想法一直到设计及营销——吸引其他人加入（或是跟队友说再见）。此外，网络关系还允许人们扮演他人工作的编辑和统筹者，成为财产权利的承租者而非所有者。数据每时每刻都在被定位、回收和甄选。

中国的豆瓣是 Facebook 的翻版，但两者略有不同。尽管豆瓣的用户数量非常多，但是实际上注册不是强制的，豆瓣为每个人提供了主页和公告板。用户可以对关于文化、设计和媒体的内容进行评论，尤其是音乐和故事，实际上，任何内容都可以通过豆瓣来进行交流。豆瓣是国外新老影视、音乐等作品信息的主要来源。就在我写作的同时,豆瓣的主页正在推一位出类拔萃的中国作家和知名博主韩寒,同时推荐的还有歌手李宇春、奥尔德斯·赫胥黎(Aldous Huxley)[①]和西蒙尼·德·波伏娃(Simone de Beauvoir)[②]。豆瓣的目的是将用户的社交圈由家人和朋友向外拓展。

融合

Integration

互联网每天都在生成大量的数据,这些数据被储存在云端服务器里。数据的所有者通过算法在数据之间建立联系,并产生新的意义。每一种携带自身数据和算法的网络都向其他网络敞开大门。第四大趋势"融合"正是紧随着前三大趋势产生的。

这一趋势是由操作系统的进步推动的,安装于各类设备中的操作系统拥有标准化的控制面板,为访问云端数据提供了通用的入口。安卓系统的代码在2003至2004年间就已经编写完成,但直到2005年,谷歌才将其买下,2007年才正式推出。它是目前最受欢迎的智能手机操作系统(OS)。苹果的IOS在2007年发布,而长期霸占桌面系统头把交椅的微软也于2012年发布了Windows 8操作系统。随着我们的电子设备装上了相同的操作系统和应用软件,无论身在何处,我们都能将我们的触角和网络扩展到任何地方。

以上只是理论。实际情况下,品牌所有者都在努力向消费者推广自己的生态系统,即使他人愿意付费,他们也会竖起专利保护墙以限制准入。该策略能否成功还说不好,但开放可能会带来的巨大利益还是会迫使这些品牌允许他人进入。如果它们不这么做,则很有可能面对公众冷遇(和电脑服务Compuserve、美国在线AOL、Myspace和雅虎之前所经历的那样)和反托拉斯政策(在该政策要求下,微软必须将软件授权给其他用户)的打击。

通用性的重要意义之一是推动了普适计算(Ubiquitous Computing)或智能对象,也被称作物联网(Internet of Things)的发展,即无论物

[①] 英国作家、哲学家。
[②] 法国作家、哲学家和女权主义者,著有被喻为女权主义圣经的《第二性》。

品在任何地方，都可以对其位置和状态进行追踪。物联网系统可以通过射频识别（RFID）芯片植入任何物品中。中国的家用电器及服装企业是这项技术最早的应用者，他们将物联网技术应用到物流管理中，跟踪货物由工厂出发，通过卡车运往货柜船直到客户接收的全过程。这些芯片体积很小，可被嵌入产品而又不被注意；同时，这些芯片可通过阈值点采集信息，并能持续发送足够强度的讯号。这类系统同早前用于类似伦敦牡蛎卡①上的系统很相似，随后，所谓"智能城市"开始采用相似的系统，用于管理道路交通、污水处理、道路照明和城市安全等领域。

　　如果数据不是仅限用于封闭系统中（如伦敦交通网络），而是将数据发送到某个可以把智能运算转化为物联网的云端，并允许所有人接入，这些芯片就可以发挥更多作用。有些城市已经将街边停车位的信息向司机开放，方便他们就近寻位。将开放数据、公共准入和可忽略不计的用户成本三者相结合，可以让我们知道任何东西的位置，不管要找的是东西本身还是与其相关的信息。射频识别芯片可以附着到几乎所有财产上，不管是手机、宠物还是雨伞，这意味着"失物招领"将成为历史。智能登机牌既可以将航班延误信息告知旅客，也可以将因闲逛而迟到的旅客信息通知航空公司。家庭和办公室将成为主要的应用场景。以电子医疗为例，病人可以利用数据更好地进行自我看护及控制药品的服用。发展中国家还将这一技术运用于银行、节能和水资源管理领域。肯尼亚的M–PESA移动通信网络让各家能以20肯尼亚便士的价格为水桶充值，以获得20升淡水。M–PESA还能为农民提供有关天气、庄稼价格和当地运输卡车的位置信息。

　　智能计算和物联网是中国和欧洲领先于美国的互联网创新领域之一。中国能在此领先的原因，一方面得益于其高速增长的物流行业，另一方面则由于物联网本身更关注管理与效率，而非人于人之间的互动。至少现在看来，物联网还是关于物的，而不是人。

　　然而不管这些系统有赖于物还是人，它们都牵扯到透明度和隐私，还有互联网长期以来面临的挑战——竞争政策、税收、消费者保护和版权。而更深层次的问题是，数据由谁管控，隐私由谁保护以及准入由谁审批。物联网为医院和家庭医疗带来的便利显而易见，但我们也见识了

---

① 伦敦交通储值卡。

白宫对谷歌的回绝,医疗机构对如此复杂精妙的管理系统并不习惯,也厌恶开放与合作。他们向来不愿意与病患者分享医疗信息。智能电子医疗要想成功,需要政府和医生能够打破现有体制。但到目前为止,他们完全没这个意愿。

故事到这里仍在继续。不管未来发生什么,它一定会带来意外。互联网专家约翰·诺顿(John Naughton)说过,互联网是能够创造奇迹的全球机器,它是非稳定态的,不受约束,会不断以无法预测的方式去突变和适应。

宽客大战
THE BATTLE OF THE QUANTS

《宠物社会(Pet Society)》和《FIFA超级明星(FIFA Superstars)》这类电子游戏是互联网公司利用大数据和智能算法的范例。这些游戏作品的出品人,位于伦敦的鱼乐游戏(Playfish)公司每天会收集大约十万玩家数据,按秒追踪他们的行为。如果鱼乐游戏公司的游戏是与PlayStation或Wii之类的游戏主机绑定的,一旦游戏发行商需要对游戏进行更新,就只能与主机生产商联系,通过硬件设备进行更新。但作为在线游戏运营企业,鱼乐游戏的游戏数据是由该公司自己控制的,可以随时对游戏进行更新。在一场所谓"数据分析专家(宽客)之战"中,算法成为唯一的武器,鱼乐游戏的战果极为辉煌,该公司的四位创始人将公司以3亿美元的价格卖给了电子艺界公司,后者基于鱼乐游戏的业绩,又额外增加了1亿美元。

鱼乐游戏的创始人之一——克里斯蒂安·赛格斯特拉尔(Kristian Segerstrale)——对主机游戏和免费的互联网增值游戏做了如下对比:

传统实体主机	新式线上体验
前期投入成本较高,后期免费	前期免费,后期小额付费(免费增值模式)
独立主机	合作性,联网性
更新周期2~3年	更新周期4~6周
大量知识产权(版权)	少量知识产权(商标)

以鱼乐游戏创造性运用算法为代表的众多破坏性创新，吸引了一批来自英国银幕咨询理事会（BSAC）成员的传媒企业总裁共同创立了蓝天集团（Blue Skies Group），以开拓未来互联网线上市场。随着高速宽带的普及，媒体业发现自己深陷技术、制式和物价水平的泥潭而难以自拔，这已经开始阻碍顾客的体验和购买。

这些挑战一部分来自于传媒业所面临的属于体验问题，而非实物问题，这让潜在的消费者面临进退两难的局面。如果不让消费者体验，他们就没法判断自己会否喜欢这个产品，可他们如果不买，也体验不到。如果他们买下了产品，也就是说付了款之后，也可能会发现自己根本不喜欢。因此，在购买媒体产品时，比起消费者能见到和体验到的产品本体，消费者实际上更加依赖于别人的推荐。商家时刻需要思考：我需要给予顾客什么程度的免费体验才能说服他们接受推荐或购买产品？这一难题没有例外。粉丝的消费向来是基于信任的，一方面原因是他们享受先前的体验，另一方面原因是，作为粉丝本身就意味着购买一切。所以，销售商也想知道：如何才能让路人变成粉丝？

互联网刚刚兴起的时候，许多版权权利人和生产商都试图坚持他们的传统营销手段，包括通过已有的促销、评论和零售等不同层次的手段吸引潜在的消费者。唱片公司依靠广播推广新的音乐作品。电影制片厂利用电影节、影院预告片和海报进行宣传。出版商则通过专业评论家的文章来宣传。然而这些渠道最后全部都被互联网击败了。越来越多的人可以发布信息，每个人都能参与推荐和体验，而且完全免费。老牌企业认为解决方案是强化版权。这只是解决方案的一部分，但远远不够。收入逐步下滑，侵权屡屡发生，新一代年轻人参与讨论和享受娱乐的方式正在逐渐改变。

蓝天集团意识到，人们更希望以与其他商品一样的方式谈论、访问和使用线上媒体。他们的选择不再是事先设定好的，而是依据社交网络、博客、朋友、名人、艺术家和表演家本人做出的。而写下自己的推荐内容也变成了一件很酷的事情。

四大需求
FOUR DEMANDS

源源不断的可能性和推荐组成的数据流,让蓝天集团认识到存在着四大"黄金需求"。

第一,什么(What)——人们希望能随意选择做什么。首先要选择是想看电影、听音乐还是购物,然后才是选择看什么电影、听什么音乐,等等。他们知道他们的选择几乎是无限的,而且他们也都希望得到实惠。

第二,何时(When)——人们希望能不受时间限制地随意选择何时去做。也许早晨,也许半夜;也许这周,也许下周。他们不希望听到类似想看的影片已经下线了,但何时可以在网上看还不清楚,也不想被通知"纸质书已经售罄,而电子书还要等到下个月才能上市"的消息。

第三,何地(Where)——人们希望能不受空间限制,随意选择在哪里使用媒体。他们不能接受下载至平板电脑的电影无法在隔壁屋的电视上播放,或是没法传送到 MP3 播放器上,供他们在假期观看,或是在欧洲下载的电影到了巴西却播放不了。他们也不希望在纽约受朋友追捧的图书因为版权或海关问题无法在伦敦买到。如果他们在亚马逊上找到了那本书,但亚马逊却拒绝送到他们所在的地方,那就更令人沮丧了。

第四,如何(How)——人们希望按他们自认适合的方式付款。如果别的行业有了更便利的付款方式,他们就会不厌其烦地问,"为什么对媒体行业来说就这么难?"付款的方式数不胜数(比大多数产品的种类还多):一次性"单向转门"① 支付;时效性订阅;靠广告赞助而对顾客免费的服务(如广播);免费增值模式(初次访问免费,但享受额外服务需要付费);或完全免费。

"免费"既可以指合法的免费,也可以指非法的免费。如果卖方无法提供在买方看来可以接受的价格,免费的诱惑就无法抵挡了。比如,一家知名唱片公司将自己的音乐打包,以每 20 分钟 25 美元的价格向用

---

① 类似出、入站口式的单向转门。

户收取费用，而用户购买之后有可能只听一次。面对如此不灵活的销售方式，非法获取就变得很有诱惑力。

在四大黄金需求中，后三大需求"何时""何地""如何"最终会反馈回第一大需求——"什么"。产品如果更容易获得，那么它的机会就越多。反之，如果某种产品很难被注意到、很难获得或者贵得毫无道理，那这种产品最终注定要消失掉。

产业对于这四大需求应对的不足，导致了在各个领域的收入都有所下降。音乐产业的市场需求一直很高。市场研究公司尼尔森的报告中指出，专辑销售量在增加，单曲数量在增加，下载量也在增加。然而整个行业的收入仍在下滑。报纸、杂志、图书和电影业也是类似的情况。拉升销售额人口及行为因素的影响力其实比以往更强，但收益一直在下降。问题的关键在于，与传统实体形态的媒体产品所带来的单位收入相比，数字内容形态的媒体产品所带来的单位收入较低。

在美国，八年来收入几乎为零的数字音乐产品，在 2011 年上升到了与实体音乐产品消费相同的水平。在 34 亿美元的数字音乐消费总收入当中，单曲销售收入为 15 亿美元，专辑销售收入 11 亿美元，版税 8 亿美元。但 68 亿美元的音乐产业总收入（包括数字音乐和实体音乐产品）同巅峰时期的收入相比仍然相形见绌。几个月后，长尾效应（即旧产品的持续销售）开始出现。问世超过 18 个月的经典作品，也被称作"目录专辑（catalogue albums）"获得了 7 660 万美元的销售额，比新专辑 7 390 万美元的收入还要高。然而与顶峰时期相比，总额依然有所下降。

当传统唱片公司还在挣扎着想去了解新世界的时候，iTunes 和声破天（Spotify）的新型服务模式已经找到了应对四大黄金需求的办法。它们的新旧资料库界面友好，囊括了罕见、归档且被认为很难找到的音乐，让消费者可以在任何时间、任何地点选择自己喜爱的音乐。在起步阶段，音乐家关注各平台是否将授权费用支付给版权所有者，但这些费用并不高。未来，我们很可能会看到更多由不同类型的授权和支付方式组合使用的混合选择。

与前辈们相比，成长于互联网时代的艺术家对版权的依赖要低得多。他们赚钱的方式包括销售现场表演门票（他们完全不介意观众是否会录音）、唱片直销、网络下载、衍生品、电影和电视植入广告。用行业资深观察人士约翰尼·布莱克（Johnny Black）的话说，"这些才是目前赚钱的方式，不需要唱片公司也能办到。"

艾琳·麦基翁（Erin Mckeown），35 岁的美国创作型歌手，发表过 10 张专辑。她说，基于传统版权的收入只占她全部收入的 20%。2012 年她发布的专辑正是通过一系列非常有想象力的方式筹得了资金，其中包括向声破天提供版税支票（她说"如果我有的话"），她全部的音乐下载、全部的 CD、一段关于棒球的访谈（网红效应），以及"为亲朋好友举办的家庭演唱会"。

与唱片公司和报纸相比，图书出版商到目前为止受到的冲击较小，因为书的物理设计很难复制，而且在线图书零售商很快就开始开发合法的电子书格式，因此盗版活动非常少。然而印刷出版商和互联网经销商之间的认知差距还是在日益扩大。印刷出版商知道卖出了多少本书。互联网销售商则知道各买家的喜好，知道他们买了哪些书，也知道他们浏览但是没有购买的书。出版商可以从互联网销售商那里购买数据，但价格并不便宜。

图书出版商会以推广为目的允许读者免费下载书籍的某一章，也可以让读者先付费下载电子版，如果读者想要购买纸质版，便以折扣价出售电子书，作为纸质书的折扣。零售商可以为老客户提供每购买十本纸质书就提供一次免费下载作为鼓励。中国的盛大网络将触角从游戏扩展至图书，目前拥有好几家顶级图书网站。与 5 美元一本的实体小说相比，它所出售的电子小说在 1 美元左右，读者还能以每月 2～4 美元的价格订阅。为应对文本贬值的潜在风险，盛大必须在以市场需要的方式供应资源所带来的机遇与书稿贬值的潜在风险之间找到平衡。有些人希望纸质版实体的形式和独特性（设计、封面、纸板、装订、纸张、排版和印刷质量）能一直保持统治地位，但似乎印刷图书和电子图书这两大市场在未来将带着各自的优势齐头并进。

亚马逊开始以委托创作的方式制作并推广自己的图书，YouTube 和中国的土豆也开始委托专业团队制作新的原创视频节目。YouTube 的大部分收入来自广告，它也需要努力吸引广告商想要的观众。因此 YouTube 每年投入高达 1 亿美元的资金来打造"策划频道"，这些频道由从《华尔街日报》、安东尼·E·祖科尔（Anthony E. zuiker）（美剧《犯罪现场调查》的创作人）、滑板爱好者托尼·霍克（Tony Hawk）、表演艺术家麦当娜到狮门娱乐（《广告狂人》）和弗雷德曼特尔娱乐（《美国偶像》）等一系列顶尖制作者负责策划。

同时，YouTube 也希望能持续获得那种非正式的家庭视频。它通过邀请那些在 YouTube 上拥有一两个高点击率视频节目，并且正在吸引粉丝、售卖衍生品的年轻美国人开价，为他们提供工作室设施，以及通过"NEXT UP"基金为他们提供最高可达 3.5 万美元的资助，用以帮助他们提高技术水平。YouTube 拥有超过两万名定期上传视频节目的合作伙伴，并分享广告收入。

传统代理商的角色又发生了什么变化呢？我们能听到两种观点。第一种观点认为，互联网让所有人都可以制作和发布内容，代理商成了多余的了。既然如此，谁又需要代理商呢？第二种观点则认为，互联网空间的拥挤度超过真实世界，擅长创意的不一定对其他领域不擅长或不感兴趣。

有证据表明，第二种观点可能更准确。书籍、视频节目和音乐作品的数量一直在增加。2010 年，逾 7 万张专辑在美国发行，远超 20 世纪 70 年代的 3 万张，但其中 94% 的专辑仅卖出 1 000 张不到，80% 的专辑的销量还不到 100 张。在该统计的另一端，350 张精品专辑（不到总数的 1%）包揽了市场总收入的 70%。亚马逊自助出版的电子书面临着相同的境况。亚马逊宣称，在 2012 年 Kindle 售出的畅销电子书中，近 20% 属于个人自助出版，听起来的确令人振奋，然而在自助出版图书的名单中，毫无成绩的那些要多得多。

多年来，互联网都在催生着新型市场。但互联网却从来不进行自我宣传，因此许多机遇也没有得到很好的重视。造成这种局面的原因主要有以下三点。

第一，建立在规则和数学基础上的代码是一种非常用语言。它不需要开口说话，也没有正常语言累积的各种怪癖。基于以上原因，**许多与实物绑定的企业并没有注意到或是对此完全不懂，因而默认情况下，互联网将市场留给了其他那些拥有不同观念的人。**

第二，这些新观念对世界的看法与传统主流产业差异实在太大。就算主流产业对这些新来的人能有所关注，也不会认为这些新人能产生什么影响力。互联网是无主权的，不受约束的。它对开放获取做出的承诺以及对版权的抵制也引起了各方的困惑。传统观念的旗手《大英百科全书》制定了严格的编辑规则,并出资聘请专家进行完善。而基于相同方式分享原则的互联网社区则催生了维基百科,该网站允许任何人贡献内容,不提供报酬,也不收取费用。维基百科到底是如何生存下来的呢?维基百科现在已经成为世界第七大受欢迎网站,而《大英百科全书》却仅仅排在第5 200名左右。

　　第三个原因是管理。那些写代码的人,完全生活在互联网上,他们有着与传统管理者和创意人群截然不同的思维方式。**这些人既是独立的个体,又能参与团队合作,既遵守规则,又追求乐趣。**他们将古怪的想象力与算法逻辑以传统创意人和企业管理者无法理解的方式结合在一起。对想法的管理又将再一次迎来剧变。

第八章 核心领域：艺术、设计、媒体与创新
HEARTLANDS: ART, DESIGN, MEDIA AND INNOVATION

想法的生意
THE IDEAS BUSINESS

全球经济总产值为 71 万亿美元。最大的经济体为美国（15.7 万亿美元）、中国（8.2 万亿美元）、日本（6 万亿美元）、德国（3.4 万亿美元）、法国（2.6 万亿美元）、英国（2.4 万亿美元）、巴西（2.3 万亿美元）和俄罗斯（2 万亿美元）。近年来，随着中国和巴西经济的飞速发展以及欧洲经济的相对衰退，这一排名发生了巨大变化。

全球创意经济产值约为 36 650 亿美元（3.6 万亿美元），刚好超过全球总产值的 5%。十年前，创意经济的产值为 2.3 万亿美元，但占全球 GDP 总量的比例却更高，达到 7%。造成两者间差异的原因是，经济增长较为强劲的国家创意经济比重反而较低。按照创意经济发达程度排名为美国、中国、英国、德国、日本、法国和巴西。如果考虑人口因素，该排名为美国、英国、日本、德国、法国和巴西。

供求曲线扩张的根本原因是受过高等教育人口总数的提高以及他们创造和购买创意产品的愿望。创意经济同销售和购买之间的关系同等重要。第二个原因是互联网普及率的不断提高以及"搜索与分享"能力的增强。

这两大趋势都受世界经济中心转移的影响。过去，中东地区在世界贸易中所处的地位高于欧洲，但 1600 年前后，欧洲成为新想法的发源地和最佳的创业地点。几个世纪以来，意大利人、西班牙人、法国人、葡萄牙人、荷兰人、英格兰人、苏格兰人、德国人、波兰人和捷克人都展现出了杰出的创新灵感、技术想象力和管理才能。19 世纪 70 年代，英国在全球贸易中占有 40% 的份额，这一方面由蓬勃的创造力和创新驱动，另一方面也受益于大英帝国所拥有的、可以用来获取原材料和销售成品的巨大市场。后来，欧洲逐渐交出了经济霸主的地位，美国成为（纯艺术以外的）文化主导力量和最大的经济体。

欧洲和美国仍在生产和消费领域占统治地位，其优势不会在短期内消失，但由于金融危机，这两个地区的平均工资水平遭到重创，投资相应萎缩。2009 至 2010 年，美国及欧洲的广告支出平均下降了约 20 个百分点，消费支出也不断下滑。当企业想要投资互联网产业或开拓中国市场的时候，却发现自己面临严重的资金短缺。

世界经济重心正重新向亚洲，特别是向日本、中国、韩国和印度等国家转移。巴西、俄罗斯以及印度尼西亚的发展势头也十分迅猛。这一转移正在改变全球的贸易平衡及各国的软实力。

顶端市场
The Top Markets

美国 美国人所坚持的"普遍性、自由和市场"这创意三原则充分体现在其对自由言论的宪政承诺、新事物的开放态度，大学和研究机构的开放、计算机及互联网企业的快速成长及其在全球的领导地位当中。

美国创意经济的总产值达到了 10 430 亿美元。基于美联储数据的一份报告指出，美国企业每年"知识产权相关"的非实体投资额高达 1 万亿美元，累积的知识产权资产价值高达 6 万亿~7 万亿美元，超过除中国以外所有国家 GDP 的总和。据总部位于华盛顿的国际知识产权联盟（IIPA）估算，截至 2010 年，媒体、信息产业和娱乐业对美国经济的贡献几乎超过了所有其他产业：高于化工、航空及其飞机零部件、初级金属制造及金属制品、电子设备、工业机械及食品饮料等产业。

与其他国家相比，美国人对如何用想法来创业有着更为直接的理解；拥有商业或法律学位的人更多，有些人甚至像职业经理人所必需的那样，同时拥有两种文凭；更懂得如何撰写商业计划，并能自如地向投资者进行兜售；更了解股票需发行的数量及定价，更愿意利用从投资者那里筹集到的资金。

美国主宰着全球的互联网产业。亚马逊、谷歌、Facebook、Ebay、推特、YouTube、领英、微软和苹果都源自美国。没有哪个国家拿得出与之接近的阵容，即便是日本和欧洲国家也做不到。美国的主要挑战者是中国。

美国人非常擅长将来自世界各地的想法变成全球性的创意。法国人发明了电影，但美国人发明了电影工业，而且两国人都很受用。一个欧洲人①发明了万维网，但美国人却将其变为巨大的交流空间和市场。

规模的不同也造成一定影响。美国为想探索和追求不同生活方式的人提供了空间。西海岸人的思维方式和东海岸以及华盛顿特区人的思维方式是不一样的。美国拥有3.15亿人口的庞大国内市场，远远超过了拥有8 200万人口的欧洲最大市场——德国，以及人口均为6 500万的英国和法国，并且，它还拥有高效的全国性媒体、营销、广告和分销系统。

在一场名为"欧洲未来"的全球商业网络大会上，分析家彼德·本内特（Peter Bennett）提出了一个问题，"为什么比起美国和日本，欧洲的大型创新/信息技术企业这么少？"他指出，欧洲市场分散，行业保护过度，创业基金匮乏，创新不足，国防开支低，而"人才外流"恰好是这枚硬币的另一面，体现出了美国的吸引力。

但是，也并非全都乐观。不少美国人认为美国正在衰落，并且受到中国崛起的威胁。在全球教育水平排名中虽然中国从未领先，但是中国拥有强大的学习能力，这一点更为重要。自2000年至今，美国的收入中位数②一直没有增长。政府疲软无力。一半的专利都流向国外。当然，这些指责忽略了更大的图景，与其他国家相比，美国拥有无法比拟的创新精神以及有利于创意想法繁荣发展的自由环境。

美国最重要的资产就是创意、创新和管理之间的清晰关联，美国将这三者整合得极好，远胜过其他任何国家或地区。尽管美国输出了许多国家价值观，但却从未输出过这一国家特性（三者的紧密整合）。这意味着，其他国家与美国的差距不在于金融与工业，而在于人口与文化。而问题的关键就在于美国能否一直保持这一优势。

欧洲 整体来看，欧盟27个成员国的国民生产总值略高于美国，

---

① 英国科学家蒂姆·伯纳斯·李。
② 衡量某地普通居民收入水平的统计学数据。

达15.6万亿美元，而创意经济的产值略逊于美国。德国、英国、法国和意大利四国以及荷兰和斯堪的纳维亚半岛国家的欧洲人未来更有可能从事的是创意产业，而不是制造业。从事创意产业的人员受教育水平高于其他行业，拥有本科学历的人几乎占到一半，相比之下，整个欧盟就业人口中持同等学力者比例仅为四分之一。他们创业的概率也比其他国家的人要高出三倍。

从古希腊、古罗马和文艺复兴时期，到启蒙运动和工业革命，欧洲国家都享有共同的伟大文化遗产，并希望将欧洲视作一个统一的整体。为了推动这一目标，欧盟委员会每年投入45亿美元，建立多个全欧范围的网络来改变大家的观念。尽管欧洲人十分热爱他们共同的文化遗产，但各国对自身独特的文化、语言、艺术、工业结构和国际网络所保有的骄傲也从未减弱，当然，这些国家在艺术、设计和媒体等领域也一直很发达。

英国 英国的创意经济价值高达1 710亿美元，这得益于英国的长期稳定性、多元化、繁荣以及良好的教育制度。英国最出名的是其强大的原创能力。英语对于出口极其有利，不过这也同时方便了美国产品的进口。2000至2010年间，英国的文化艺术产业发展迅速，其增速约为本国其他经济产业的两倍。超过180万英国人称自己在从事创意工作。

同英国在创意领域所具备的优势相对应的是其在创新领域的弱势。制造业从1980年占GDP的22%下降到2010年的10%，而同期制造业工作岗位从630万下降到220万。这一点不容忽视。伦敦的设计专业学生喜欢谈论3D打印技术，但他们也需要与制造商进行交流。由于失去了制造企业，英国也就失去了许多可以将他们的想法加以利用的潜在客户，把市场让给了美国、中国、日本和德国。

德国 德国的市场规模约为1 700亿美元。与英国不同之处在于，德国仍然拥有若干家大型的国际出版、电视和音乐企业，以及大量图形和产品设计（汽车和机械工具）领域的优秀设计师。整体来看，德国产值略低，与英国相比，创意产业占总产业的比重也较小，但这是由于德国的制造业相对比较发达。德国有着欧洲规模最大、最富竞争力的制造业。这支撑着它的经济，同时，这也为创新提供了一个现成的市场，并带来了与中国的紧密联系。

中国 拥有13.5亿人口的中国正在热情地拥抱创意和创新，或者说，在中断了多年之后，人们应该重新接受创意和创新，因为中国人与生俱来的创造力和创新力是毋庸置疑的。中国创意和创新的历史源远流长，17世纪，中国曾是世界上最富庶的国家，中国的财富堪比整个欧洲，远超美国，但近几百年来，中国过于封闭，缺乏改变和多样性，而且过于重复。如今，随着经济的腾飞，中国再次成为一个富有、充满想象力、雄心勃勃的国家，依靠国家对创意和创新的大力支持、庞大人口和强大的国家投资的支持，中国的创意经济正迅速起航。

按照创意三原则标准进行分析的话，中国在普遍性方面得分很高，但却缺少美国和欧洲具备的自由和开放市场，尤其在媒体领域。在中国，团结和国家计划的地位高于对机遇的管理和合同法律。中国人认为结果比方法更重要。但这并不意味着中国人对管理不感兴趣。中国人的个人能力和职业素养不输任何人，但风险和奖励机制却不太一样。

中国创意产业发展最快的领域包括艺术、建筑、设计、手工业和数字媒体，尤其是移动互联网。中国的互联网用户总数高达5.6亿，比其他任何国家都要多，百度、腾讯QQ和阿里巴巴旗下的淘宝网分别是全球访问率最高的第5、第9和第10大网站。据中国文化部估计，2011年，文化产业占国民生产总值的2.7%。而在我们看来，中国创意经济实际上的产业占比应该在4%至5%之间，在城市更高，在北京和上海可达12%至13%。中国4 000万大学生中，很多人都梦想留学、度假或是边旅行边打工。2011年，中国超过美国成为世界上旅游支出第一的国家，创造了900亿美元的消费。

2005年，中国成为世界第三大创意产品和服务出口国，对于这个甚至连文化及语言都还不为人知的国家来说，的确是个了不起的成就。

然而，这些出口产品中很多是由别的国家投资和设计的。世界上大部分的服装都产自中国，在美国市场买到的服装中45%都是产自中国，但设计却都来自中国以外的国家。所有的iPhone都在中国组装，但设计却源自美国，零部件则由韩国、瑞士等国生产。厂址设在大陆的中国台湾企业富士康公司每组装一部iPhone5仅赚8美元，比iPhone4每台11美元的利润还要低。

日本 日本在时尚、建筑和设计方面一直保持着良好的文化风格声誉，该国的人均报纸和漫画需求量为世界第一，仅仅动漫产业在2010年就创造了39亿美元的销售额，其中出口占了10亿美元，几乎是商业杂志消费的一半。日本是家庭娱乐、相机和玩具的全球领跑者。该国在研发上的人均支出为所有国家之最，注册专利也最多。它似乎并不在意中国的崛起。然而索尼的随身听已经是1975年的老古董了，其行业龙头的地位也被苹果和三星挤占。日本在移动互联网和在线媒体领域起步较晚。丰田出品的混合动力车"普锐斯"虽然很有名，但也已经是1997年的老产品了，销量也不算高。

发展中国家在忙些什么呢？它们都想搭创意的特快顺风车，但大多数国家都缺乏可持续发展的创意生态和商业模式，更缺乏对国际市场的了解。个别政治家们也想发挥自己的能力，却不知如何下手。这些国家越是迅速树立自己的产业（印度的研发、泰国的电影业、韩国的电子游戏），越是被美国和欧洲抢先，或者直接被后者控制。在20世纪90年代，巴西曾是世界第6大音乐市场；到2012年则降至第12位。

出于民族自豪感，许多国家将目光转向传统文化和艺术，希望从中获得经济收益，但这并非易事。发达国家重视数字媒体，而发展中国家则关注文化遗产，两者间的差异越来越大。美国和欧洲在全力加速发展代码、软件、电子商务和数字媒体产业，但大部分发展中国家却因为缺乏与此相关的技术被隔阂在市场之外，只能寄希望于传统文化，这种策略的风险很大，将国家文化作为商业扩张基础的成功案例非常罕见。我们面前横着一条创意的鸿沟，它不取决于人们自我表达的意愿，而取决于是否具有生产有销路产品的能力。

市场估算

Sizing Up the Markets

以下是我划分的四组核心领域：（1）艺术与文化；（2）设计；（3）媒体；（4）创新。最重要的评价标准是收入来源，不论是来自消费者支出（艺术品、书籍）、顾客（建筑师、设计师）还是广告（媒体）。除此之外，我还考虑了其他的标准，比如市场结构和网上交易的作用。每一则市场概览都包括三个方面：趋势简图，全球市场，美国、欧洲、中国和其他区域市场。（除非另外说明，所有的数据都基于2012年）

主要指标包括：（1）市场规模；（2）产业收益。市场规模是指每年在特定市场的支出总额，反映出人们在买些什么。例如，美国的音乐市场指的是美国境内用于购买音乐产品的支出。产业收益指的是企业收入。例如，美国音乐公司从国内市场销售和对外出口中获取的利润。

全球市场销售总和产业收入总和相等，但这两个数字在不同国家却不一定相同。主流的品牌持有者和媒体公司在海外赚取大量利润，因此它们所在国家的行业利润比国内市场更大。相反，那些大量依靠进口商品的国家，其市场的规模要大于它们本国企业的收益。

此次《新创意经济》的重大更新内容之一是更加关注零售。相比之下，配送、物流和零售对规模的扩张影响更大。英国时尚协会①称，英国的时尚市场价值 209 亿英镑，但它也承认，零售消费最多占其中的十分之一。

各大品牌已经开始更多地涉足零售，有时候属于自愿行为，但大多数情况下它们都会抱怨这些额外的工作。时尚品牌通过将名牌授权给其他商店的饰品版块赚钱，盈利一点也不比设计新产品少。在纽约时装周现身的新线品牌也许会亏损得很惨，却有可能在其他地区，比如南美的饰品市场获得成功。广告公司可以开展策略和营销顾问业务。建筑师可以为总体规划、能源节约和项目管理提供咨询顾问服务。电视制作人可以从观众投票及产品销售中赚钱。以很低的额外成本，通过增加新的渠道而获的新收益的可能性是存在的。

这些数据主要来源于企业年报、分析师报表、政府统计和贸易资料。我倾向于采用由供应方和接收方都确认无误的数据。最可靠的数据，比如票房和观众的收视率——是那些由企业提供基础资料，由独立机构负责审计，然后卖回给企业的数据。具有专业经验的咨询公司也可以提供高品质的数据，比如普华永道的《全球媒体和娱乐业展望》（Global Media and Entertainment Outlook）以及巴特尔研究所②关于研发的报告。最佳的数据是逐年汇编的，这样就能修正误差。

各国政府在准确了解经济发展状况之前，还有一段路要走。美国拥有最好的信息渠道，但在数据上存在差异（劳工统计局所提供的艺术家

---

① 原文为"British Fashion Council"，1983 年由英国时尚设计师成立的非营利协会。

② 原文为"BATTELLE"，一家私人非营利慈善信托基金，总部在美国俄亥俄州。

人数与一家主流非营利艺术组织的数据竟相差了 8 个百分点)。美国商务部对美国在非实体资产（intangibles）① 上的投资和支出进行了持续的修正，并于 2013 年宣布了新的统计指标项目"从事基于增加知识储备的系统基础的创造性（creative）工作"，包括研发（R&D）及"娱乐、文学和其他艺术原创"型作品。这一改变使得该国 GDP 增长了 3%。同样，自 2014 年起，欧洲也将研发支出算作 GDP 的一部分，预计可将其拉升 1.5 至 2 个百分点。英国也在努力改进数据。2012 年，英国从国家经济核算中去除了设计、时尚和软件产业总值 15 亿美元的产值，在 2013 年又"悄悄地"地增加了 30 亿~45 亿美元。英国还基于五大标准重新定义了创意，使得所有行业都可从"创意强度"的层面进行评估，以衡量其是否属于创意产业。这些调整反映出了新型经济在突破传统经济框架时日益增长的痛苦。两者的不协调不会影响实际产业，但是会对努力削减失业和公共赤字的政府有所影响。

我将奢侈品及其品牌归为一类相对独立的市场，而不作为独立行业部门进行讨论。依托于巨大的奢侈品消费人口统计数据，奢侈品市场近年来逐渐成长为一个独立的市场，但在什么属于奢侈品和什么不属于奢侈品之间并没有清晰的界限。不同的市场评估结果之间差异巨大，许多企业竞相提供出高达 3 000 亿美元以上的统计数字。如果将度假体验也包括在内，该数字甚至会超过 1 万亿美元。传统的主流奢侈品市场是欧洲和美国，但据说自 2012 年起，中国成为国外品牌的最大市场，中国的酒业、茶业、瓷器、时尚和丝绸的销售也有巨大的增长。中国的大买家们被冠以"暴发户"的绰号。他们在国内市场带来了巨大的影响，现在也开始将影响欧洲和美国的市场发展趋势。

我排除了部分有时会被描述为"创意"的产业类型。这些产业虽然会利用创意性的投入，但其经济价值更多依赖于重复，而非创造力，比如旅游、主题公园和体育。尽管如此，旅游业和创意产业是互补的。对于大多数来到纽约的游客来说，纽约的文化生活是吸引他们的主要因素；伦敦和巴黎也是如此。印尼商务部长冯慧兰（Mari Elka Pangestu）认为，旅游和创意经济不可分割，因为国际旅游是激发印尼创意市场发展的最佳方式。**全球最大的增长领域之一是旅游业与国际体育赛事及文**

---

① 非实体资产，也常译作"无形资产"。

化和接待的结合,这就是众所周知的会展产业(MICE)——即会议、奖励旅游、展览和活动。

艺术与文化
ARTS AND CULTURE

艺术
Art

艺术市场由视觉艺术、关联艺术作品和古董构成。主要的视觉艺术包括油画、雕塑和"纸上作品"(比如绘画和原创印刷品)。不过此外,设计、摄影、珠宝、艺术家书籍及普通出版物、家具、时尚和乐器也都属于这一市场。如今,任何能在拍卖行拍卖的物品或是博物馆的展览品都属于艺术市场的一部分。

艺术市场的特别之处在于其经营的主要产品是独特和稀世的原创作品。艺术家和艺术经纪人通常会努力宣传商品的稀缺性,而其他市场的卖家则希望尽可能多地复制。

艺术市场被分为新作品流通的"初级"市场和二手作品流通的"二级"市场。在这里,艺术市场又体现出了其独特性,因为"二级"市场,也就是二手市场的份额更大。

艺术作品适用于版权,艺术家在售出作品时通常保留对作品的版权。买家获得的仅仅是作品本身,而非版权。大多数艺术家不鼓励复制,即便这样能赚更多的钱。他们更倾向于运用版权阻止别人复制,而非授权。艺术市场的一大奇特之处就是它的"追续权",或所谓转售税,它是指作品出售后直到艺术家死后的70年内,艺术家或其继承人都能享有最多可达4%的售价分成。这项权利源自法国,目前已被60多个国家纳入了法律。

艺术市场是典型的交易经济,因为每件作品和每笔交易都是独一无二,通过常年对作品进行追踪,就可以准确地获得价格波动的记录。巴黎艺术价格网(Artprice)收录了超过50万位艺术家和2 700万个拍卖结果。就算是两件同样的印刷品在拍卖中被连续出售,也算构成不同的交易,前后拍卖的价格也不一定相同,因为第一次交易可能会影响第二次的市场。

艺术市场以其民主性、极少的启动资金和较低的门槛向艺术家、画廊主和博物馆馆主等新型人才敞开了大门。无数艺术家和交易者进入市场,无数人私下参与购买、拍卖和捐赠。然而对买家的争夺也异常激烈。

艺术市场很少关心未来趋势。设计师会滔滔不绝地谈论新的流行趋势。可艺术家和画廊主却不想被打扰,他们只关注眼前的工作。

全球市场　据马斯特里赫特艺术博览会①的年度报告显示,2012年,全球艺术市场总值为560亿美元。这一数字虽尚未达到2007年金融危机前660亿美元的高点,但较之2009年低谷时期的360亿美元,还是呈现了显著回升。该数字包括了古董、当代艺术装置、珠宝、高档家具以及以往被归类于手工制品的古旧物品等。艺术价格网提供的西方艺术市场统计数字是100亿美元。

众所周知的是,艺术品经常被盗,盗窃的目标通常是作品本身,而非其价值(比较常见于数字媒体)。据估计,每年被盗总额为40亿美元(国际刑警组织数据),而艺术品和古董市场被盗总额为78亿美元(联合国数据)。

根据马斯特里赫特报告和法国政府的估算,中国在2009年已经成为世界第三大艺术市场,在2010年跃升为世界第二,在2011年赶超美国,成为世界第一。不过在2012年,中国又回落至第二位。美国的艺术市场占全球份额的33%,中国为25%,英国为23%,法国为6%。澳大利亚、南美、俄罗斯和海湾等地区也出现了更多的新买家。

作为全球市场变革的一部分,其剧烈程度好比20世纪初期美国艺术品先锋买手的崛起。然而,与那些依靠独特个人直觉的早期美国先锋买手不同,如今的新一代收藏家更注重投资价值和市场运作模式。他们的背后是由画廊、艺术展、艺术周和咨询顾问组成的全球性网络。

不少艺术博物馆将经营重心从永久性的收藏品展览转向合作举办的一次性展览②,这类展览通常由来自多个国家的博物馆和赞助商共同出

---

① 也叫欧洲艺术与古董博览会,举办地为荷兰古城马斯特里赫特,每年一届,是世界各地画廊和古董商的盛会。

② 国内也叫临展。

资承办。这也缓解了新近成立的博物馆面积过大，永久性藏品却过少的尴尬（比如西班牙毕尔巴鄂的古根海姆博物馆）。公众也非常愿意去参观这类高规格的合作展。《艺术报》①曾在20世纪90年代对展览进行过评估，当时一家博物馆必须保证三千人的客流量才能打入前十。而二十年以后，这一门槛提高了一倍。

2012年，排名前十的艺术博物馆分别是：巴黎卢浮宫（970万人次），纽约大都会博物馆（610万人次），大英博物馆（530万人次），英国泰特现代艺术馆（530万人次），英国伦敦国家美术馆（520万人次），梵蒂冈博物馆（500万人次），中国台北故宫博物院（440万人次），华盛顿国家艺术馆（420万人次），巴黎蓬皮杜艺术中心（380万人次）和巴黎奥塞美术馆（360万人次）。

排名前十的展览分别是荷兰莫瑞泰斯皇家美术馆杰作展；东京都美术馆（日访问量10 573人次）；巴西银行文化中心举办的《亚马逊：现代性循环》（日访问量7 928人次*，星号表示展览门票免费）；圣彼得堡冬宫博物馆举办的《十九世纪意大利绘画展》（日访问量7 747人次）；华盛顿国家艺术馆举办的伊藤若冲（Ito Jakuchu）②展（日访问量7 611人次）；伦敦皇家美术院举办的大卫·霍克尼③展（日访问量7 512人次）；东京国立博物馆举办的波士顿日本画家杰作展（日访问量7 374人次）；巴西银行文化中心举办的安东尼·葛姆尼④展（日访问量6 909人次）；伦敦萨奇画廊举办的《黑色小外套》⑤展（日访问量6 716人次）；佛罗伦萨乌菲兹博物馆举办的《金色流光》展（日访问量6 672人次）和巴黎大皇宫举办的丹尼尔·布伦⑥展。这一表单的引人注目之处是欧洲艺术巨头和时尚名人的精彩碰撞（指可可·香奈儿和《黑色小外套》展览），也说明了艺术品投资和交流的热度以及中国艺术在这一层面的缺位。

---

① 原文为"The Art Newspaper"，有关视觉艺术的月报，1990年问世。
② 江户时代日本艺术家。
③ 英国画家，20世纪60年代波普运动的推动者。
④ 英国当代雕塑家。
⑤ 奈儿举办的时尚展览。
⑥ 法国当代艺术家。

18世纪成立于伦敦的两大顶级拍卖行索斯比①和佳士得②收入分别为580亿和570亿美元。紧随其后的是国有北京保利国际拍卖行和私人拍卖行嘉德③，两者的收入均为7亿美元。

在全球十大作品最畅销艺术家中，有五位来自中国，三位来自欧洲，两位来自美国，分别是：安迪·沃霍尔④（3 290万美元），张大千（2 870万美元），帕布洛·毕加索（2 860万美元），齐白石（2 700万美元），格哈德·里希特⑤（2 630万美元），徐悲鸿（1 760万美元），马克·罗斯科⑥（1 670万美元），李可染⑦（1 670万美元），弗朗西斯·培根⑧（1 530万美元）和傅抱石⑨（1 520万美元）。

美国 美国艺术市场价值约为180亿美元。纽约依旧是全球最大、最稳固且最富有的艺术市场，是艺术家、经销商、评论家、博物馆和收藏家的聚集地。纽约艺术家的绘画、影视、装置、摄影及其他当代艺术领域作品的价格是最高的。除纽约外，洛杉矶是艺术创作和展览最多的城市，佛罗里达的棕榈滩是全美国最大的现代艺术展举办地。美国许多城市都设有由政府、基金会及当地企业资助的艺术博物馆。

欧洲 欧洲艺术市场总价值为210亿美元，占全球市场总值的37%。英国和法国是目前最大的艺术市场，其次是瑞士、意大利和西班牙。按价值来衡量，伦敦、日内瓦和巴黎是最主要的拍卖中心，其中巴黎的交易额居世界首位。欧洲人均艺术学院、美术馆和博物馆数以及艺术家和艺术系学生的数量高于全球其他任何地区。

英国 英国的艺术市场高度集中在伦敦，市场总价值为130亿美

---

① 又译"苏富比"，18世纪起源于英国的拍卖行，也是世界最古老的拍卖行。
② 旧译"克里斯蒂"，18世纪成立于英国的拍卖行，是世界最早的艺术品拍卖行。
③ 成立于1993年的中国私人拍卖行，主要拍卖中国古董和艺术作品。
④ 20世纪重要的视觉艺术先锋，波普艺术最有名的开创者之一。
⑤ 德国当代艺术家。
⑥ 俄国近代艺术家，以抽象的色域绘画风格闻名。
⑦ 中国近代画家，以山水画闻名，齐白石弟子。
⑧ 爱尔兰近代画家，以粗犷、暴力和噩梦般的作品风格闻名。
⑨ 中国近代新山水画代表艺术家。

元。伦敦拥有1 300座博物馆和美术馆。当代艺术、现代艺术、设计师艺术、雕塑和摄影作品占据了主要的市场份额。伦敦还是全球最大的早期绘画大师作品市场，占全球市场比例的48%，不过另一版块古董家具的份额则大幅下降。英国的当代艺术市场是25年前在达米恩·赫斯特①、翠西·艾敏②、加里·休姆③等一批英国青年艺术家的推动下诞生的。

中国 中国的艺术市场价值约为140亿美元。以中国传统书法、山水画、瓷器以及当代艺术作品为主。来自政府、拍卖行、美术馆和外部分析师的数据出入很大，往往相差20至30个百分点，这是因为有时中国买家尽管出价很高，事后却并不付款。部分拍卖品被证实为赝品或仿品。

中国拥有若干备受瞩目的艺术家聚集区，如北京的798和宋庄艺术区，以及上海的M50创意园。艺术工作者在这些地方创作并展出他们的作品。中国还有几家仿制风俗画的艺术工厂，以18、19世纪欧洲风格的风景、肖像画和动物绘画作品为主。最著名的是深圳的大芬村。

图书
Books

出版业是最早实现大规模复制的产业。中国人发明了纸张和印刷术，但最先将纸张、可携带且可重复利用的活字、油墨和出版社联系起来的却是欧洲人。图书是世界上最大的媒体产业，也是知名的版权产业，它带来了两大关键词——作者和复制。

近几十年来，伴随着金融、营销和销售领域的巨大变化，编辑、设计和插图技术也有了突飞猛进的发展。电子图书和在线销售（包括纸质书和电子书）的成功给从原稿到销售的价值链带来了挑战，出版业迎来了翻天覆地的革新。2012年，亚马逊的电子书销量首次超过了纸质书。

---

① 英国新一代艺术家领袖，主导了英国20世纪90年代的艺术发展。
② 英国塞浦路斯裔女艺术家，作品使用的媒介极为广泛，具有煽动性。
③ 英国青年画家，作品简洁优雅，充满忧郁气息。

书籍作为人类从无知到卓越的阶梯，其作用不可取代。人们喜爱图书的原因，不仅因其集合了丰富的内容，也因其多样化的装帧设计、便利和坚固性。尽管图书销售的利润一再紧缩，图书种类、印刷数量和销量仍然呈直线上涨。

与其他创意产品相比，传统纸质书的一大优势就是它独一无二的赠送价值，它视觉上的美感、大小、价格范围和文化地位使得其无论在什么场合都是受人欢迎的礼物，而新书和畅销书也带有新鲜感和文化认同的标签。作为礼物的纸质书能否在电子书的流行中存活下来，现在我们还不得而知，但是电子书缺乏触感，也存在跨平台不兼容的问题，所以电子书完全取代传统纸质图书似乎不太可能。

出版社现在需要同网上销售平台就新的合作协议进行谈判，不过这也意味着它们要在不同程度上向网络销售商开出的条件妥协。出版社卖给零售商的价格约为售价的一半。但亚马逊在 Kindle 上推销的电子书价格都订在 9.99 美元上下，不管它从出版社那儿拿来的价格是高是低。这种做法激怒了出版商，因为这让出版商们失去了对利润的控制权，也无法利用价格区分不同版本。当苹果在 2010 年推出 iPad 时，它推行了类似"代理经销模式"的替代方式，也就是由出版社决定零售价，而苹果作为经销商收取 30% 的佣金。

亚马逊还拿出巨大的诚意同作者直接合作，让他们享有 70% 的分成，这就为自出版（self‐published books）提供了可能（据鲍克估计，2012 年，美国约出现了 20 万册自出版图书）。《五十度灰》三部曲①的巨大销量令人侧目，但它的出版属于典型的传统国际营销。该书作者是一个英国人，该作品是美国小说《暮光之城》系列②的粉丝同人小说作品，最初是发表在一个名为"作家咖啡馆"的澳洲网站上。小说最终由德国的兰登书屋③出版发行。

全球市场 大众图书（又叫"商业书籍"）、教育类图书和专业图书的全球市场价值为 1 349 亿美元。参见表 3，表 4。

---

① 女作家 E·L·詹姆斯的性虐爱情小说。
② 女作家史蒂芬妮·梅尔的吸血鬼主题爱情小说。
③ 德国贝塔斯曼媒体旗下的出版社。

表 3　图书：规模最大的国内市场（2012，单位：十亿美元）

	大众及教育类图书	商务及专业图书	总计
美国	30.5	6.5	37.0
德国	9.8	4.0	13.8
中国	10.6	2.5	13.1
日本	11.4	2.1	13.5
法国	7.9	1.1	9.0
英国	5.1	0.8	5.9
西班牙	3.7	0.6	4.3
意大利	4.1	0.2	4.3
印度	2.7	0.2	2.9
巴西	2.0	0.3	2.3
其他地区	24.4	4.4	28.8
总计	112.2	22.7	134.9

另外一种衡量方式是看新出版图书品种的总数：

表 4　图书：新出版书籍品种（2012）

国家	图书册数
美国	320 000
中国	170 000
英国	150 000
俄罗斯	117 000
德国	93 000
西班牙	70 000
法国	55 000

据《出版者周刊》[1] 和《图书周刊》[2] 统计，世界上规模最大的出

---

[1] 原文为"Publishers Weekly"，面向出版业工作者和书商的美国新闻周刊。
[2] 原文为"Livres Hebdo"，面向图书出版业工作者的法国周刊。

版社依次为培生集团①、里德·爱思维尔集团②、汤姆路透公司③、荷兰威科集团④、阿歇特出版公司⑤、行星出版集团⑥和兰登书屋。中国的大型出版企业不多。鲍克（Bowker）指出，中国教育出版传媒股份有限公司是中国最大的出版集团，其在2012年的销售额达到6.8亿美元，居世界第30位。

美国 美国的图书市场总值370亿美元。纸质书仍然占主导地位，但大众类电子书和教育类电子书也分别带来了45亿美元和10亿美元的收入。教育类电子书的销量增长，是传统书本教育到网络化学习的重大趋势转变。学生对网上学习的态度与对音乐及视频的态度趋于一致，可以快速、轻易获得免费的资源，成为学生们搜索的对象，这导致学生们绕过正规教材。据普华永道估计，到2015年，大众类电子书的收入可达90亿美元。而在商务/专业书籍市场，纸质书的收入为55亿美元，电子版收入为11亿美元。

欧洲 欧洲大众类图书市场价值为270亿美元，其中电子书市场价值为6亿美元；教育类图书市场价值为130亿美元，其中电子书价值为6亿美元；商务/专业书籍市场价值为80亿美元。德国拥有最大的国内市场，总值100亿美元；法国第二，为70亿美元；英国第三，为50亿美元。欧洲境内有27万家公共图书馆（欧洲委员会2009年数据），超过了世界其他地区的总和。

英国 英国图书市场规模稳定，在50亿到60亿美元之间，其中大众类图书为33亿美元，教育类图书为18亿美元，专业类图书为8亿美元。2011年，新推出的电子书数量超过精装书，不过前者收入仍远低于后者，仅为6.23亿美元，其中教育类电子书收入占250万美元。新出版书籍从2000年的10.4万册跃升至2009年的15.7万册，又在2011年跌至14.9万册（包括仅在亚马逊上流通的自出版书籍）。大多数人的购买渠道是亚马逊和其他线上销售平台（40%），其次是连锁书店

---

① 19世纪成立于英国伦敦的国际媒体公司。
② 1993年由英国里德公司和荷兰爱思维尔公司合并成立的出版集团。
③ 全球三大咨询供应商之一。
④ 总部设在荷兰的专业出版集团。
⑤ 法国规模最大的综合性出版公司。
⑥ 西班牙语第一大出版集团。

（30%）、超市（20%）和独立书店（10%）。英国拥有很多小型出版社，但随着2013年兰登书屋和企鹅出版集团的合并，本土出版社已不足市场份额的10%。

中国 中国庞大的人口使其图书市场在书籍数量和营业额方面位居世界第三。中文图书是除英语图书外最大的图书市场，市场总值130亿美元，其中大众类图书占46亿美元，教育类图书占60亿美元，专业类图书占25亿美元。虽然网络小说、文章和博客在中国比其他任何国家都受欢迎，但中国的电子书市场仍然不大，其市场价值仅为1.3亿美元。中国每年出版的新书量约为25.2万种，印刷量达70亿册。但由于平均价格低，书店的吸引力也有限，这一巨大基数带来的收入相对较低。

手工艺品
Crafts

手工艺品是指通过手工设计和制作，同时兼具功能性和观赏性的产品。个别产品由于制作精良优美，足以被视为设计艺术品，对于手工艺的高端产品，人们倾向用"设计"和"设计师制造"的字眼来对手工艺品描述，而将"工艺"一词保留用于描述更便宜和更实用的产品。

有些文化认为艺术品的价值高于手工艺品，但在大部分文化中，手工艺品的地位更高。欧洲人的态度较为矛盾，他们将12世纪中国宋朝出产的瓷碗视为艺术品，而把现代生产的碗看作手工艺品。一位英国的画廊主曾问过木匠托拜厄·凯伊（Tobias Kaye），他从事的到底是艺术还是手工艺？后者如是回答，"过程是艺术，结果是手工艺。"画廊主被逗乐了，因为就在一周前，另一位木匠大师理查德·拉芬（Richard Raffan）刚好说过正相反的话，"过程是手工艺，结果是艺术。"

手工艺品同时在两个完全不同的市场上繁荣起来。高端手工设计作品属于艺术市场，作品在艺术馆展览，在拍卖行拍卖。这些设计/制作者与艺术家一样，拥有令人惊叹的想象力（2003年，艺术家格里森·佩里 Grayson Perry 凭借他的陶土艺术荣膺声望极高的透纳奖 Turner Prize。这位以异装癖闻名的大师，远远不止是一位手工匠人）。在更宽泛的时尚、旅游和休闲市场中，手工艺品同样十分受欢迎。在这些市场中，人们制作并购买手工艺品不单是为了版权或正儿八经的美学欣赏，价格、用途和质量都是评估产品价值的标准。手工艺品只要满足创新的艺术价值并包含技巧成分，就具备获得版权的资格。不过大部分手工艺师并不在意这项权利。

全球 全球的手工艺品市场巨大，且多样化。因作者身份和原产地而增值的高端手工艺市场价值约为30亿美元，大众市场价值约为420亿美元。但我们需要客观评估这两个数据，因为这其中可能包括了可被归类为艺术品或小规模制造业的作品的产业数据。

美国 据手工艺协会估算，美国的高端手工艺品市场总价值约10亿美元，市场总额达60亿美元。向手工艺者出售的原材料价值为120亿美元，并在2006—2011年间，以每年6%的高速增长。不过大部分原材料都用于兴趣爱好，而非商品生产。

欧洲 欧洲的高端设计/制造师市场价值10亿美元，市场总额达60亿美元。这一市场与其他设计、时尚市场不可分割，因此主要市场集中在意大利、北欧和德国。低端市场的范围更广，在德国和地中海国家最发达。

英国 英国的高端手工艺品市场总价值约为4亿美元。而整体价值据我们估计应该能达到10亿美元。根据工业委员会的数据，有3万英国人专门从事手工业，以从事纺织业和陶瓷工艺最多，其次是木制品、金属工艺、珠宝、玻璃工艺、玩具和乐器。

中国 中国的高端手工艺品市场总价值大约20亿美元，市场总额约为80亿美元。主要行业部门包括玉器、书法、宣纸、木雕、景泰蓝、漆器和陶艺。朋友间和生意场合送礼的传统使得市场需求一直很高。宏观上看，中国手工业的制造和出口比任何国家都要高，达150亿美元。在2005年的鼎盛时期，浙江义乌的摊位数量高达6万多家（不过现在电子产品的柜台已经超过了工艺品柜台数量）。

全球很多知名旅游胜地都拥有更广义的大型手工艺品产业。据估计，泰国的手工艺品产业部门总价值104亿美元，高达国民生产总值的3%。印度、印尼、巴西、日本和俄罗斯也都拥有巨大的手工艺品市场。

电影
Film

没有任何一位手工艺者可以单凭一件作品维持生存，但电影制作人却有可能仅靠一部电影就活得很好。部分原因是，一部卖座的电影能带来很高的收入。乔斯·惠登（Joss Whedon）的《复仇者联盟》上映19天就收获了10亿美元的票房，其中包括美国本土上映首周周末的2亿美元票房，以及超过2亿美元的电影衍生品收入。《阿凡达》是史上最卖座的电影，几年内创造了27亿美元票房收入。《魔戒三部曲》的电影票房为29亿美元。

电影行业如此赚钱的主要原因在于，其商业模式可以让所有参与者都能拿到高额薪金和版税，连赔钱的电影也不例外。制片人和发行商占有最大的收益份额，还有其他许多人也会受益，即便没有利润。利益的吸引力让数以百万计的人投身于电影业，或想方设法地朝电影业靠拢。

该产业由四大板块组成：（1）美国好莱坞工作室及独立电影制片公司；（2）其他国家拍摄的电影；（3）购买和出售的电影版权国际发行公司；（4）数以千计的本地制片厂、发行商、电影院及服务供应商。

当前电影的趋势是好莱坞的授权及动画电影不断发展，这些电影比真人电影风险要小，在多数国家都很受欢迎。好莱坞每年拍摄90至100部电影，尽管独立电影公司的作品很难获得播出档期或以光碟方式发行，但这些公司拍摄的低成本影片数量也在不断攀升。

影片的主要发行渠道是拥有数字和3D屏幕的电影院。越来越多的家庭购置了大屏幕平板电视和3D高清数字设备，可以支持无线电视、付费电视、DVD、蓝光及线上媒体，家庭观影成为另一大途径。电影业的营销策略是优化影院放映和家庭视频产品发行间的平衡，前者是曝光率的首要来源，后者则带来更多盈利。其次是提供流媒体下载许可和家庭电视播出。

电影作品也受版权保护。大多数国家的法律将编剧、制片人、导演和其他工作人员都解释为"作者"，并对服装、设计等进行单独保护。电影制作一旦完成，其版权会被配上各地语言卖给或授权给各地区及不同媒体（电影院、电视台等）的发行方。现在有一种趋势是把电影名称注册成商标，将衍生品注册为设计品。

全球市场 综合票房、家庭视频及电视播出等领域，全球电影市场总价值达900亿美元。影院市场价值347亿美元，其中美国影院收入为108亿美元，其次是中国（27.5亿美元），日本（24亿美元），法国

(17亿美元)，英国（17亿美元），印度（14亿美元），德国（13亿美元）及韩国（13亿美元）。

美国电影仍然主宰着全球票房，通常最卖座的前二十大电影都由美国电影包揽，占全球总收入的30%左右。大多数国家通过进口限令、税收和补贴等方式保护本国电影。只有日本和印度两大电影市场比较特殊，这两个国家没有政府限制，但本国观众却偏爱本土电影。

全球家庭视频产品销售和租赁市场总值为480亿美元。精装DVD和蓝光影碟仍然占主导地位，但沃尔玛VUDU①、Netflix②、iTunes、HULU③和亚马逊Lovefilm④等网站的数字授权也在稳步增长，这些网站正从租赁DVD向流媒体家庭播放技术转型。据估算，2012年，Netflix总共支出35亿美元用于购买影视作品授权。

全球电影工业每年的出品量在3 500部左右。印度产量最高（1 100部），其次是日本（650部），美国（611部），中国（300部），法国（272部），意大利，西班牙和英国。其他著名电影生产中心还有中国香港和伊朗德黑兰。

美国 美国的电影市场价值约为330亿美元。2012年的票房收入达108亿美元，共售出14亿张电影票。此外，家庭视频产品盈利达220亿美元，其中实体商品（DVD及蓝光影碟）的收益有所下降，为160亿美元，在线视频的份额大幅上扬，达到30亿美元。此外，人们在电影频道订阅方面增加的额外支出也达到了30亿美元。

好莱坞六大顶级电影制片公司分别是环球影业（康卡斯特和通用电器旗下）、派拉蒙影业（维亚康姆集团旗下）、华特迪士尼、哥伦比亚影业（索尼旗下）、福克斯影业（21世纪福克斯旗下）和华纳兄弟（时代华纳旗下）。这些公司在全球市场长期处于主导地位，然而，在2007—2011年期间，它们的利润却逐年下滑（相反，其控股公司下属的电视台收入却呈现增长）。2012年六大公司共出品了94部电影，看

---

① 由沃尔玛于2010年收购的媒体公司，在互联网上为美国观众提供电影。
② 美国公司，为美国、加拿大、新西兰等地的观众提供互联网流媒体播放以及线上影碟租借。
③ 名称来自中文"葫芦"，该网站与美国众多电台及电影公司达成协议，为观众免费播放影片。
④ 英国公司，2011年由亚马逊收购，提供线上电影和影碟邮寄租借服务。

起来似乎很少,其原因是出于对影院排片和媒体宣传竞争的考虑,每家电影公司都控制了自己的电影出品数量。多数美国独立电影制片厂都依附于某家电影公司,它们贡献了另外的550部电影。好莱坞每部电影的平均预算约为9 000万美元,平均宣传推广预算为4 000万美元。而独立电影公司的经费则少得多,不到该数字的十分之一。

欧洲 欧洲电影市场总值约250亿美元,其中影院利润为110亿美元,包括10亿张电影票(另有10亿美元的广告收入)。家庭视频制品收入为145亿美元,包括125亿美元的实体视频商品收入和20亿美元的数字授权收入。美国影片占欧洲票房收入的70%。

法国是欧洲最大的影院市场(票房收入17亿美元,2.05亿人次观影),其次是英国(票房收入17亿美元,1.73亿人次观影),德国(票房收入13亿美元,1.35亿人次观影)和意大利(票房收入8.4亿美元,1.01亿人次观影)。2011年,由于影院管理革新和3D及数字技术的引入,除意大利以外的大部分市场较前几年都有较大增长。

欧洲公司共计拍摄了1 280部长篇电影,其中370部为纪录片。欧洲电影业的优势之一是拥有大规模的国家资金扶植,拨款约达30亿美元,其中大部分用于电影制作(69%)和发行(8%)。

英国电影市场价值60亿美元,其中19亿美元来自票房收入,38亿美元来自光碟发行,4 000万美元来自付费电影频道。英国广播公司、英国独立电视台及其他免费频道额外支出1.5亿美元用于购买播放授权。

2012年,英国推出了223部影片,其中半数为英国本土制作,10%为美国公司制作,其余为联合制作。产业支出为15亿美元,与2011年创纪录的20亿美元相比有所下滑。其中,大部分为境外投资,几乎全部来自美国,本土投资为3.53亿美元。出口总额为23亿美元,版税收入占15亿美元,制片业务占9亿美元。在最近的热门影片中,成本1 500万美元的《国王的演讲》在英国取得了7 200万美元的票房收入,全球票房达5.2亿美元。萨姆·门德斯执导的《007:大破天幕杀机》耗资1.5亿美元,其中的4 500万美元来自植入广告。影片在上映后的前40天取得了1.51亿美元的票房收入,成为英国历史上最卖座的电影。

中国 中国电影市场价值约为29亿美元,其中票房收入达27.5亿美元,比2010年上涨了40%。鉴于有些影院在将净收入返回给发行方前，扣除（隐瞒）了部分收入，实际的电影产业总值可能更高。由于盗版问题比较严重，家庭视频制品方面的收入可以忽略不计。根据中国国家广播电影电视总局（广电总局）的规定，每年可引进中国的国外电影数量仅为20部，并推行版税分成的商业模式，此外，还可引进14部3D或Imax电影。在票房收入方面，本土电影和国外电影平分秋色。

2012年，中国国内总共投资拍摄了600多部电影，尽管仅有300部最终上映。2012年度的热门电影包括张艺谋的《金陵十三钗》，该片成本约为9 000万美元，上映六周的票房为9 300万美元。滕华涛执导的小成本电影《失恋33天》成本140万美元，取得了5 500万美元的票房，徐峥的《泰囧》成本为480万美元，票房高达2亿美元，成为中国电影史上最卖座的电影。

能在海外取得成功的中国电影极少。本土票房大热门《让子弹飞》在美国仅获得了6.1万美元的票房。由克里斯蒂安·贝尔主演的大片《金陵十三钗》在中国以9 500万美元问鼎票房桂冠，但在美国却遭遇惨败，只获得31.1万美元的收入。只有台湾导演李安的电影是个例外，《卧虎藏龙》是最成功的海外电影，李安的另一部电影作品《少年派的奇幻漂流》也同样获得了票房成功。

日本　日本是仅次于美国的第三大电影市场，价值74亿美元。日本影院市场总值23亿美元，家庭视频制品市场总值51亿美元（受2010年海啸影响，这两个数字下滑超过15%）。日本电影以动作片和奇幻片为主，这两类电影包揽了全国一半以上的票房，但日本电影很少走出本土市场。

印度　印度电影市场价值42亿美元，其中的院线售出电影票共计27亿张，收入为14亿美元，占总收入的55%，是世界上比例最高的市场。2012年，印度电影制作公司共拍摄了超过1 000部电影，其中200部为印地语的宝莱坞影片，融合了印度特有的爱情和音乐元素；其余的800部电影为其他印度语的小成本制作。印度电影产业的收入为11亿美元。孟买的电影公司融入数字市场的过程并不顺利，但也有不少新公司正在进入该领域。印度富商阿尼尔·阿姆巴尼（Anil Ambani）[①]的信

[①]　印度孟买商人、富豪，阿尼尔·阿姆巴尼集团董事长。

实集团位于孟买,该集团拥有印度最大的院线连锁——BIG影院,还投资3.25亿美元收购了梦工厂50%的股权,在洛杉矶和伦敦也投资了后期制作实验室。

尼日利亚自称是世界头号电影生产国,这是基于该国低成本的电影制作数量和DVD发行量的激增。尼政府宣称,2012年,超过1 100部电影通过审批,盈利达6亿美元。然而尼日利亚的电影院数量太少(据报道,2011年拉各斯正常营业的影院仅有三家)。早前兴起的所谓"瑙莱坞"电影成本仅为每部1万美元上下,不过现在的制作精良了许多,预算也提高了。比较受欢迎的题材包括家庭关系、都市生活、伦理剧、巫术以及宗教。

音乐
Music

音乐是所有创意性工作中无形性最强,但同时也是最无处不在的行业。音乐的创意可以体现在创作、演奏和录音过程中,从发表到授权的全过程都可以创造利润。音乐在任何一个阶段都受到复杂的知识产权保护。音乐作品版权期限为作曲家生前和死后70年。表演、录音和广播等都受相关权益或所谓著作邻接权的保护,保护期从50年至95年不等。音乐家非常善于创造自己的权利,并设法收取相关费用。他们通过成立专门的版权集体管理组织(Collecting Societies)来对收入进行管理,这些组织负责监督电视、电影和广播、酒吧、旅店和咖啡馆、办公室、车库、仓库、购物中心、理发店和机场等场合的音乐使用情况。他们对会员按等级进行版权的打包出售,并将收入转给版权所有者(电台、广播和图书版权人也会使用这类组织,但范围较小)。

由于唱片公司的重要性已经大大下降,经纪人和经理就成为包括巡回演出和时尚代言在内的所有商业活动的主要撮合者。在诸如罗伯特·斯勒曼(Robert F. X. Sillerman,SFX娱乐公司的创办者)和伊夫林·阿佐夫(Irving Azoff,莱恩娱乐公司的创办者,被《公告牌》选为2012年度全球百大音乐影响力之首)等倡导者的推动下,美国音乐产业已成功实现了转型。

全球市场 全球音乐市场包括唱片和演出,价值为490亿美元。在连续14年的萎缩之后,2012年,音乐消费首次增长至230亿美元,其

第八章　核心领域：艺术、设计、媒体与创新

中实体唱片销售收入为 150 亿美元，不到 2000 年的一半，数字音乐销售额为 80 亿美元。音乐演出方面的收入为 260 亿美元。全球主要音乐市场分别是美国（150 亿美元），日本（60 亿美元），英国（40 亿美元），德国（40 亿美元），法国（20 亿美元），加拿大（10 亿美元）和意大利（10 亿美元）。

唱片是少数销售额惨遭重创的娱乐市场之一，从 1996 年高峰期的 395 亿美元直降至 2005 年的 330 亿美元，又在 2011 年跌到了 230 亿美元。20 世纪 90 年代，人们争相购买代替密纹唱片的 CD 光盘，再加上一系列革新，销售额一路攀升，然而，从 90 年代中期开始，新生代音乐人才青黄不接（在 20 世纪 90 年代美国收入排名前二十的现场演出音乐人中，有十位都已年过六十）。与此同时，互联网正向点对点分享敞开大门，也为 iTunes 及声破天等新服务提供了便利，同时，盗版也日益猖獗。

中国是数字化音乐消费最高的国家，在中国，实体音乐唱片产品的市场从未真正站稳脚跟，而数字化音乐占据了 75% 的消费额。除中国外，数字音乐市场发展最快的国家是美国，2012 年，美国数字音乐市场的盈利超过了实体音乐制品。欧洲和日本的脚步则要慢得多。

与图书、电影和电视产业类似，音乐家和其他音乐工作者的净收入依赖于版权所有者与互联网销售平台之间的协议。随着业务从实体音乐平台迈向互联网下载，再转向流媒体，音乐公司不得不受制于疯狂更新换代的设备、操作系统和授权条款，这着实令人恼火。

全球三大唱片公司分别是威望迪环球音乐集团（2012 年年销售额达 59 亿美元）、索尼音乐娱乐（56 亿美元）和华纳音乐（30 亿美元）。这三大公司拥有全球 80% 的音乐出版和唱片版权。伴随着市场萎缩，集中化趋势不可逆转。威望迪自 20 世纪 90 年代开始收购环球电影公司旗下的音乐产业。索尼音乐由索尼和德国 BMG 集团共同所有，但索尼收购了 BMG 50% 的股权。自 2004 年之后，华纳音乐与时代华纳就没有任何关系了，现由美国综合企业集团阿卡斯工业所有。百代唱片长年占据排行榜的第四位，但后来被一家私人股权公司陆地企业（Terra Firma）依靠花旗集团贷款买下，然而后来陆地企业无力向银行偿还利息，被银行收回了控股权。2011 年，花旗集团宣布该公司破产，并分别出售了其唱片和出版部门。

2012 年，全球演唱会收入最高的五次巡演分别是麦当娜（1.41 亿美元）、布鲁斯·斯普林斯汀（1.23 亿美元）、罗杰·沃斯特（1.15 亿美元）、酷玩乐队（9 900 万美元）和 Lady Gaga（7 700 万美元）。

美国 美国音乐市场整个行业的市值约 150 亿美元。唱片带来 65 亿美元收入，其中包括 34 亿美元的实体商品收入和 31 亿美元的数字音乐收入。现场演出和音乐节所创造的价值超过 87 亿美元。据美国国家艺术基金会（National Endowment for the Arts）估计，全美音乐家总数约为 18.5 万人，9 万人立志成为音乐家，另外还有 30 万人在从事相关产业的工作。该基金会还指出，有 2 000 万美国人称自己每周都参加唱诗班或合唱团。

欧洲 欧洲音乐市场价值 190 亿美元，其中 80 亿美元来自唱片音乐（实体商品占 60 亿美元，数字音乐占 20 亿美元），110 亿美元来自现场演出和音乐节。除古典音乐演奏外，国际合作不多，各国电台和演出现场优先考虑本土音乐，其次是美国音乐。

英国 英国音乐市场价值 43 亿美元，其中唱片音乐价值 19 亿美元（实体商品占 13 亿美元，数字音乐占 6 亿美元）。据普华永道估计，数字音乐消费将于 2015 年超过实体音乐产品的消费。现场演出的市场价值为 24 亿美元。

英国企业的利润要更多，每年约有 60 亿美元的收入，约占全球市场的 12%。2012 年美国最畅销的专辑中，有五张出自英国艺术家之手，他们分别是阿戴尔（Adele）、一世代组合（One Direction，两张专辑）和芒福德父子（Mumford and Sons）乐队。在问卷调查中，5.3 万人自称是音乐家，2.9 万人称自己立志成为音乐家，4.3 万人在音乐产业工作，或从事相关工作，总计 12.5 万人。

中国 民族音乐是中国传统文化的重要组成部分，在中国音乐市场中占有重要地位，但年轻一代喜闻乐见或由他们创作的流行音乐也在缓步发展。中国市场总价值为 3 亿美元。大部分音乐可以在线收听或从网上直接下载。据中国音像与数字出版协会估计，2012 年，中国音像制品市场总值 64 亿美元，但实际收入仅有 1.3 亿美元。有些机构给出的数字甚至更低。海蝶音乐 CEO 兼中国音像协会唱片工作委员会秘书长卢建指出，2012 年，该协会会员唱片公司收入从 2000 年的 3.15 亿美元跌至 1.2 亿美元。中国的表演市场虽然规模不大，但正在成长，不过也面临管理限制,而且门票收入不高(1.5亿美元)。

中国本土音乐的产业规模有限。据卢建称,员工规模能超过100人的音乐公司根本不存在。国际企业在中国市场的收入长年保持较低水平,仅有6 000万~7 000万美元,直到中国最大的搜索引擎百度同意为每首音乐的下载支付版税,境况才有所改善。有些国内的音乐公司,如摩登天空(中国最大的独立音乐公司)允许百度免费下载所有音乐,并通过赞助、广告和演唱会等方式获得收益。

演出
Performance

表演艺术包括戏剧、音乐剧、喜剧、歌剧、舞蹈、芭蕾和马戏等。剧本创作、导演和表演都属于核心技术。此外,还有更多的人负责财务、制作和选角,还有服装设计、灯光和音效、布景、市场营销以及行政管理工作。

演出产业的基础是编剧、导演和演员,但演出的主办方、经纪人和经理人也发挥着关键作用。它还依赖各种规模的演出场地,包括国家级的大型演出场馆和成百上千个大大小小的地方演出场所。

原创戏剧作品必须通过纸质方式记录下来并进行演出,才能享有版权保护。但如果作品和演出没有被写下来,或是类似设计、布景和灯光等不会出现在脚本上的元素,则很难获得保护,除非有人(不一定是原创者)记录下来。

虽然电视直播和网络媒体蓬勃发展,人们对各类现场表演的需求也在不断增加。音乐剧、戏剧和喜剧是观众最多的三大形式,人们对沉浸式、互动的表演越来越感兴趣,这些表演融合了小说和现实生活以及越来越多的现场活动。

全球演出市场总值500亿~550亿美元。由于多数官方统计演出数据对演出和其他活动不做区分,各类活动又五花八门,数据没法做到完全准确。这个领域能吸引到高额的私人赞助和公共基金,主要用于投资场馆,但偶尔也用于演出。

纽约百老汇和伦敦西区是英语世界喜剧及音乐剧的两大中心。有些作品经久不衰,阿加莎·克里斯蒂的伦敦话剧《捕鼠器》已经步入了第七个十年。卡梅隆·麦金塔制作和授权的《悲惨世界》拥有超过53

个版本，在 42 个国家发行，获利 30 亿美元。劳埃德·韦伯的作品《歌剧魅影》是全球最销售额最高的音乐剧（56 亿美元），已经成为有史以来最盈利的单部娱乐作品，超过了所有卖座电影、书籍、音乐专辑和游戏。此外，劳埃德·韦伯也是音乐剧《猫》（30 亿美元）的创作者。

美国　美国是全球最大的演出市场。其票房收入高达 130 亿美元，略高于电影和体育赛事的门票收入。纽约的剧院比世界上任何其他城市都多。百老汇卖出的门票共计 1 230 万张，盈利达 11 亿美元，城外演出（纽约市之外）售出门票 1 310 万张，盈利 8 亿美元（值得一提的是，女性观众为外地演出贡献了 62% 的门票，占七成的上座率）。自 2000 年起，百老汇及其巡演的票房每年都有小幅增长。85% 的收入来自音乐剧。据百老汇联盟估计，百老汇为纽约经济贡献了 70 亿美元，其中包括剧院业主对剧院（1 500 万美元）和演出（10 亿美元）的支出以及游客在城市中的消费（60 亿美元）。

从全国来看，剧院收到的私人赞助约为 40 亿美元（占 80 亿美元的赞助总额的一半），此外还有联邦政府资助（2 亿美元）、州政府资助（2 亿美元）以及各地市资助（5 亿美元）。2008—2012 年，这一数字下滑达 20%。

欧洲　所有欧洲国家都有浓厚的艺术表演传统，尤其是在首都城市，很多中小城市也至少拥有一家剧院，为巡演提供了舞台。我们估计，欧洲演出市场价值 180 亿美元。尽管欧元区的金融危机造成了政府资助的削减，但法国、德国和意大利的观众数量还有所增加，原因是不断推出的新作品、营销策略的进步以及更为低廉的票价。

英国　英国演出市场价值 26 亿美元。伦敦商业和补贴部门共计售出 1 390 万张门票，取得了 8.35 亿美元的收入，比 2010 年上涨 3%。在过去三十年内，门票销量维持在 1 000 万张到 1 400 万张之间，但若将通货膨胀也考虑在内，盈利从 1980 年的 1.6 亿美元增长至了 2011 年的 8.35 亿美元。伦敦西区比百老汇售出的门票数要多，但百老汇的票价要比伦敦西区高出 50%。

中国　中国的表演艺术包括传统戏曲、戏剧、舞蹈、喜剧（相声）和杂技。中国拥有悠久的戏剧表演传统，一些音乐演出和马戏也在各地长期上演，但中国市场缺乏新剧作家，当代艺术的市场空间也很小。大城市仅有20%的居民每年去一次或几次剧院，多达40%的居民声称自己从不去剧院。中国整体演出市场规模为37亿美元，这个数字没有包含香港，后者的票房收入达19亿美元，另有18亿美元来自其他盈利途径。

这一产业部门在不断吸收现代技术的同时，也在努力保护传统文化遗产。上海戏剧学院成立了创意学院，上海昆曲王子张军对艺术表演和市场营销都十分娴熟。许多城市都建起了大型剧院，并推广规模宏大的固定演出（如张艺谋执导的系列大型室外演出）。各类演出剧院对包括中国古典音乐家和舞蹈家作品以及海外引进剧目在内的作品都很支持，但小型实验演出的机会就相对较少了。

视频游戏
Video Games

视频游戏有两大主要市场：在专用设备上运行的主机游戏①；以及可在更多平台上运行的网络游戏以及供下载或流通的游戏应用。主机游戏多年以来一直是主流游戏市场，但网游和手机游戏应用也在不断发展。纯粹的单机游戏市场份额正日渐萎缩。和其他娱乐媒体相似，游戏正走向线上化，特别是在中国和日本。Facebook和谷歌的游戏平台推行设计灵活的免费增值模式（Freemium）②，通过小额付费、免费体验模式进行运营。

美国雅达利公司是早期最重要的游戏生产商，但很快就被日本游戏生产商任天堂取代，后者很快就成为日本第三大盈利的企业。20世纪90年代初期，仅拥有900名员工的任天堂创造的利润比拥有15万名员工、当时最大的消费电子产品制造商日立公司还高。然而，任天堂后来还是被索尼的PlayStation超越，该公司已经售出四亿台游戏机和数十亿套游戏，在鼎盛时期，Playstation为索尼公司贡献了25%的收入和30%的利润，占据了全球市场的一半。主机游戏市场目前仍被三大主流主机

---

① 也叫电视游戏，在诸如PSP、Xbox等主机平台上运营，每款游戏都对应专用的游戏光碟。

② 适用于网络游戏、应用程序等服务，它提供免费使用，但要取得其中一些先进功能则需付费。

游戏公司把持，分别是索尼的 Playstation（PS4 和 VITA）、微软的 Xbox 以及卷土重来的任天堂 WII 和 WII U。

美国、法国、韩国和日本的游戏开发产业最为发达。英国曾经排名第二或第三，但由于英国的游戏开发商和发行商更倾向于将产品销往美国，而非着眼国际规模的扩大，因而从榜单滑落。相比英国，其他政府为游戏开发者提供了更为便捷的税收优惠。

一款成功游戏的销售额能击败一部电影大片。2007 年，由 InfinityWard 出品的《使命召唤 3：现代战争》在 16 天内就带来 10 亿美元收入。2008 年，R 星推出了拥有 8 万句台词和 800 个角色的《侠盗飞车 4》，此款游戏成本约为 1 亿美元，在发行第一周就有 5 亿美元入账。

起源于亚洲的功夫动作类游戏、英国的射击类游戏以及更有深度的加州科幻和奇幻类游戏间的差别正在慢慢缩小。经典的美国游戏如威尔·莱特的《模拟城市》（1985）和《模拟人生》（2000）系列，共计卖出 1.5 亿套。最近的热门游戏有西格玛（Sygma）出品的农场生活题材游戏《开心农场》（Farmville）、维尔福（Valve）推出的解谜游戏《传送门 2》和 R 星公司的《黑色洛城》。据游戏软件联盟估计，69% 的美国家庭都在玩游戏，玩家的平均年龄为 33 岁。

和电影一样，游戏也涉及一套完整的知识产权，包括文学、美术、音乐和剧情。软件可以申请专利，游戏名称可以申请注册商标。游戏数据库在欧洲还受欧盟数据库法的保护。然而技术的复杂性和易变性导致权利谈判非常耗时。

运行于 Facebook、Google + 和其他网上的游戏以及在 iOS 及安卓平台运行的游戏应用正成为目前游戏产业的主流。固定地点的主机游戏和手机/社交媒体游戏之间的鸿沟正日益扩大。在 Wii 上同家人朋友一起游戏互动的玩家与千百万网游玩家分属不同的市场，后者又称作大规模多人在线游戏（Massive Multiplayer Online Games）。

游戏市场的全球营业额达 600 亿 ~ 610 亿美元。主要的市场包括主机游戏（270 亿美元，正在下滑）、手机游戏（170 亿美元，正在攀升）、手机游戏（90 亿美元）和单机游戏（30 亿美元）。有大约 20 亿美元的盈利来自广告。这些数字还不包括玩家用于购买新型游戏主机的支出（30 亿美元）。

全球最大的市场是美国（150亿美元），其次是日本（70亿美元），中国（80亿美元），韩国（60亿美元）和英国（40亿美元）。2000—2010年期间，由于主机和游戏价格的上涨、手机游戏的持续更新、更复杂的收费模式（如免费增值制）以及"严肃"游戏的兴起，全球游戏市场以10%左右的年均增速持续增长，但增速已经开始逐渐放缓。

从收入统计数字看，前几大公司分别是任天堂、法国的威望迪（该公司于2008年收购了动视暴雪公司，又于2013年将其卖出）和美国的电子艺界公司。通过佣金制、合资企业、第一优先合作协议和投资等各种方式，这些公司与世界各地的开发商保持着密切合作。随着网络游戏的兴起，也出现了如Dena（日本）、Gree（日本）和纳克森（韩国）等新公司，这三家公司的盈利要比其他老牌企业多得多，甚至超过了索尼。

美国　美国游戏市场价值为150亿美元。其中，主机游戏占90亿美元，网络游戏占30亿美元，单机游戏占5亿美元，另外还有20亿美元来自广告收入。尽管主机游戏仍占主导地位，网络游戏及设有免费增值模式的手机游戏应用也开始逐渐成为市场的推动力量。

欧洲　欧洲消费者在游戏方面的支出为180亿美元，包括90亿美元的主机和手柄游戏消费，60亿美元的手机游戏消费以及20亿美元的单机游戏消费。广告收入为6亿美元。该市场在这几年发展平稳，但随着主机游戏收入的下滑和网络游戏收入的增长，这一比例正在发生变化。预计2014年网络游戏会首次超越主机游戏。欧洲最大的游戏市场是英国，其次是法国和德国。英国、爱尔兰、瑞士、荷兰、法国和德国拥有众多世界一流的游戏开发公司，尽管它们的规模并不大。欧洲唯一的大型游戏企业是法国威望迪。

英国　英国市场价值从1990年的3.5亿美元上升至目前的37亿美元。包括主机游戏（22亿美元）、手机游戏（8亿美元）、电脑游戏（3亿美元）和无线/智能手机/平板游戏（3亿美元）。广告收入为1亿美元。

2009至2011年间，英国游戏产业有所下滑，但在2012年又有小幅回升。由于销售多面向美国，自立门户的公司为数不多。理查德·布兰森将维真互动卖给了美国的维亚康姆，Bullfrog和Playfish被电子艺界公司收购，R星公司并入Take Two。Mind Candy是独立游戏公司的领军企业，该公司面向 6~12 岁的孩子推出的社交类网游《怪物大联萌（Moshi Monsters）》非常成功，该游戏有点类似儿童版的 QQ 软件，里边有小游戏和宠物，游戏中流通一种名为"罗克斯"的货币，该公司还同步出版了英国最畅销的同名儿童杂志。

中国 中国游戏市场价值 60 亿~80 亿美元，几乎全部来自网络游戏。三大游戏主机自 2000 年开始被禁止进入中国市场，潜在玩家只好通过非法进口、国内克隆或网络下载的渠道获得游戏。另外，大部分中国人都喜欢成为群体的一部分，因此对网络社交类游戏非常热衷，成为大规模多人在线游戏玩家的一员。2011 年，中国市场占全球网络游戏消费的 35%。

腾讯是中国最大的游戏企业，其规模比电子艺界和动视暴雪加起来还要大。其他主要企业还包括盛大网络，该公司创始人陈天桥曾经短暂成为中国首富；网易，该企业运营 163 网站，并通过朱骏的"第九城市"获得了《魔兽世界》的代理权。中国的游戏开发商为数不多，腾讯和盛大网络的大部分游戏都是从韩国、美国和日本获得的代理授权。

设计
DESIGN

建筑
Architecture

建筑师的主要工作是建筑和基础设施设计。依托客户需求开展设计，收入来自于项目投资方和开发商。大多数建筑设计机构都采用合伙制经营。为了获得更多的专业技术人才，大型建筑设计公司合并的趋势越来越强。与此同时，同时供职于多家合伙制设计机构的建筑师也越来越多。

建筑市场价值为 5 万亿~7 万亿美元。该数字的差异主要是因为美国和欧洲的金融危机导致许多顾客推迟或取消了项目。中国是全球最大的建筑市场（1.25 万亿美元），其次是美国和日本，尽管法国拥有两家位列世界前十的建筑公司——万喜集团（Vinci）和布依格（Bouygues），包括英国（2 000 亿美元）在内的欧洲国家还是被远远地甩在了后面。据

2011 年发表的《全球建筑 2020》报告预测，中国是未来增长最为迅猛的国家（到 2020 年将达到 2.25 万亿美元，比当前的数字翻两番，占全球市场的 25%），印度、巴西、美国市场的增幅趋于稳定，而欧洲市场的增幅忽略不计。该报告中还预测日本的建筑支出将下降 16 个百分点。

建筑师的草图受版权保护，除建筑本身，等比例图纸、模型以及所有艺术、文字和设计作品也在保护范围之内。委托设计或购买建筑的人不一定需要或能得到版权，这和买油画的人不会获得版权的道理近似。理查德·罗杰斯的公司曾经利用版权阻止顾客的临时变更，但这种情况极为罕见。

建筑业是最为国际化的产业之一。它不依赖文字，其现代的象征手法也不受任何国家或文化限制。英国泰特现代艺术馆没有英国特色，北京的国家体育场（鸟巢）也没有中国特色，这两座建筑都出自同一家瑞士设计公司——赫尔佐格和德默隆（Herzog & de Meuron）。尽管各国政府对外国文化输入很谨慎，但在建筑设计方面却常常会指定国外建筑师负责，比如德国政府就曾委托英国建筑师诺曼·福斯特（Norman Foster）① 设计柏林的新国会大厦。

全球市场　全球建筑设计事务所的总收入在 900 亿～1 000 亿美元之间。在收入排名前 30 的机构中，美国和日本企业占了 20 家，英国入榜企业数量位列第三。然而，由于多数大企业除建筑服务外还设有广泛的咨询服务，因此还需谨慎看待有关公司规模和收入的数据。

全球注册建筑师约有 100 万名。日本的建筑师人数最多，其原因是日本对于建筑师和其他类型设计师（37 万名）间的区分比较模糊，其次是意大利（11.1 万名），美国（8 万名），巴西（8 万名），德国（5 万名）和英国（3 万名）。中国拥有 3.6 万名建筑师，而且这个数字还在不断增长。

美国　美国设计和建筑市场总价值 4 000 亿美元。具体来说，美国建筑师协会（American Institute of Architects）成员收入总计为 260 亿美元，比 2008 年的 440 亿美元下跌了 40%。不计算分包收入，成员净收入总额为 150 亿美元。从业建筑师人数约为 8 万名，另外还有 10 万名

---

① 英国著名建筑设计师，英国皇家建筑学会会员，"高技派"的代表人物。

相关技术人员。自2000年起,为了提供更多的技术服务,掀起了企业兼并的潮流,但截至2012年,仍有超过四分之一的美国建筑师协会成员以个人方式工作。

欧洲 金融危机给欧洲建筑业打击很大,导致建筑师接到的大型项目数量减少很多。据我们估计,欧洲建筑市场市值约150亿美元,与2000年相比有所下滑。德国是最大的市场(40亿美元),其次是英国和法国。城市再生、博物馆、商业地产和基础设施建设是欧洲建筑市场的主要业务。

英国 英国市场价值约30亿美元。设计公司收入48亿美元,其中国内收入占25亿美元,出口项目占23亿美元(市场总量和英国建筑师收入间的差为海外市场的收入)。英国"明星"建筑师的人数与美国持平,如诺曼·福斯特、意大利裔建筑师理查德·罗杰斯①、大卫·奇普菲尔德②、坦桑尼亚裔建筑师大卫·阿贾耶③以及伊拉克裔建筑师扎哈·哈迪德④。

中国是全球扩张最为迅猛的建筑市场,全国5万多家建筑企业拥有大约2 000万名从业者,营业收入为1.25万亿美元。目前是中国有史以来最大的建筑热潮期。由建筑师主导的建筑项目以及由建筑师、规划师和工程师共同开展的基础设施项目大致各占一半。据政府报告显示,建筑市场总收入达240亿美元。

多年来,中国建筑师地位低下,收入很低,新建筑通常由企业内部的建筑师包办,或偶尔由当地建筑设计公司和外国设计师合作,后一种情况下中国合作方地位相对比较低。这种情况正在改变,在新一代中国获得执业资格的注册建筑师和海归建筑师的推动下,众多国际建筑机构都开始进驻中国,并聘请当地的建筑设计师。王澍是中国第一位获得普利兹克奖的建筑师,该奖项被称作建筑业的诺贝尔奖。2010年,王澍获得德国颁发的谢林奖,2011年又获得了法国建筑金牌,2012年当他获得

---

① 英国建筑师,代表作有千年穹顶、巴黎蓬皮杜艺术中心等。
② 英国建筑师,信奉现代主义风格,代表作有德国柏林新博物馆。
③ 英国建筑师,曾获英国皇家建筑师协会奖。
④ 英国建筑师,曾获普利兹克奖,当选2010年全球"最具影响力100人",已于2016年3月去世。

普利兹克奖时才48岁。他主张把小型极简建筑作品天衣无缝地融入项目基址环境当中,中国美术学院象山校区是这种设计理念的典型实践案例。

设计
Design

设计是为了使"某种东西"功能更完善,通过包括令其变得更优雅,更漂亮或是更有趣等方式,而进行的有目的改进。可口可乐的商标、耐克的对钩标志和"禁止入内"的路标都是风靡全球的成功案例,不过很少有人知道它们的设计师(分别是弗兰克·罗伯特森、卡罗林·戴维森和瑞士一家行政委员会,这也说明如果政府人员努力也能做得不错)。产品设计是制造业的本质,而一个国家的制造业的发展或衰退也同样影响着设计业。中国、日本、巴西和俄罗斯的工业设计市场正在增长,而大部分欧洲和美国市场却在萎缩。

传统上,"某种东西"一般指的是产品,而设计通常指的是产品设计,但现代设计则涵盖更加宽泛。美国工业设计协会(The Industrial Design Society of America,简称IDSA)将设计定义为"基于使用者和生产者双方的利益,针对产品的概念及规格进行的创造和开发行为,以实现产品和系统的功能、价值和外观的优化和提升"。

这一几乎涵盖一切的定义表明,设计师相信他们的创新才华和技能几乎可以适用于人类可以尝试的所有领域。他们喜爱引用包豪斯学派①设计师拉格诺·摩荷里·纳基(L'szlo Moholy – Nagy)的名言:"**设计不是一种职业,而是一种态度**。"在美国,医疗服务被视为一种设计。在中国,规划属于设计范畴。在英国,数据库也属于设计的一种。英国设计协会认为:"**设计无处不在,不论是有意识还是无意识,所有人造物都是经过设计的**。"该协会还将设计看作"智慧思考"和"创新"的同义词。这种雄心的确值得钦佩,但一个"概念"优化了一个"系统"的"价值"这种表述方式,涵盖的范围太广以至于几乎没有任何意义。每一次设计师提出这样的主张,都会使他们的作品更难识别,以及更加无法评估。

---

① 指德国包豪斯艺术和建筑学校推行的理念,反对抄袭模仿,注重动手能力和专业素养。

这里有一些非结论性的证据。根据伦敦经济学院的调查，每将新产品收入的 1% 投入产品设计，就能使公司业绩和利润提升 3% 至 4%。从 1994 年到 2004 年的十年间，设计协会跟踪了一组重视设计的公司，将它们与其他对设计投入较小的公司进行对比。结果发现，不管是牛市还是熊市，设计密集型的公司业绩表现都比其同行高出 200%。但这些公司仍然把管理和资金看得比设计重要。这引发了一个问题：设计到底是既可控制又可以增加的投入，还是风格和便利性的产出？

设计作品同艺术作品一样适用于版权，同时还适用于另外一种独立的设计权（类似版权，但年限较短）。作品可以通过注册获得更高规格的保护。这已经够复杂的了，然而，除了这些国家权利保护，世界知识产权组织（WIPO）还提供了"全球设计权"，欧盟也提供了名为"欧洲设计权"的权力保护体系。事实证明，越来越多的设计权并没有促进产权保护，相反引发了质疑。许多设计师认为设计权定义模糊，而且保障力度有限，转而利用商标和品牌进行保护。

全球市场 全球设计市场总值约为 1 650 亿美元，其中美国、德国和日本市场就占了三分之二。有些规模较大的设计公司可以提供从工程设计到建筑的一系列技术服务，但规模大小并不是关键，有些大企业客户甚至会聘请只有 10 人的小型咨询团队。从这方面看，设计和广告类似，客户更看重与具有创新思维的个体人才合作。

美国 美国设计市场价值 410 亿美元。1995—2000 年间，行业收入和收费每年以 15% 的速率增长，但此后有所下降。依据美国工业设计协会基于招聘和培训的研究，**未来设计师最受欢迎的四项技能是"创造性解决问题"能力、平面概念草图的绘制能力、口头和书面沟通能力、材料及制造的加工能力。软件技能排在第五。**据美国国家艺术基金会统计，全美共有 85 万名设计师。

欧洲 欧洲设计市场价值约 390 亿美元，但同美国一样，收益在下滑。国家支出与人均收入大体匹配，受制造业推动原因，德国设计市场排名第一，其次是英国、意大利、法国和北欧国家瑞典、芬兰、挪威以及丹麦。各国的设计市场结构不太一样，法国的行业高度规整，由几大公司主宰，而瑞典、丹麦和英国的设计市场则较为多元化。

英国 英国设计市场价值 80 亿美元，企业内部设计预算和独立咨询顾问基本各占一半。"设计师"一词在英国和在美国一样含义广泛，除非通过"视觉"或"室内"等前缀指明特定设计领域，由此也给统计以设计从业人群数量带来了困难，但大体估计全英国共有 6 万名全职设计师。

中国　中国的设计市场价值约 250 亿美元。20 世纪的大部分时间，中国的设计业与世隔绝，而且长期忽视顾客需求及产品美学。进入 21 世纪之后，该行业呈现了可观的增长。最主要的市场是产品设计。如果将管理人员也算在内，中国设计企业拥有员工总数为 120 万人，光北京就有 25 万名职业设计师，每年创造 120 亿美元的销售额。中国设计师承认，他们的产品在全球尚不具备竞争力，但中国作为巨大的制造业基地（中国拥有全球最大的家具制造业，出口额 380 亿美元，占世界总量的四分之一），未来的潜力巨大。据报道，2000—2010 年间，有 1 000 多所设计院校成立。北京中央美术学院设计学院院长王敏称，目前全国设计专业的学生人数可达到 100 万名。

印度　虽然印度在软件和信息技术方面的增长与中国不相上下，但在设计方面却落后于中国。印度服装管理学院的校长达利·柯什（Darlie Koshy）曾说："印度拥有 80 万名科技人员，但设计师却还不到 1 000 人。"

时尚
Fashion

时尚产业竞争异常激烈，其目标是尽可能多地为消费品打造款式和品牌。该产业是艺术、手工艺、设计、制造、零售和广告的混合体，时尚行业是公众接触最多的零售终端行业，同面料、服饰、鞋类和饰品行业相比，其知名度及曝光率与产业规模不成比例。

昔日高级时装和大众市场间的差异已经几乎消失了。现在，设计师和品牌持有者将高端设计作为提升零售收入的重要手段之一，不仅在服装领域，饰品、香水、手表和其他产品领域的经营者也是如此。在旧有的模式中，设计师只服务于一小部分顾客，推出的款式数量非常有限。如今，世界两大服装零售商 ZARA 的母公司西班牙印地纺集团（Inditex）① 以及 COS 的母公司的瑞典 H&M 集团（Hennes &

---

① 又译"盈迪德"，全球最大的时装集团。

Mauritz)① 经营的正是印地纺所讲的"通过零售店面网络不断传递来的顾客需求信息流"。与其他创意市场一样,时尚产业也越来越倚赖物流、零售和互联网电商。

时装设计作品如果包含"个人技巧和努力",就可以被视作艺术品,受到版权保护。因此,手工制作的服装可以拥有版权,但大批量生产的服装却没有。在实践中,一定程度的抄袭可以让制造商获益,以便让流行趋势迅速普及。时尚产业已经找到了不必依赖于严格的版权保护也能保持完美的持续创新办法,现在这些企业更多通过商标、商业机密和其他形式的保护措施(包括严格的安保),以及企业的自豪感及同行压力等因素来防范他人的抄袭。

"快时尚"是一种新趋势,意味着大量价格足够便宜,穿几次就可以扔掉新衣服;服装季从半年缩短为几星期。Zara 和 H&M 在四周内就能将 T 台上的新设计送到顾客手中,这两家公司每年大约推出 12 000 件新品。对他们来说,设计仅仅是起点,生产、物流和营销才是更重要的环节。由于商品销售很快,几乎没有库存,他们也极少为产品做广告宣传。

时尚活动也开始吸引其他领域那些正在寻找最新潮流趋势的人。雷诺独特的倒脚式掀背汽车的设计师帕特里克·勒·柯门特(Patrick Le Quément)从 2000 年起就开始参加米兰时装周。据他讲,当年他是现场唯一的汽车设计师。十年之后,众多汽车、电子产品和媒体公司都将自己的顶级设计师派往时尚秀场、艺术展和任何能让他们获得新想法的活动。

全球市场 全球成衣、儿童服装和饰品市场价值约为 1.2 万亿美元,高端设计市场为 450 亿美元。最大的高定市场分别是美国、中国、德国、日本、法国、意大利和英国。世界顶级高定公司总部多设在纽约、巴黎和米兰,管理着从设计、直销、授权到零售在内的一系列运作。除中国以外,其他国家的设计师饰品市场都比服装销售增速更快。

印地纺是全球最大的时装批发企业(207 亿美元),其次是 H&M

---

① 瑞典服装公司,旗下设有 6 个子品牌,门市点遍布世界各地。

(162 亿美元)、GAP①（157 亿美元）和日本迅销公司（Fast Retailing）②旗下的优衣库（110 亿美元）。奢侈品行业由少数几家集团主导，包括贝尔纳·阿尔诺（Bernard Arnault）旗下的酩悦·轩尼诗—路易·威登（LVMH）集团（2011 年取得 290 亿美元的营业额，其中 110 亿美元来自时尚行业）和弗朗索瓦·皮诺（François Pinault）的开云集团（120 亿美元）。

美国 美国时尚市场价值 710 亿美元，其中时尚设计为 80 亿美元。有超过 90% 的服装来自进口。纽约是时尚业的大本营，2010 年，纽约市的时装批发及零售业提供了 17.5 万个工作岗位，占城市私营机构就业人数的 6%，所付工资达 100 亿美元，创税 17 亿美元。美国的主要品牌包括 GAP、美国服饰（American Apparel）、拉尔夫·劳伦、亚博克隆毕 & 费驰（Abercrombie & Fitch）、汤米·席尔菲格（Tommy Hilfiger）以及 VF 集团③旗下的 LEE、威格（Wrangler）和北面（North Face）等。

欧洲 欧洲时尚市场价值 840 亿美元，高端设计市场价值约 150 亿美元。市场规模和人均消费相匹配。德国、法国和意大利是最大的市场。欧洲主要的时尚企业中，印地纺和芒果（Mango）都位于西班牙，H&M 总部设在瑞典。主流的设计师品牌则集中在巴黎和米兰，其次是伦敦。

英国 英国时尚市场价值约为 320 亿美元，高端设计市场价值约 40 亿美元。根据英敏特（Mintel）④的报告，三分之一的英国人在网上购买服装，网络销售在 2005 至 2010 年间增长了 152%。

英国时尚业的领军品牌很少。尽管塞维尔街⑤在时尚业的地位相当于汽车中的劳斯莱斯和戏剧界的伦敦西区，但销售额很有限。巴宝莉是英国最大的公司，创下了 27 亿美元的收入，其中四分之一来自中国。其他行业翘楚还有迈宝瑞（Mulberry）⑥、保罗·史密斯（Paul Smith）（部分股份由日本伊藤忠商事持有）、亚历山大·麦昆（Alexander

---

① 美国服饰零售商。
② 全球第四大休闲服饰公司。
③ 美国企业，全球最大的成衣公司之一。
④ 英国私人市场调研公司。
⑤ 位于伦敦梅费尔区的购物街，以男士服装定制闻名。
⑥ 英国高级皮具生产商。

Mcqueen）和丝黛拉·麦卡特尼（Stella Mccartney）（两者都隶属开云集团）。英国拥有顶级时尚设计学院，如中央圣马丁艺术与设计学院①和切尔西艺术与设计学院②，不过大部分学生毕业后都前往海外工作。

中国 中国是世界头号纺织品和服装生产国，主要面向出口市场。中国市场包括在亚洲式大型购物中心内销售的国际奢侈品牌和大商场内流通的国内外品牌，此外，一些由一两位设计师领衔的自主品牌店也在不断增加。据估计，中国市场总量有 450 亿美元（仅限于城市），高定市场价值在 70 亿美元上下。人均支出仅有 100 美元，为美国的十分之一，市场还有扩大的空间。中国男性和女性的服饰花费相差不大，而在其他发达国家，女性消费和男性消费的比例为 3∶1。

1995 年由周成创立的美特斯邦威是中国的主流休闲服装品牌之一，现已拥有 3 000 家分店，年销售额 14 亿美元（2012 年），其中四分之一来自网络销售。美特斯邦威的品牌名称同时包含中文及英文，但在零售店面更主要体现的是英文品牌。百丽拥有中国运动服饰及鞋类市场四分之一的份额，收入为 56 亿美元。由高德康创立的波司登 15 年来都是中国领先的棉衣生产商，在国内拥有 7 000 家零售店面，收入达 13 亿美元。2012 年，波司登斥资 4 500 万美元在伦敦开了第一家店，和美特斯邦威一样，它力图淡化自己的中国背景。中国的一线设计师明星包括 Masha Ma③、马可④、毕业于中央圣马丁的王汁⑤和 Wanda Zhou。有些时尚作品会同中国传统文化进行结合，但市场很小。

玩具和桌游
Toys and Games

玩具与桌游（桌上游戏）的设计、加工和销售受到电影、电视及电子游戏产业的影响，该影响体现在两个方面：第一，媒体为玩具产品的创新提供了永无止境的题材来源；第二，孩子们现在越来越喜欢停留

---

① 英格兰著名设计学院，隶属伦敦艺术大学。
② 旧称切尔西艺术学校，现隶属伦敦艺术大学。
③ 首位在巴黎时装周官方日程发布时装秀的最年轻的中国设计师。2001 年起赴英国学习，2006 年获中央圣马丁学士学位。
④ 首位受邀参加巴黎时装周的中国著名设计师，2006 年创立无用工作室。
⑤ 原毕业于东华大学，后在伦敦创立品牌"Umawang"，作品以针织系列为主线。

在屏幕前，在实体玩具和游戏上花的时间越来越少。

玩具和桌游的名称可以被注册为商标，其设计和艺术元素，比如棋类游戏的图案设计，也享有版权，但被视为游戏核心的游戏规则却无法受到版权保护。英国专利法案特别将作为规则的"游戏玩法"排除在外。

玩具产业是由大量的玩具产品开发公司和一小部分发行商组成的。由于发行商的利润多来自游戏的二次开发翻新以及将游戏人物授权给图书、电视和电影，它们大多倾向聘用自己的开发团队。大部分玩具及桌游属于媒体的衍生品，完全独立的、全新玩具和桌面游戏现在非常少。

全球玩具和桌游产业市场价值约为600亿美元，同曝光率更高的电子游戏市场规模相当，而且仍在继续增长。

美国 美国玩具市场价值212亿美元，约占全球市场的40%。在经历了几年的下降后，2011年美国市场价值增长了2%。

欧洲 欧洲玩具市场价值为170亿美元。英国、法国和德国的市场规模最大。英国市场中主要是美国及日本的授权产品，其他国家更喜爱各自本土文化题材的玩具。欧洲的玩具产业集中在德国、意大利、西班牙和法国，收入约50亿美元，其中包括10亿美元的出口收入。

英国 英国玩具市场价值40亿美元，由于英国儿童对美国电影电视的热爱，英国的玩具市场也在不断稳步增长。和其他国家不同，英国父母全年都会给孩子买玩具，而不只限于特殊场合（因此联合国儿童基金会指责英国父母有"消费强迫症"）。

中国 中国玩具市场价值86亿美元，2010年涨幅为18%，简单的传统玩具是市场主流。中国也是全球首要的桌上游戏生产国，出口量达200亿美元，全球销售的玩具中80%都是中国生产的。

媒体
MEDIA

广告
Advertising

广告与创意之间存在着一种爱恨交加的复杂关系。奥美公司①创始

---

① 成立于1948年，世界最大的传播机构之一。

人大卫·奥格威在《一个广告人的自白》一书写道，"我跟新员工们说，不许用创意这个词来形容自己的工作。"三十年过去了，李岱艾①公司（Tbwa Chiat/day）的主席李·克劳给出了更富有时代感的反对意见，他说："我是个碰巧从事广告行业的艺术家。"

广告代理商正在开拓传统的媒体渠道、电视和户外媒体以外的市场，并积极探索推广客户商标、品牌和广告标语的更好方式。广告商从互联网和赞助获得的盈利也已经逐渐超过了传统广告展示的收入。为了实现这一目标，它们面临挑战。他们需要学习新的营销和销售技能（至少对他们来说是新的），并同许多已经具备这些技能的战略咨询顾问公司及设计公司进行竞争，这些公司往往更年轻、更灵活。

广告业正从传统版权型业务形态转型为版权加商标的复合业务形态。除了启用众多版权作品，广告商还创造自己的版权，尽管它们的某些广告语被批为投入不足、技术含量不够，尤其是那些"吃个鸡蛋再上班"②之类的简单标语。随着广告商开始涉足市场营销，它们也参与商标和品牌的创建工作。为让广告契合用户需要，越来越多的网站不断开发出与用户匹配的广告算法，这也使广告业成为一种专利产业。

评估广告市场规模的方法有两种。第一种是只计算广告客户支付给广告代理商的费用（代理商市场）③，而不计算客户在媒体上的投入。第二种是按照广告客户在媒体上的投入（传媒市场）④进行计算。我同时提供了这两组数据：首先是支付给代理商的费用；其次是媒体的费用。在计算市场规模时，我使用的是前者的数字，因为后者可能是电视和其他媒体的收入，如果把它们包括在内，就会重复计算。

广告代理

Agencies

全球广告代理市场（从广告创意到开发）价值 580 亿美元（数据

---

① 1970 年成立于欧洲的广告公司。
② Go to work on an egg 为英国禽蛋推销委员会在 1957 年推出的标语。
③ 即广告公司在营销中处于核心地位，向客户提供市场信息、广告策划等服务。
④ 指通过媒体进行市场营销。

来源：《广告时代》）。纽约和伦敦的代理商是市场主宰，其次是法兰克福和巴黎，还有诸如圣保罗、曼谷和北京。大多数知名代理商都从属某个国际集团，比如新近合并而成的宏盟（Omnicom）集团（140亿美元）、阳狮（Publicis）集团（80亿美元）以及WPP①集团（100亿美元）。

这些集团所影响的市场范围中，有两个例外。其一是日本，日本的市场几乎完全独立，电通（Dentsu agency）②虽然在其他国家影响有限，但在日本国内却是头号代理商。另一个例外是中国。

美国 美国代理商市场价值240亿美元，其中包括代理商在市场营销服务方面的支出（47亿美元）和公关支出（34亿美元）。由于美国品牌在全球商业处于主导地位，美国独资的代理商也主导着全球市场。

欧洲 欧洲代理商市场价值200亿美元。伦敦和法兰克福分别是英语和德语客户的中心。其他城市的支出水平则较低。

英国 英国代理商市场价值70亿美元。由于全球广告客户都将伦敦作为国际战略的大本营，这一数字相对较高。在25万名从业人员中，有1.5万人在英国广告从业者协会所属的广告代理公司工作。

中国 相对来说，中国的代理商市场不发达。据估计，中国市场总量约为30亿美元。大部分广告客户以及几乎所有的大型国有企业都设有企业内部的创意团队，但是他们对战略、市场营销、品牌打造、广告甚至报纸间的区别都弄不明白。

媒体支出
Media Expenditure

代理商市场规模与广告主在媒体上的支出相比简直微不足道，媒体支出包括所有能播放广告的媒介（传媒市场）。媒体预算从20世纪70年代到2008年间稳步增长，并为电视、广播、报纸和杂志的发展提供了资金。2012年，全球媒体支出总额为4 500亿~5 000亿美元，之间的差异取决于有多少线上传媒支出被算在内。尼尔森公司③指出，

---

① 主营广告与公关跨国集团的英国公司。
② 日本最大的广告与传播集团。
③ 美国一家全球规模的信息采集和分析公司

2000—2012 年，网络媒体市场总量由 25 亿美元上升至 720 亿美元。

全球大约半数的广告支出都投入到了美国和日本的媒体上，四分之三的支出由十大市场瓜分，见表 5。

表 5　全球范围内的媒体广告支出（普华永道，2012）

国家	支出额/十亿美元	支出比例/%
美国	172	35
日本	51	10
中国	36	7
德国	25	5
英国	20	4
法国	14	3
巴西	14	3
澳大利亚	13	3
加拿大	12	2
韩国	11	2
其他国家	128	26
总计	496	100

另一衡量标准是计算在不同媒体上的支出，包括：电视（1 970 亿美元）、报纸（930 亿美元）、杂志（430 亿美元）、广播（340 亿美元）和户外媒体（320 亿美元）。随着媒体逐渐互联网化，广告也逐渐线上化，但这一转变对媒体公司和广告客户来说并不那么轻松。

美国　在美国 1 720 亿美元的支出总额中，电视广告作为大头占了720 亿美元，其次是报纸（260 亿美元）、杂志（200 亿美元）和广播（180 亿美元）。美国的电视、广播和报纸都是基于城市的，甚至比其他国家的媒体还要本地化，因而消化了大量的本地广告业务。此外，互联网媒体支出为 360 亿美元。

欧洲　欧洲媒体广告市场价值 1 190 亿美元。最大的市场是德国（250 亿美元），其次是英国（200 亿美元）、法国（200 亿美元）和意大利（120 亿美元）。据普华永道预计，七年之后欧洲可能恢复到 2007年 1 230 亿美元的年支出水平。

第八章 核心领域：艺术、设计、媒体与创新

英国 英国媒体支出为220亿美元，值得注意的是，网络广告的比例（110亿美元）高于其他任何国家。

中国 中国的媒体广告支出为360亿美元，高于2007年的200亿美元。与其他国家相比，中国对广告投放的地点限制较小，公众的容忍度也更高，这给广告业发展提供了更多空间。

就其他国家而言，印度和巴西的媒体广告支出在过去三年都以每年12%~13%的速率增长，俄罗斯尽管起点很低，但同期涨幅高达30%。日本长期的衰退导致媒体支出的持续下滑（在2011年下降了3个百分点）。其余地区增幅不大。

新闻出版（报纸杂志）
Press (Newspapers and Magazines)

报纸杂志（新闻出版）同图书（图书出版）有很多相似之处。两者都基于文字，两种产业都与出版商和出版有关。然而，两者又有着本质的区别。首先，报纸和杂志的经营主要依靠广告赞助，而图书则依靠消费者购买。其次，新闻界属于品牌商业，消费者更看重的是品牌而非具体内容，然而大多数图书出版社没有这么强的消费者号召力，图书的销售更多依赖于作者和主题。

所有报纸杂志都面临着将内容转移到互联网的艰巨任务。将社论挂在网上很简单，可要想找到能够替代纸质发行广告收入和柜台销售的收入方式就没有那么简单了。有些报纸（如新闻集团旗下的伦敦《泰晤士报》和《华尔街日报》）就将订阅模式改成了付费模式，但大多数报纸则采用免费模式，允许读者免费浏览所有内容，同时经营网络广告。整体看来，尽管部分线上服务比印刷版受欢迎，但网络付费和网络广告收入还不足以弥补印刷广告的损失。

由于门槛较低，许多新兴出版商和博主也纷纷涉足在线新闻业务。《赫芬顿邮报》就是最成功的例子之一，它成立于2005年，于2011年由美国在线以3.15亿美元收购。收购之后，很多免费撰写文章的博主联名上诉，要求获得收购分成，然而法院认定他们对自己免费撰文知情，不能事后更改这项默认条款。这可以说是博客经济学中一个很有趣的见解。

报纸和杂志目前仍被视为不同领域，但随着它们的日益互联网化，

两者的形态及出版节奏差异将越来越小，并最终会融为一体。

报纸
Newspapers

全球市场 全球报纸市场收入为 1 640 亿美元，其中广告收入从 5 年前的 1 300 亿美元降至约 940 亿美元，销售额为 700 亿美元。全球日报销售量约为 5.2 亿份，印度最多（1.1 亿份的发行量分别来自 6.5 万种不同的报纸，着实惊人），其次是中国（1.09 亿份）、日本（5 000 万份）、美国（4 600 万份）、德国（2 000 万份）和英国（1 400 万份）。随着读者转向网络媒体，美国和欧洲的读者数量和广告收入逐年下降，而亚洲、非洲和南美的读者数量却在增加。

在全球销量最大的十大日报中，日本的报纸占了 5 席，其中《读卖新闻》发行量最大，达到 1 000 万份日销售量，其次是《朝日新闻》，销售量达 800 万份。印度有两家报纸入选前十，中国、巴西和德国分别有一家报纸入选。在读者方面，冰岛人阅读量最大（96% 的成年人每天都会读一份付费报纸），其次是日本（92%）、挪威、瑞典、瑞士、芬兰、中国香港、新加坡、卢森堡和奥地利。这与以上国家和地区高水平的政治文化以及巨大的读报人群体有很大关系。

美国 令人意外的是，美国人虽然很关注新闻，但却并没有位于榜单的前列。这是因为几乎所有的美国报纸都是基于城市的，因此美国拥有大量流通量较低的当地报纸，而全国性报纸很少。美国报业的另一大奇特之处是它的资金主要来自大量的广告增刊，而其他国家，尤其是日本，则主要依赖销售额。2012 年，全美 2 400 家报纸共收入 320 亿美元，比 2006 年的 600 亿美元下降不少。广告收入从 490 亿美元跌到 230 亿美元，销售额从 110 亿美元降至 90 亿美元。跌幅甚至比唱片业更大。

欧洲 欧洲报纸市场价值 520 亿美元。国内市场规模最大的分别是德国（销量达 2 000 万份）、英国（销售额为 140 亿美元）、法国（70 亿美元）和西班牙（40 亿美元）。德国巨大的销量和高达 120 亿美元的销售额主要归功于它较高的教育水平和政治意识，以及消费者对当地报纸的忠实度。而其他地区销售额都在下滑。在法国，尽管每年有 15.4 亿美元的补贴，但所有的全国性报纸都赔钱。

英国 英国报纸种类众多，90 亿美元的收入中广告收入和销售收入各占一半。《每日邮报》的网站 Mailonline.com 是全球访问量最高的报刊网站，每月能吸引 1 亿位浏览者。该报纸的网站收入起初增幅缓慢，在 2012 年才达到 3 000 万美元，但也基本足以弥补其在印刷版收入上的损失。

中国 中国的报纸市场价值 180 亿美元，其中销售额 100 亿美元，广告收入 80 亿美元。与其他地方相比，中国报纸业规模较小，限制更多，页数和彩色图片也偏少。除了少数例外，社论通常依据共产党的方针撰写，而且报道容易受到政治或商业原因的影响。

杂志

Magazines

全球 消费类和商业类期刊和杂志的市场价值为 980 亿美元。根据国际期刊出版商联合会 FIPP（International Federation of Periodical Publishers）统计，美国出版的杂志数量最多，其次是中国、英国、德国、荷兰和日本。其全球总收入大部分来自广告，按绝对价值计算，该收入仍然呈增长趋势，然而其占全球广告总支出的比例却在降低。出版商也在尝试推广网络版本，同时也有些将其印刷版变为免费的"特价商品"，通过这种方式将消费者导向网站。

美国 美国杂志市场非常多产，杂志种类共计 7 100 种，既有强大的全国性杂志，也有很多地区和城市杂志。消费类杂志收入为 200 亿美元，商业类杂志为 100 亿美元，但两个行业都在下滑。

欧洲 欧洲市场价值 290 亿美元，其中消费类杂志支出占 100 亿美元，商业杂志支出占 190 亿美元。德国拥有最大的国内市场，包括 58 亿美元的消费类杂志市场和 26 亿美元的商业杂志市场。紧随其后的是法国（68 亿美元）、英国（52 亿美元）和意大利（42 亿美元）。

英国 英国市场价值 52 亿美元，其中消费类杂志占 43 亿美元，商业类杂志占 9 亿美元，然而广告收入和销售额都在萎缩。许多出版商利用自己的杂志来推广诸如展览、书籍、特惠等副业，由此为行业收入额外贡献了 20 亿美元。

中国 从 20 世纪 90 年代开始，中国的消费、商业和科技类杂志开始兴起，现在总数已经超过了 1.5 万种。中国期刊市场价值约为 50 亿美元。政府对科学、科技、体育和生活类杂志的控制正逐渐放宽，但批评或调查报告类文章仍然比较少。外国出版商如能通过中国出版商获得许可，也可以出版杂志的中国版。

电视和广播
TV and Radio

电视已经从一种笨重的技术设备进化为全世界最受欢迎的娱乐媒介。在发达国家，家家都有电视，电视对生活和娱乐影响巨大。它为一代名人和职业体育选手带来资金支持，在政治和战争方面也扮演着举足轻重的角色。尽管来自互联网的竞争非常激烈，但电视收视率继续攀升至创纪录水平，在全球吸引的广告数量仍是其竞争对手报纸的两倍。

尽管向家庭观众传送声音和图像的本质没有改变，但这项技术已经从甚高频升级为特高频，从模拟变为数字，从地面发射信号转化为有线电视，从卫星到互联网。在美国和其他发达国家，人们越来越愿意通过付费在自己喜欢的时间收看自己选择的节目。

电视的未来取决于两大技术的发展。首先是画质更高、屏幕更大并可支持高清和3D图像的电视机。其次是"联网"的组合，即直接通过互联网播出画面，并将广播的一对多型服务和互联网的一对一互动服务交织结合起来。

作为一项技术发明，广播最初是一项专利业务。由于当时没有能够存储大规模动态图像数据的技术，早期的播放都是直播，直到1956年美国安培公司（Ampex）①发明出一种2英寸视频格式录像带之后，才解决了这个问题。录像带的发明开创了电视制作行业，也为行业注入了版权。电视节目被视作"电影"，并有资格获得版权；每一次广播都算作一种表演。最近，多渠道节目组合的发展将品牌塑造和市场营销摆到了更为重要的位置。由此，电视从单纯的专利产业转变为更贴近版权和商标的行业。

广播市场依然保持着微弱的成功，这也说明了传统传媒不是那么容易倒掉的。全球广播收入为470亿美元，其中广告收入占320亿美元，公众授权费和卫星频道订阅占150亿美元。美国的广播市场收入为180亿美元。欧洲的收入为150亿美元，其中主要市场为德国（47亿美

---

① Ampex，美国存储设备制造商。

元)、法国（23亿美元）和英国（18亿美元）。在英国，英国广播公司从授权费和商业广播中分别取得10亿美元和8亿美元的收入。其他欧洲国家市场相对小得多。日本的广播市场价值45亿美元，中国为16亿美元。

全球电视收入为4 250亿美元，主要来自广告（1 970亿美元）和频道订阅费用（1 960亿美元）。此外还有政府征收的家庭许可证费（310亿美元）和移动渠道（10亿美元）。

全球大约20亿家庭拥有电视。中国（4亿）、印度（1.48亿）、美国（1.16亿）、俄罗斯（6 500万）和日本（6 000万）是规模最大的市场。英国有2 600万个家庭拥有电视。从收入来看，美国（1 450亿美元）和日本（430亿美元）为最大市场，其次是中国（约220亿美元）、英国、德国、巴西和意大利，后四个国家的市场规模均在180亿~200亿美元。

美国　美国电视市场价值1 450亿美元。四大电视网络（美国广播公司、哥伦比亚广播公司、美国全国广播公司和福克斯）以及1 774家本地电视台的广告收入（广告插播和广告赞助）总和达到720亿美元，且一直保持稳定。频道订阅带来的收入和前者相差不多，为710亿美元，并在逐步攀升。各大电视网络的观众份额虽然多年来持续下跌，但当他们开始以信号传输的方式向有线和卫星网络收费之后，收入又回升了。

欧洲　欧洲的广播电视市场价值1 050亿美元，其中三分之二左右来自付费频道订阅和政府征收的授权费，三分之一来自广告。四大市场分别是：法国付费收入为189亿美元，广告收入49亿美元；英国分别为126亿元和57亿美元；德国分别为121亿美元和57亿美元；意大利分别为63亿美元和59亿美元。光是这四国就占了欧洲电视收入总和的四分之三。

英国　电视市场价值为183亿美元，分别是家庭授权费（其中43亿美元用于电视）、有线及卫星频道订阅（83亿美元）和广告（57亿美元）。电视收看走势稳定，2011年，与点播收看完全相反的所谓传统线性收看统计数字创历史新高，达到每天四小时。

自1982年第四频道问世以来，政府就电视制作公司和广播公司之间的贸易条件及行业准则出台了一系列规范，英国的独立制作产业蒸蒸日上，成为主要的节目出口国，尤其是制片厂出品的节目和戏剧。

中国 中国电视市场支出约为220亿美元，其中广告占140亿美元，收费占80亿美元。政府每年还拨款60亿美元用于基础设施和节目制作。

CCTV拥有18个频道，地方电视台在新闻和娱乐版块的竞争非常激烈。作为全国第二大电台，湖南广播电视台制作了《超级女生》（之后又更名为《快乐女声》）。由于节目管制和中国网络媒体的大量应用，导致了在线视频服务市场的快速增长，播放内容包括本国节目的重播/用户上传的视频以及美国电视剧。2012年，网络视频市场价值达到16亿美元。同年，拥有最大用户网络的优酷和土豆合并，共拥有4.5亿常规用户，占据31%的市场份额。

创新
INNOVATION

比起以前偏重于技术领域的研究与开发的定义，今天的创新一词早已不单指实验室里的研究，还具备更广泛和生动的含义。现在，创新涵盖了所有高科技产品，包括从材料到生物技术，从物流、教育到医疗等一系列领域。既包括渐进式的变化，也包括巨大的飞跃。其目的可能是社会福利也有可能是商业利益。2012年，中国出品了一款为视觉障碍人群设计的手机，其社会效益和商业价值引起了人们的关注。人们对"节俭式"创新也越来越感兴趣，比如精巧的塔塔"纳努"汽车（One Lakh）系列（售价3 000美元），以及可持续创新，比如"从摇篮到摇篮（cradle–to–cradle）"运动①和创客运动②。

每个国家都希望具备创新精神，希望创新无处不在。欧盟喜欢把自己描述为创新联盟。但这也导致了创新泛滥，但凡一点改变都被称为创

---

① Cradle–to–Cradle，该运动强调工业必须保护并丰富生态，人工合成的物质也应参与安全高效的科技新陈代谢，以创造一个"零废物"的生态系统。

② Maker Movement，创客运动包括以下两层含义：首先，创客以3D打印技术和各种开源硬件进行DIY产品制造；其次，今天的创客更多的产生在互联网时代，所以乐于使用互联网来分享创客作品。所以，创客运动就是鼓励人们利用身边的各种材料和开源软硬件进行创造产品的过程。

新(与此相似的是设计师,他们将每种新潮的想法都视为设计,结果导致了设计泛滥)。由世界知识产权组织和欧洲工商管理学院(INSEAD Business School)发布的"全球创新指数"中将创新定义为"在商业实践、工作场所组织或对外关系中实施新的或显著改进的产品、新的过程、新的营销方法或新的组织方法"。这样的定义让人很难想到还有什么内容不会被囊括在内。

这一领域包括三种创新。首先是研究,这仍然是最普遍的创新方式,然后是软件和互联网。

研究
Research

由政府、公司、大学和非营利组织引导的研究与开发(研发)可以被划分为基础的"蓝天"研究①,应用研究和开发研究。基础研究受到希望摆脱商业标准的学者的青睐,而企业则对商业应用和开发更感兴趣。研发基本属于专利生意。但并非所有研发都能申请专利,因为它们可能只是"蓝天"研究或纯理论研究,研究也可能通向死胡同,但大部分专利都是从研究中发展出来的。

我们可以从几方面来衡量研发。最常见的标准是市场支出和专利数量(在本节中,专利一词是指发明或实用专利,而不是小型、设计或工厂专利)。研发支出体现了所做的工作(或至少其成本),专利数量衡量的是一种结果,但仅仅是粗略的衡量,因为它没有反映出专利的质量或影响。出于设置"专利丛林"(用于阻碍其他投资者,并帮助政府或投资人支持的专利持有者)的需要,中美两国进行投机性专利申请的趋势日益增长,这使得创新与专利之间的关系变得更加混乱。显而易见,专利仅仅是一个指标。尽管如此,它们依然能提供出一个方便用于比较的历史数据,也正因为如此,它们深受投资者和政府的喜爱。

全球研发市场支出。几十年来,全球研发支出的增速比 GDP 的增速略快,这一趋势一直持续到 2008 年。2000—2008 年间,美国、日本和欧洲每年的研发开支(即国内研发支出总额,俗称 GERD)每年增长

---

① Blue Sky Research,指更偏向理论研究且当前商业价值尚不能马上确定的科研。

约 5%。中国、巴西和俄罗斯的表现甚至更好,同期支出增加了一倍,并将它们在全球支出中所占比例从 2000 年的 15% 提高到 2010 年的 28%。2012 年,全球研发支出总额由 2010 年的 1.25 万亿美元上升至 1.469 万亿美元。

表6 全球顶级研发市场(美国国家科学基金会,2011)

国家	研发支出额/十亿美元	占 GDP 比例/%
美国	419	2.7
中国	197	1.6
日本	160	3.5
德国	91	2.9
韩国	56	3.5
法国	50	2.2
英国	42	1.8
印度	41	0.8
俄罗斯	37	1.5
巴西	26	1.3
加拿大	29	2.0
世界其他地区	321	
总计	1 469	

金融危机期间,美国的研发支出出现了暂时性的下降,这是 20 年来的首次,而日本则出现了更大的下降。最直接的原因是企业研发预算的下降以及政府的削减。中国的研发支出则一直在增加,并于 2012 年超过日本,成为仅次于美国的第二大研发市场。

美国研究机构巴特尔利用美国国家科学基金会的数据分析得出,美国研发支出总额在 2013 年达到 1.496 万亿美元。与十年前的 8 000 亿美元相比有了惊人的增长。它也预计中国将于 2019 年超越欧洲,在 2023 年超过美国。

在 1.469 万亿美元的支出中,工业领域贡献了约 75%。贡献最多的企业包括丰田、瑞士罗氏制药、微软、大众、辉瑞制药、瑞士诺华制药、诺基亚、强生、赛诺菲制药和三星等。这一表单被老牌大企业占据，只有微软是个例外，尽管它40年的历史在软件公司中已经算相当长了。这些公司的年度预算从三星的68亿美元到丰田的99亿美元不等。

值得注意的是，在新兴软件和互联网企业中美国企业的主导局面更为明显。欧洲正在下滑（威望迪上升的部分原因是它收购了美国公司）。中国公司首次在榜单中出现。所有企业的预算都呈现下滑趋势，见表7。

表7 软件/网络公司的研发支出

公司	国家	研发支出/十亿美元
英特尔	美国	5.3
思科	美国	5.2
谷歌	美国	3.0
高通	美国	2.3
LG	韩国	2.2
华为	中国	2.1
亚马逊	美国	1.6
苹果	美国	1.6
雅虎	美国	1.3
威望迪	法国	1.3
电子艺界	美国	1.3

如果仔细分析这些企业，我们就能看出，与其说它们削减了开支，不如说它们调整了支出策略。名单上的所有美国企业最初都是由一小拨年轻大学毕业生创立的，他们每个人都很聪明，而且具有很强的抱负和热情，时至今日也秉承着一贯的运营风格。对这些企业来说，研发是日常工作的一部分。这有助于他们能够在没有政府补贴的情况下独自解决问题，并且不需要为了满足资助的条件，在日常业务和研究之间人为地划分预算。它们也不需要做昂贵的临床实验或是产品测试。

不过这些数据中，有一点没能指明，那就是以上公司如何从供应商提供的研发工作中获利。当开发者进行应用程序的研发时，苹果就会从中受益，然后苹果会将这些应用发布到 iPhone 和 iPad 上。当像鱼乐游戏这样的公司供应游戏产品时，Facebook 会受益，原因是虽然鱼乐游戏完成了所有的开发工作，但 Facebook 拥有更多的用户。Facebook 仅仅将自己 10% 的收入用于研发，却获得了高于平均水平的利润空间，利润率高达 57%，并能以更低廉的价钱更快速地买进研究成果（为了拥有更多专业手机服务，它以 10 亿美元购入了 Instagram）。

软件企业和互联网企业研发投入较少的另一个原因，是因为它们了解研究仅仅是成功的一半，为了在法庭上维护自己的专利，它们还得花同样多的钱。2011 年，苹果和谷歌在专利诉讼和购买上的花费高于研发开支。

全球 专利。2011 年，全球企业共计提出 214 万项专利申请。中国的申请数量最多（526 000 项），其次是美国（503 582 项）和日本（342 610 项）。同 2002 年 63 000 项的专利申请数量（世界知识产权组织数据）相比，中国的专利申请数量有了惊人的增长。其次是德国、法国、英国、瑞士、荷兰和俄罗斯。

2010 年，共有 730 万项专利生效（世界知识产权组织数据）。其中 210 项由美国专利和商标局批准，140 万项由日本专利局批准，69.7 万项由中国国家专利局批准。

美国 研发和专利。2012 年，美国研发支出增长至 4 190 亿美元。自 2004 年的 3 020 亿美元增长到 2008 年的 4 040 亿美元后，随着企业削减开支，2009 的支出出现了停滞。据估算，授权许可收入每年介于 3 000 亿~3 500 亿美元（尽管许可数据并不完全可靠）。这些数字和绝对规模最引人瞩目的是，与 1995 年相比增长了 250%。在所有支出中，企业贡献了总额的 64%。

与往年相同，2012 年，专利申请数量最多的企业是 IBM，共计提出 6 457 项。其次是三星（5 043 项）、松下（2 748 项）、东芝（2 415 项）和微软（2 610 项）。谷歌和苹果分别提出了 1 151 项和 1 136 项申请。

表8 美国专利与商标局授予商标，按申请者国家或地区统计（2012）

国家和地区	专利数量	占总数比例/%
美国	121 026	48
其中		
加利福尼亚州	32 107	
德克萨斯州	8 367	
纽约州	7 640	
马萨诸塞州	5 734	
华盛顿州	5 390	
日本	50 677	20
德国	13 835	6
韩国	13 233	5
中国台湾	10 646	4
加拿大	5 775	2
法国	5 386	2
英国	5 213	2
中国	4 637	2
意大利	2 120	1
世界其他地区	20 607	8
总计	253 155	100

欧洲 研发和专利。欧洲研发支出为3 460亿美元，占GDP的1.9%，其中大部分来自德国、法国和英国三国，意大利、西班牙、瑞典、荷兰和瑞士的支出相对较少。从大多数衡量来看，北欧三国瑞典、芬兰和丹麦，巨型经济体德国，还有英国和法国都是创新领袖，但值得注意的是，欧盟在自己的调查中承认，和挪威同属非欧盟成员国的瑞士的创新水平仍优于欧盟的27个成员国。一个非成员国打败了所有欧盟成员国，真不知道欧盟的政策到底是怎么制订的。

英国 研发和专利。英国研发支出为420亿美元。主要来自商业（64%），其次为大学（26%）、政府部门（9%）和非营利组织（1%）。研发总额占GDP的1.7%，但与1980年的2.4%相比，降幅巨大。不过就研究质量来看，英国仍然名列前茅。虽然人口数仅占世界总人口的1%，它仍然拥有全球4%的研究人员，并产出了全球6%的研究论文和10%的高引用率文章。

不过从21世纪初到2011年，英国的专利授予量持续下降，从10 000件跌至2 992件。英国公司不仅支出变少，研究商业化率降低，专利数量也有所下滑。2011年，与纽约相比，英国公司在国内获得的专利不到纽约的一半。可以说是只有研究，没有开发。

中国 研发和专利。作为全球第二大研发投入国，中国一直在巩固自己的地位，可以通过其研究人员数量（92.6万人）、研发支出（1 970亿美元，占GDP总量的1.6%）和专利数量等指标进行衡量。2010年，中国超越日本，成为世界第二大专利国，2011年，中国打败美国，成为世界第一。能源、信息、健康和环境领域是中国研发的重点。仅中国科学院就投入了360亿美元，但中国自己也知道钱不是最佳衡量标准，并抱怨其研究人员创新力不足。与英国正相反，中国虽然不擅长蓝天研究，但在应用研究方面却非常成功。

到2015年，中国各类专利总数的目标为200万，美国专利与商标局局长大卫·J·卡波斯形容为"令人震惊"。尽管中国国家知识产权局常因对专利的批准过于宽松而受到批评，但这一目标还是有望实现。多年来，美国一直认为专利数字是成功的标志。如今，中国决心成为第一名。

与美国相比，日本的研发预算较少，但人均支出更多，专利申请总数也逐年增加。2010年，日本专利局收到34.4万项申请。尽管申请数目惊人的一部分原因是日本人出于对规范的遵守，但也和大量的高水平研究密不可分。据日本专利局估计，日本专利产品总值超过2万亿美元。

软件
Software

编程的第一步是创建人类可读取的源代码，也就是一系列命令电脑进行数学操作的指令。在人为编汇和机器执行代码的步骤之后，会生成程序或应用。计算机程序围绕着这些进程和输出展开，有时也涉及源代码。开源软件（FOSS）和专有软件的区别就在于是否允许用户获得源代码。

代码语言和编程语言是近50年来最伟大的成就之一。同万维网公约缔造者蒂姆·伯纳斯·李和那些进一步推进了他想法的美国人一样，Cobol①、FORTRAN 语言、C 语言、Java 以及 HTML 等编程语言的开发者也应当被视为 20 世纪最具创造性的人之一。网络通信和操作系统在商业算法方面的创新显示出了同样的突破、独创性和新颖性。

我在之前的部分已经把数字市场纳入了一个现有的产业部门（比如，有关"音乐"的章节里就包含了数字市场），但由于程序员们有自己的专属领域和小生态环境、特有属性和商业模式，因而也值得将他们单独归类。同时，针对知识产权，他们也有不同的处理方式。计算机程序在所有国家都被视为文字作品受到版权保护，美国还为程序及其运行结果颁发专利，而欧洲也为保护数据库制定了类似版权法的法律。不过，由于编程具有合作性等特点，促使编码人员率先开发出新型许可授权方式，比如《通用公共许可和 CC 协议》，允许其他人以用户友好、非商业的方式使用代码和数字媒体。

按营销成本分配的不同方式计算，全球硬件、软件和相关产业价值 1.6 万亿～1.8 万亿美元，其中软件价值约为 3 100 亿美元。美国是最大的软件市场，占总值的 45%，其次是欧洲（25%）和亚洲（20%）。美国市场一直在增长，但亚洲市场的增速更快。最大的软件企业是微软，软件收入达 330 亿美元，其次是 IBM（140 亿美元）、甲骨文（140 亿美元）、SAP（80 亿美元）和 EMC 易安信（40 亿美元）。以上这些企业和下文出现的其他软件企业也有软件之外的来源获得可观收入。

美国　美国软件市场价值 1 390 亿美元。2000 年至 2008 年间，市场以每年 12% 的速率增长，是整体经济增长速度的 2.5 倍，但其近期的增长速度有所放缓。主要企业包括微软、IBM、甲骨文、易安信和赛门铁克。美国软件产业员工数为 110 万人，年平均工资为 8.5 万美元，比全美平均工资水平 3.7 万美元高出两倍之多。面对来自中国的竞争，这也是美国唯一能抵制对华贸易逆差的产业。

欧洲　欧洲软件市场价值约为 780 亿美元。最大的市场是德国，英国、法国和意大利为紧随其后的三巨头。主要企业包括 SAP、SAGE、达索、Software AG 和万盛集团（Misys）。

---

① 又叫常规商业信息处理语言。数据处理领域应用最广泛的语言，也是第一个被广泛使用的编程语言。

英国 英国软件市场价值 310 亿美元,其中休闲类软件价值约为 50 亿美元。最大的计算机公司是 ARM(自从 2011 年惠普以 100 亿美元收购了 Autonomy)。最大的软件企业分别是 SAGE、万盛集团、Logica 和 Acision。

中国 鉴于许多交易是在政府机构之间进行的,而且是保密的,因此我们很难计算中国市场的规模。据估计,2012 年,中国软件市场价值达到了 350 亿美元,非授权软件涉及的数额与前者相差不多。与美国和欧洲相比,中国在软件上的支出相对较少,约占总支出的 10%。国产软件产业蓬勃发展,据报道,2005 年至 2010 年间,新增 150 万个软件相关的工作岗位。中国信息产业部称,2010 年,软件和信息产业实现盈利 1 670 亿美元,其中软件占 260 亿美元。主流企业有东软集团、用友软件、上海宝信、CDC 和金蝶公司。

印度 印度软件市场发展迅速,尤其是服务领域。领先企业包括塔塔公司、印孚瑟斯、3I Infotech、Teledata 通信和 Persistant 公司等。据印度软件协会估计,软件销售占印度 GDP 的 5.4%,自 1996 年至 2011 年,该行业就业人数从 16 万人增至 60 万人。

互联网

Dotcoms

互联网公司是完全网络化运营的企业。我们估计,互联网企业的全球市场价值为 2 420 亿美元。许多美国企业出于避税的目的,利用复杂的金融结构将收入转移到低成本地区,因此要获得各国市场信息并不容易。

世界最大的互联网企业按收入排名如下:

表 9 全球规模最大的互联网企业

公司名称	国家	创立时间	收入/十亿美元	行业
亚马逊	美国	1994	61	电子商务
谷歌	美国	1998	50	搜索
Ebay	美国	1995	14	拍卖
腾讯	中国	1998	7	社交

续表

公司名称	国家	创立时间	收入/十亿美元	行业
雅虎	美国	1995	5	社交
Facebook	美国	2004	5	社交
阿里巴巴	中国	1999	4	电子商务
Netflix	美国	1997	4	媒体
百度	中国	2000	4	搜索
网易	中国	1997	1	门户网站

以上大部分企业都实现了多元化。继2003年和2007年分别收购博客网站Blogspot（现排名世界第11位）及YouTube（现排名世界第3位）后，谷歌成为全世界备受瞩目的新想法基地，在机器翻译、地图和无人驾驶汽车等领域均有涉足。亚马逊同样非常具有冒险精神，推出了Kindle等一系列设备，并建立了全球最大的云服务器之一。截至2013年6月，中国腾讯的QQ.COM（现排名世界第9位）拥有8.1亿个活动账户，拥有一系列的网络、游戏、音乐和购物服务。

互联网企业的收入主要来自电子商务或广告。由于降低了用户的总体和平均交易成本，电子商务网站吸引了大量用户，带来的收益居首位。搜索引擎收入位居第二，一方面原因是广告主愿意为提高搜索排名而支付费用，另外的原因是搜索信息的用户也愿意看广告。社交网络的盈利要低得多，这是因为用户更倾向在半私密的空间和朋友交流，不愿受到打扰，因此Facebook和腾讯的收入相对受限。推特早前收入有限，直到它下决心以普通推文的形式发布广告之后，收入才有所增加。其他收入渠道还包括赞助、品牌推广和虚拟礼品，在全球范围内收入共计约30亿美元。领英推行的诸如Inmail①和Jobsearch②的免费增值服务为其带来了4亿美元的收入。

美国 比起好莱坞对全球电影市场的主导，美国在全球互联网市场的主导地位更稳固。尽管收入总体水平较低，但市场价值仍然在不断攀升。Facebook于2012年上市时，尽管人们怀疑它没有为移动网络做好

---

① 自动发给其他领英用户的邮件服务。
② 为领英用户提供工作信息的应用。

准备，它的市值还是达到了1 040亿美元。其他领先的互联网企业还包括推特（全球排名第10位）和领英（全球排名第13位），它们的知名度和流量很高，但收入相对较低。维基百科排名第6，但是它靠捐款运营（2012年收到3 480万美元捐助），没有商业盈利。

欧洲　在全球百强互联网企业中，没有一家欧洲公司。大部分用户更喜欢美国的互联网应用。英国当年最受欢迎的互联网企业桉树（Gumtree）（曾排名全球网第31位）于2005年被EBAY收购。紧随其后的第二大互联网企业IMDB被卖给了亚马逊。网络媒体的境况要好一些。英国广播公司（国内排名第7位）、《每日邮报》和《卫报》虽然赔钱，但排名比较高。

中国　中国最受欢迎的互联网站分别是百度（全球排名第6位）、腾讯QQ（全球排名第9位）、淘宝（全球排名第11位）、新浪（全球排名第16位）和163（全球排名第31位）。新浪微博是最主流的微博网站，包揽了市场份额的一半。尽管阿里巴巴的网站仅在全球排名第71位，但它是中国电子商务的主宰。起初该公司只专注于商务服务领域，但如今它同时为专业客户提供销售平台（天猫），也为普通大众提供销售平台（淘宝）。其交易量超过了亚马逊和EBAY的总和。

全球总量
THE GLOBAL TOTAL

美国和欧洲的市场的年增长率为2%，亚洲和其他地区的增速是前者的两倍，不过这一平均数也掩盖了巨大的差异。互联网媒体对唱片、纸质书、报刊和杂志冲击很大。但后者的亏损只是暂时的。人们对知识和娱乐的追求一如既往，新的行业机会也在不断涌现。

这些新的行业会诞生在互联网上。互联网企业的启动资金低，而且能在收入有限的情况下保持增长（Facebook的年盈利额比欧洲那些苦命挣扎的报纸少得多），但这也意味着更激烈的竞争。

不管在任何地方，随着人们需求的提升、个人才华的释放以及更宽松的市场准入机制，创意经济都会不断发展。

表10 核心市场（2012，十亿美元）

	美洲	欧洲*	英国	中国	全球
艺术与文化					
艺术	18	21	13	14	56
书籍	37	48	6	13	135
手工艺	6	6	1	8	42
电影	33	25	6	3	90
音乐	15	19	4	**	49
表演	18	18	4	4	52
电子游戏	15	18	4	8	61
设计					
建筑	26	15	3	25	95
设计	41	39	8	25	165
时尚	8	15	4	7	45
玩具和游戏	21	17	4	9	60
媒体					
广告代理	24	20	7	3	58
杂志	30	29	5	5	98
报纸	32	52	9	18	164
广播	18	15	2	2	47
电视	145	105	18	22	425
创新					
研发	419	310	42	197	1 469
软件	137	78	31	35	310
网站	N/A	N/A	N/A	N/A	242
总计	1 043	850	171	397	3 663

* 欧洲的统计数据包含英国。
** 少于5亿美元。

第九章 城市：中间的空间
CITIES: THE SPACES IN – BETWEEN

屋顶上的船
A BOAT ON A ROOF

　　城市与新想法互相给养。城市为改变和多样性提供温室，酿成了时尚、娱乐和魅惑间千奇百怪的组合，极度的财富和贫穷、熙熙攘攘的人们、喧哗骚动和愚蠢透顶的行径作为城市的标记。创意在城市中精打细磨，被置于众目睽睽之下，并得到更多买家的青睐。生态与经济，生活方式与生意业务之间的边界往往取决于个体意愿，因而难以区分。从"大规模制造"向"脑规模思考"（brain-scale thinking）的升级，增加了城市的吸引力和波动性，改变了城市氛围与城市目标。

　　2012年夏天，我们曾在一艘名叫"比利时国王"（Roi Des Belges）的船上住了一晚。按照设计，当时这艘船被放在了伦敦市南岸中心的楼顶，俯瞰泰晤士河。把船放在音乐厅楼顶之举的确疯狂，但不管怎样，这想法挺成功。这艘船是受激进艺术团体"艺术天使"（Artangel）委托，由艺术家菲奥娜·班纳曼（Fiona Bannerman）和建筑师大卫·科恩（David Kohn）设计，其主题来自约瑟夫·康拉德①的小说《黑暗之心》② 中发生于非洲比属刚果③的黑暗神秘之旅，弗朗西斯·福特·科

---

① 生于波兰的英国小说家，少数以非母语写作成名的作家，代表作有《黑暗之心》《密探》等。
② 中篇小说，讲述在刚果河运送象牙的船员马洛的故事。
③ 比利时于1908—1960年在今日刚果民主共和国的殖民地。

波拉（Francis Ford Coppola）的电影《现代启示录》的灵感也来自这个故事。这艘船在12个月当中接待了许多人，包括劳里·安德森（Laurie Anderson）和珍妮特·温特森（Jeanette Winterson）在内的名人都是它的乘客（或水手）。

探出屋檐的船头让我们得以俯瞰伦敦——从大本钟到圣保罗教堂，而脚下则是伦敦最受欢迎的公共广场。那一晚，艺术天使在附近由流浪汉和曾经的瘾君子们布置并照料的花园中举行着夏日派对。同时，在我们正下方的南岸中心还有一场国际诗歌大会正在举行，吸引了来自140个国家的诗人参与，在大会开幕式上，一架飞机从天上空投了10万份诗稿。这艘船和它周围的一切是一个极端的案例，它展示了伦敦人在利用已有建筑及其周边开放空间（开放空间十分重要）策划和举办系列精彩活动的才华。

伦敦南岸中心（Southbank Centre,）拥有60多年历史，占地21亩，号称全欧洲最大的文化区。该文化区是为1951年举行"不列颠音乐节"（Festival of Britain）而建造，以表达对历经战争恐怖后重燃国家希望的庆贺。然而自其20世纪60年代重新开放后，这座粗糙的混凝土建筑老化严重，并且因其疏于管理和业主的官僚作风而声名狼藉。来看演出的乐迷们往往在演出开始前才匆忙赶进现场，没有人愿意在这里多停留。多年来，产生了无数想要重振这一场所的计划，其中包括由理查德·罗杰斯（Richard Rogers）主持的宏伟方案，但这些建筑粗笨的体量似乎总让新想法无疾而终。

就在难题看似无解、伦敦人也几乎不再抱幻想时，一个三人组出现了，他们是商人克莱夫·霍利克（Clive Hollick）、首席执行官迈克尔·林奇（Michael Lynch）和艺术总监裘德·凯利（Jude Kelly）。他们将大家的注意力由"建筑本身"转移到"建筑之间"，并考虑如何让公众能利用这些空间。他们活用新修订的授权法规，鼓励开设咖啡店和餐馆，还有摊贩和游击店。他们修建了通往屋顶花园（和那艘船）的连廊台阶，以及方便滑板运动爱好者的运动坡道，还请来了摩天轮"伦敦眼"（the London Eye ferris wheel），用它的租金来冲抵其他开销。两条连接河岸的新人行道也破土动工。

所有这些变化，都不算是严格意义上的艺术、文化或创意。它们与南岸艺术中心原有的音乐和艺术功能也没有明显联系。它们不属于任何一项政府规划。恰恰相反，为摆脱限制，新的经理人向政府申请了五年的豁免权。计划成功了，公众爱上了这一道新风景，因为它们也是风景的一部分。

旧建筑是政府主导、自上而下型城市规划的典型代表。但其周边的空间再生却体现了今天的人们希望如何在城市中生活。

在可以共同学习和玩耍的家庭中，我们的大脑成长得更快；在被视作成熟、有独立想法、自我驱动型人才的公司中，我们能工作得更好；在具备改变、多样、学习和适应四大特性的城市和邻里环境中，我们能更茁壮地成长。

涌向城市
THE RUSH TO THE CITY

截至2011年，全球半数人口居住在城市，据预测，该比例到2025年会升至60%。全球将几乎不会再出现城市人口下降，这可能是有史以来首次。这一变化在欧洲和美国十分明显，在亚洲、非洲以及南美洲则更加惊人。在许多父辈曾于田间或工厂做活的年轻人看来，城市意味着更高的薪水和更多的机会。自2000年以来，每年约有5 000万人口从农村迁往城市，这个数字相当于7个曼谷或里约热内卢，或是75个曼彻斯特规模的城市人口。据估计，1980—2010年间，中国有3.5亿人口迁往东部沿海大城市。这一数字相当于将俄罗斯的全部人口迁往西欧。

人口迁移的根本原因是为了找工作。这也解释了为什么波兰人会前往伦敦，西部中国人来到东部沿海，加乌乔人（Gaucho）① 迁至布宜诺斯艾利斯或圣保罗，印度的博士毕业生涌向加利福尼亚。年轻人在寻找工作的同时，也渴望获得新的经验和机遇。

青少年对迁移的渴望常常萌芽于上网和度假，并在前往外地大学求学时生根。它既是对体验其他生活方式和学习经历的期待，也是对找到能发挥一技之长和梦想成真之地的憧憬。在城市里，工资更高，提升更快，朋友和爱人的选择也更私密。

因为娱乐和度假等原因，在一个城市工作的人常常会在另一个城市

---

① 又称高乔人，南美印第安人和西班牙人的混血种族。

中建立社交关系。比如，一个圣保罗的银行家在里约热内卢拥有一处周末房，在那里，他的母亲经营着一家画廊；两位伦敦的设计师会在自己巴黎的公寓度周末；在深圳工作的年轻高管双休日待在香港；华盛顿特区的官员们会前往纽约；印度最著名的电影明星在伦敦梅费尔区有一套房子。不仅有钱人会这样做，亚洲的大学生们想要去伦敦、巴黎和罗马参观，但对自己家乡的田园乡镇毫无兴趣。伦敦人热爱纽约，但却很少游历美国乡村。尽管在一些保有乡村贵族传统的国家里，适合度假或退休生活的理想农村依然存在，但在其他地方却越来越少。在中国和印度，农村被视为是背井离乡和贫困的代名词，或仅是远足的目的地。

人们对城市生活高涨的热情几乎令城市规划者们措手不及。历经19世纪飞速的工业化和城市化进程，大部分城市已经拥挤不堪、嘈杂肮脏，人们向郊区逃离的愿望非常强烈。1950年至1980年间，伦敦人口减少了四分之一。城市中不仅犯罪率增加，学校生源下降，税收也在减少。在20世纪50年代的美国，更多人选择在郊区安家而非城市中。他们在城里工作，在郊区生活，那里的房子更大更便宜，适合有孩子的年轻家庭。

城市规划者开始抛弃旧城市，转而在有绿地的基址设计新城镇，比如勒·柯布西耶①设计的"居住单元盒子"（United Habitation）②，英国的米尔顿·凯恩斯市（Milton Keynes）③，道萨迪亚斯（Doxiadis）④针对伊斯兰堡的宏伟规划和威廉·李维特（William Levitt）⑤在纽约长岛建起的李维顿城。科技公司开始构想所谓"智能房屋"（smart house），声称将把人们从城市的办公室里解放出来，并能节省出行，减少污染，提高生活质量。

可这些理想从未实现。同一时期在加拿大和斯堪的纳维亚半岛进行的两个实验很能说明问题。渥太华政府为了帮助爱斯基摩人中的因纽特族在年轻人离开家乡时，支持（留守的人）维系他们偏僻的社会，由

---

① 法国建筑家、室内设计师、城市规划师和艺术家。
② 柯布西耶设计的现代住宅，以"马赛公寓"为代表。
③ 英国白金汉郡的一座新镇，由英国政府于1967年规划。
④ 希腊建筑、规划师，创立了人类聚居学理论。
⑤ 美国房地产开发商。

加拿大通信卫星公司（Telesat）设计了名为"阿尼克"（Anik）的卫星通信网络，提供电话服务和电视信号（阿尼克在因纽特语里意思是小兄弟），可这样做的结果并没有使因纽特人变得开心而选择留下，相反因为展示了其他地区的生活面貌而让他们打开了眼界，结果更多人选择离开家乡走出去。

若干年后，瑞典、挪威和芬兰也体会到了相同问题。三个国家的山脉延伸至北极，它们的做法和加拿大一样，决定建造一个路基电话网络，该网络后来成为世界上首个移动电话网络（因而也为诺基亚在手机行业的先驱之路指引了方向）。这一系统带来的巨大影响同样使更多人涌向城市。

这些变化是一个信号，它们标志着以大型制造业为核心的社会正在逐渐失去主宰地位，同时也标志着社会正处于转型时期。工作的性质也在发生变化。随着电话、多频道电视和互联网的普及，再加之廉价航空旅行的兴起，拓展人们了解其他生活方式的视野。大学生的人数在增加，并且很多人是去陌生城市上学，他们也不想再回到父母生活的郊区或乡村。这些人对包括媒体、广告和市场营销在内的服务业兴趣浓厚，而这些行业正是基于城市中心区的。他们还发现，市内住房的价格变便宜了。这样一来，城市生活再一次开始复兴了。

城市突如其来的发展危及了生活质量。人口的膨胀给供水、住房、教育、医疗、交通和垃圾处理带来了压力。来自其他国家的移民在给税收和公共开支带来压力的同时，也引发种族关系的紧张。随着十几个亚洲和非洲的城市人口膨胀至 3 000 万~4 000 万，我们可以预见到城市管理方面问题重大，也许还有越来越多的人涌向较小的城市，甚至返回农村。

创意城市
CREATIVE CITIES

城市的经济会随着对资源和客户的获取而增长，同时，这些因素又会反过来吸引大批商人来到城市进行交易，相比在小镇中的竞争对手，商人在城市中的交易成本更低。随着商人的分工专业化，他们的创新性和竞争力也变得更强。最早由简·雅各布斯（Jane Jacobs）① 描述的这个过程并没有改变，但资源的性质和客户的需求却发生了变化。

我们个人知识以及获得他人知识的可能性的增加，导致一个令人意想不到的结果：想法变得更加复杂而不是变得更易理解。如果多样性程度较低，想法的数量较少，想法和想法之间的差异通常不会太大，也比较容易管理。如果多样性程度较高，而且想法的数量较多，那么每个想法都可能变得更加复杂，谁也没法掌控。网络技术的普及让人们轻而易举地就能同来自世界各地的人交流，在增加了多样性和复杂性的同时，也反过来造成了不确定和歧义，它还迫使人们必须在更短的时间内做出决定。这有可能会带来压倒性的后果。为了弥补这一问题，人们需要身边有一批经过挑选并在当地能够给予帮助的核心伙伴（亲密战友）。

我们可以根据维持这些关系的能力来判断一座城市是否属于创意型城市，人口规模可以作为衡量指标之一，不过最重要指标的还是找到志同道合的人的机会。和全国平均水平相比，这种城市中很可能拥有更年轻且受教育程度更高的群体；同时，来自该国其他地区或国外的移民比例也更高，学院和大学里的外籍学生比例更高，企业聘用的外籍员工更多；城市居民和游客的种族更加多元，且更具有更富融合性的文化和经验。2012 年，伦敦进行的一项人口普查结果显示出了伦敦族裔群体的复杂性，认为自己属于"白种英国人"的人口比例仅为 45%，这可能是该数据有史以来第一次低于 50%。伦敦的某些行政区不得不同操着 100 种以上不同语言的学生打交道。

多样的人口、对新奇事物的欢迎和对差异性的好奇会带来很多好处。人们期待的并不是从自身利益出发的盲目认同，而是对他人新见解、新观点和新认知的无限追求。要达到这个目标，首先是要有多元化的文化，即尊重人们各自的历史，促进彼此间的公平对待。其次才是人们携手开创未来的努力。

创意是一项令人紧张不安的事务。提出"创意阶级（Creative Class）"概念的理查德·弗罗里达（Richard Florida）曾说，"如果没有多样性，没有奇思怪想，没有差别，没有包容，城市就会消亡。城市需

---

① 美国和加拿大记者，城市规划的积极倡导者，著有《美国大城市的生与死》。

要的不是能赚大钱的商场和会议中心，而是别具一格、充满创意的人。"

查尔斯·兰德里（Charles Landry）曾写下这样的话：在创意城市里，人们不仅接受新想法，还要努力寻找新想法。他们不断在完成自己工作与体验他人工作之间切换，在卖方和买方身份之间切换。人们在商业上都非常有创意，无论是作为创意人，还是作为买家、观众、消费者和其他人的想法的使用者，他们的兴趣可以像任何创意人一样古怪和奇特。这并不是一个非此即彼的问题。创意人创想无限，不论是在给与还是在接受。

当"艺术天使"开始销售屋顶之船的门票时，全年的门票在一天之内就被抢购一空。另一个奇葩的伦敦公司"秘密影院"（Secret Cinema）①的电影票价高达30英镑，高于普通电影票价三倍，且事先不告知购买者电影名称及观影地点。我第一次光顾该影院时，被要求身着粗布吊带工作服，然后同其他观影者在尤斯顿火车站②的站前广场汇合。它的电影票同样也很快几乎卖光。

这种希望参与创意过程的意愿可以通过戏剧《You Me Bum Bum Train》③看出来。该戏剧由两位插画家凯特·邦德（Kate Bond）和摩根·洛伊德（Morgan Lloyd）设计，演出阵容超过200人，但观众只有1人。演员和观众数量比例如此颠倒遭到了演员权益工会的指责，因为演员们的报酬无法达到工会所规定的额度。事实的确如此，但却无关紧要。演员以及大量的志愿者对这个别具一格的创意十分赞赏，希望参加演出的人源源不断。这种大规模角色扮演和少数观众的模式不仅仅在伦敦兴起，在柏林、纽约和其他地方也能见到。在加州奥克兰，奥德赛斯工作室（Odyssey Works）制作了一场精致的、横跨整个周末的真人秀，设置了栩栩如生的布景，整场演出同样只有一名观众。它的成功要归功于众多思想前卫的志愿者们，而这些人只有在大城市才能找到。

在互联网发明前，城市就提供了社交网络，且比Facebook所能创造的那种最活跃的网络更丰富、更具延展性、更加感性。这些意外的偶遇也许并不产生什么结果，但也可能非常有趣。有些人喜欢未知带来的

---

① 英国电影公司，推行现场电影体验，将荧幕放映和现场互动表演相结合。
② 位于伦敦中心的火车站。
③ 一出观众体验型戏剧。

刺激，喜欢这种能决定和谁在一起、去哪里以及要做什么的机会。不过也会有人却会对此感到紧张和疲惫。

只有规模足够大的城市才能支撑起如此庞大的社交网络。每个人都带来各自的观点、好奇心和希望，为彼此提供门径、路标和垫脚石。当社交网多到任何人都无法衡量其准确数量时，城市的生态就会变得异常丰饶。这样的网络越多越好。我自己的标准是，不论我对什么感兴趣，无论我想做什么，我希望已经有百十来号人同我的想法一致，并在付诸实践。

与其固守在一两个圈子里，不如出入于众多的社交圈子，与陌生人结友。显而易见，如果人待在同一个群落中时间过久，就会经常发生工作态度或工作时间与其他人不同步的情况。布莱恩·乌奇（Brian Uzzi）和贾勒特·斯皮罗（Jarrett Spiro）曾对百老汇工作人员的亲密度和他们的成功率进行过对比，结果表明：关系越接近，失败率就越高。他们认为，最好能和众多不同的社交圈子保持接触。**局外人正是创意和创新最有力的催化剂之一。**

创意是从家里开始的，或者说，正确的地方是自己的后院，在那里你感觉好像是自己的家。但有时，我们也需要离开自己的舒适区去探索其他地方，建立新的关系。**差异可以让创意蓬勃发展。**

各种形式的数字媒体为这些差异提供了测试的平台。媒体和娱乐人需要了解当前大众在互联网上的行为方式，以及科技研发人员对未来数年发展的预测。音乐、电影、电视和游戏公司已经敏锐地了解到现有自身用户数量与互联网技术用户数量的差距，概括起来就是：购买2012年畅销数字音像产品800万人次的数量，或者说100万次流媒体电视播放的数量，以及Facebook和谷歌5亿人次的日用户数量。他们想知道如何才能让自己更接近互联网技术用户的数量。这也是为什么Lady Gaga的经纪人特洛伊·卡特与科技创新人士和音乐人相处的时间一样多。因为他表示，他必须把目光投向音乐行业之外，才能让Lady Gaga取胜。

卡特的原子工厂落户于洛杉矶的卡尔弗城，而不是纽约——美国音乐公司和广播网络的传统大本营。他清楚，如果要想了解电子媒体和娱乐产业的新发展，就必须增进与科技和创新人士的交流。正如声破天的创始人瑞典人丹尼尔·埃克（Daniel Ek）、瑞典企业家尼古拉斯·曾斯特姆（Niklas Zennstrom）和丹尼施·弗里斯（Danish Friis）怀着同样的动力离开祖国，选择去伦敦创建他们的新企业 Skype 一样，卡特正是那类力图在正确时间出现在正确地点的代表性人物。

普林斯顿的社会学家马丁·吕夫（Martin Ruef）已经证明，**置身于大量新奇事物和相互冲突信息中的企业家们更容易获得成功**。他在初创企业方面的研究表明，他们避免了循规蹈矩的压力。通常，他们身旁会有一两个支持自己实现想法的亲密战友。这种我们已知的和感知到的不同之间的张力，正是创意在我们大脑中的运作方式。

文化的三种理解
THREE KINDS OF CULTURE

衡量城市中网络关系多样性的方法之一是观察城市的文化。对文化一词最常见的理解是艺术和美学，但此外的其他意义可以帮助我们了解城市的运行方式。人类学家用"文化"一词来表示认知、行为和态度的组合，一种生活方式。而生物学家和生态学家们则提供了第三种解释，即一种为生长而储存营养物质的生物介质，类似某种细胞培养的环境。综合这些观点，**我们可以把一个创意城市当作一种媒介，一种将艺术、美学和多种生活方式融为一体的生态系统**。

2012 年伦敦奥运会期间，伦敦市长和 BOP 咨询公司召开了一次关于全球城市文化的论坛。通过对包括伦敦、柏林、纽约、巴黎、圣保罗、上海、悉尼和东京等在内的 12 座城市进行观察和研究后得出如下结论：让一座城市成为世界城市的因素，更多的是因其文化，而非其地理位置、规模、政治权力或财富。具体体现在是否拥有杰出的博物馆、美术馆、剧院，以及知名大学和艺术、音乐及设计类院校，如伦敦的中央圣马丁艺术与设计学院和纽约的茱莉亚音乐学院。伦敦和巴黎各有四处世界文化遗产，两座城市排名前 5 的博物馆均拥有超过 2 000 万人的年访问量。以上是宏观层面的文化。

但光有宏伟壮观的建筑还远远不够。通常还有另一个层面，或称为组成部分，包括所有的小型场所和私人机构。BOP 提出的 60 项衡量指标中涵盖了小剧院，新书和二手书书店，以及夜总会、餐厅、酒吧和游戏厅。巴西人热爱跳舞，在圣保罗有超过 2 000 家夜总会，然而东京却只有 73 家，但东京的餐馆和酒吧却比其他任何城市更繁荣。还有些让人意外的数据。在 12 座城市中,书店(包括新书和二手书书店)最多的两个城市分别是东京(1 675)和上海(1 322),而非伦敦或纽约。约翰内斯堡的二手书书店数量(943)竟然最多,着实令人诧异。

一些闻名遐迩的大型建筑,比如伦敦的南岸中心和比前者更宏伟的悉尼歌剧院,以及毕尔巴鄂古根海姆美术馆,都刺激了周边地区的发展。这三个建筑可谓成就惊人,然而,刚开始这些建筑也是形单影只。但是,回顾过去我们可以看到,它们是全新城市邻里空间的序幕和发令枪。悉尼市从岩石区到伍尔卢莫卢一带的海港区域,也是在将周边建筑及整洁一新的露天平台向公众开放后,开始繁荣起来的。毕尔巴鄂博物馆带动了内维翁河沿岸长达一英里并延伸到内城的河岸改造。

还有更为感性第三个层面:人们对于非正式的草根、街头和游击式微型活动非常感兴趣。每一个小型活动的持续时间可能不长,但通过一系列不间断活动和体验为市场带来了无穷尽的海量信息,这可以让生产及制造商的技术和消费者的需求同时得到强化。各年龄层的人都拥有参与的意愿,但这在年轻人身上表现得尤为突出,因为他们的学习和适应能力最强。他们在网络社交、分享和推特上展现的模仿与合作能力是城市创新的重要标志。在上海,逾 5 万名学生在学习艺术与设计专业,在创意部门工作的年轻人更是数倍于此,他们都在不断学习、实验和创造。在全中国的 65 万名艺术和设计专业的学生中,很多人都希望去包括北京和上海在内的四五个城市工作生活。放眼世界,越来越多的好奇、不知疲倦的年轻人正是推动新经济规模不断增长的生力军。

大多数城市的文化体系都是在 100 多年前确立的(泰特现代美术馆是拥有 110 年历史的英国泰特美术馆的分支),主要的艺术、音乐和设计学院也是如此。它们在当时是孤独的开拓者。最近发生的事情,正如我们在南岸中心看到的,是一种态度的改变,它体现出了"普遍性"的第一原则,以及范围和规模的扩大。这些地方不仅仅吸引专业人士,也向所有想要新鲜体验的人群敞开了大门。到了晚上,作为艺术欣赏场所的泰特现代美术馆,变得更像是朋友间约会娱乐的地点(尽管并非所有人都对这一改变都能接受)。

第四种成分是商业市场。这是一个隐藏于全局的因素,因为无论是"免费"街头剧院,"免费"博物馆,还是买卖双方或用户间的商业交易,它们都需要经济上的可持续性。一座富有创造力的城市需要带有个人冒险主义的商业成功。最富创造力的城市往往也拥有数量最多的世界级企业，这些公司竞争力超群，这绝非巧合。这些公司扮演了双重角色：为了在市场上占有一席之地，它们竭尽全力参与竞争，扩大市场销售，与此同时，它们的员工和其他相关人员在接受别人的服务时，又变身为挑剔的买家。

城市的兴起和衰落
The Rise and Fall of the City

自20世纪60年代开始，那些希望重返城市中心的毕业生们发现城市已经开始逐渐转型。有些城市不仅失去了原有的功效，似乎也无法再接受改变。那些与煤矿、钢铁相关的城市受到的打击最为惨重，比如英国北部以造船与制造业为主的城市、德国的鲁尔区、法国北部、中国北方的矿业城镇，以及举世闻名的美国锈带①。

通用汽车董事长艾尔弗莱德·斯隆称，通用汽车打个喷嚏美国就感冒的说法已经不存在了，不过如果通用汽车真的遇到麻烦，那么底特律人一定会跟着倒霉。这座城市依托面粉加工、航运、工程和铜业的创新起家，因工程人才、创新企业、优质大学和充满活力的居民成为闻名美国的人才生态环境之一。此后，两大趋势发生，虽然原本受人欢迎但最终拖垮了城市。首先，通用、福特和克莱斯勒如日中天，以至底特律城市产业单一，多样性萎缩。而当日本在20世纪80年代出售小型廉价高效节能车时，底特律并没有做好准备。

与此同时，汽车业从业者搬进郊外新居，将工作和生活隔离在两个不同区间。经理、工程师、工会领导和工人们的圈子越变越窄。1950—2000年间，由于人们搬到郊区，城市的人口减半。到2005年，底特律平均房价仅2.5万美元。城市中心区奄奄一息，仅在一些尚且不错的大学里还有几处热闹地方，工程师作坊残迹和著名的汽车城和电子音乐场所也还依稀可见。然而，多样性的匮乏，新颖、差异和怪诞的缺失还是蚕食了人们的想象力。

底特律逐渐跌到谷底（2011年，《经济学人》富有灵感地抛出如下

---

① 又称制造带，位于美国东北部，尤其以明尼苏达州的钢铁业闻名。自1970年起，工厂停产，该工业带转向衰落。

第九章 城市：中间的空间

标题，"底特律寓言：如此便宜，就有希望"）。城市的想象力又开始发动了。城市农场在空荡的街道上出现，底特律成为少数真正将食品业视为创意产业的城市之一。它的"创客运动"以美国开拓精神为基点，回望了20世纪60年代《全球目录》（Whole Earth Catalog），并着眼当今的CAD计算机辅助设计和3D设计工具。许多汽车工业的小型供应商开始重新定位技能，转向消费者市场，一家曾为生产线制造防护性材料的公司转行生产起自己的流行服饰。三大厂商也在学习。福特新任命的企业未来学家谢尔丽·康奈利（Sheryl Connelly）笑着承认自己不是什么"汽车人"，她还说，"我从来不关注汽车行业。福特已经有人在做这件事。我在向外看。"而在底特律，向外看曾经被视为激进行为。

城市彻底崩盘的案例极少，像底特律、格拉斯哥和埃森这样的城市也都在学会如何自我再生。更为普遍的是，城市作为一个整体一直在发展，不同的地区的受欢迎程度伴随着人们是否决定在那里居住和工作而起伏变化。有一个众所周知的五阶段再生模型，许多大城市都经历过。在第一阶段，一个地区的房子变得不受欢迎，租金也会下降，如果它们一直空着，就会被遗弃；第二阶段，年轻有创造力的人，他们几乎没有钱，但需要大而简约的空间，于是搬了进来；第三阶段，新入住人口吸引来了一些文艺时尚又有趣的俱乐部、酒吧和餐馆；在随后的第四阶段，这片区域由此重获新生，房租上涨；最后是第五阶段，下一代年轻人又因为无法承担高额房租，继续流向新的区域定居发展。

这一切曾在纽约真实发生过。当时，纽约的抽象派画家搬进了Soho区的旧铸铁仓库。20世纪60年代，同样的一幕也发生在伦敦诺丁山的破房子里，还有70年代圣凯瑟琳区的码头和仓库中，后者不仅成为全市规模最大的艺术家工作室聚集地，还激发了达米恩·赫斯特的冻结秀（Freeze Show）。你还能在莫斯科的斯大林汽车厂发现类似的案例，那里有维斯宁兄弟建构主义的杰作——在红色十月的工厂基础上改建而成的文化中心。此外，还有由原先肉类加工厂改造而成的上海最大的艺术集群1933老场坊。

20世纪90年代，这一现象再度在伦敦出现。当时的伦敦城金融区北部有一片破旧的办公楼，这些办公楼年久失修，不再符合现代人的需求，但这些建筑较高的天花板和宽阔空间却非常适合成为艺术家的集聚地，为他们布置新型时尚大画布、视频作品和各类装置提供了必要的空间。霍克顿区（Hoxton）① 的重生正是遵循了前文的规律模式：艺术家们起先搬到适合生活和工作的地方，设计师们和建筑师们步其后尘，紧随其后的是咖啡馆和画廊，周围变得热闹了，又有新的人搬了进来，房租上涨。

但随后，新情况接踵而至。紧随艺术家步伐的是数字公司的二次浪潮。我自己的数字流媒体公司"龙卷风"于2001年搬到了老街（Old Street），因为那里租金便宜，我们也了解到在霍克顿、肖迪奇（Shoreditch）、斯皮塔佛德（Spitalfields）、克拉肯威尔（Clerkenwell）、法林顿（Farringdon）和圣卢克（St Luke）附近有理念相近的公司。一群年轻的创业公司先后搬入了那里的工作区和众创空间（Co-working Spaces），并入驻了会员俱乐部和孵化器，包括Trampery、Techhub、the Hoxton Mix 和 London Hackspace 等公司。谷歌开设了谷歌园区作为当地初创企业的创孵平台。总部位于纽约的全体大会（General Assembly）自称是"全球校园网络"（global network of campuses），在克拉肯威尔拥有分支机构，它倚靠俄罗斯DST全球基金的资金支持，Facebook 和声破天也是由这个基金支持的。

后来的事情变得不同寻常。霍克顿一带开始为大型国际企业所青睐。自17世纪以来，位于伦敦城南部几百码的堡垒地区一直是城市的金融中心，它也开始走向多样化。众多主要企业把大型交易厅和后台部门搬至东面的金丝雀码头，小公司则向西边的梅费尔区转移。金融区正在抛弃它固守的单一文化，金融公司和众多公司打成一片，与谷歌、彭博社、新闻集团、甲骨文、艾派迪② 和其他技术企业一道开始共同谱写新的乐章。

导致这些变化的原因之一是北半球城市重心东移的潜在趋势。几个世纪以来，为避免城市有毒气体，富人们往上风口搬移，在北半球就意味着向西。随着下水道系统（伦敦在19世纪70年代完成）的完善，这一影响因素不存在了，但那时的伦敦西部地区已经拥有了自己的吸引力，东部地区则破败不堪。此后，随着生活空间压力的增长，人们开始考虑重新占领东部较便宜的地区。

---

① 位于伦敦东区。
② 美国企业，商业服务和供应公司。

这些趋势是人们自发驱动的。在英国，国家和城市政府都未能及时了解事态的走向，而当它们最终了解了之后，能做的也极其有限。自2010年起，政府开始推动霍克顿周边的科技城建设，并提供资金支持，但最终落实的资金非常有限。2012年，它将奥林匹克公园建于伦敦边缘的李谷（Lee Valley），希望能为当地基础设施吸引投资，但和诸多奥林匹克公园一样，它偏远的地理位置并不适合赛后的商业化利用，长远价值堪忧。事实上，政府对城市转型升级的影响力甚微，即便拥有标准工具包似的政策和法规，许多国家的政府也没能带来什么起色。带来这种变革的根本动力是英美两国的私营公司的进入，以及在艺术、文化、媒体和软件行业兴起的青年文化所引领的草根运动。

做理疗，而非做手术
Physio, not Surgery

最有效的干预措施是使用类似物理治疗的方式，而不是外科手术，并着手于解决已经发生的事情。这种方法的开拓者是建筑师杰米·勒内（Jaime Lerner），他后来成为巴西库里奇巴市的市长。勒内并不回避耗费巨大的基础设施项目，他的任期正是开始于一项快速运输和交通专用道路系统的修建。但他更喜欢的，是被称为"城市针灸"（acupuntura urbana）的微型干预措施，这些措施波及面小，但却能精确定位城市经纬，采取十分有效的干预措施，来影响城市的能量和流动。他倾听人们的诉求，他知道，对南岸中心来说，只有开始思考人们能利用建筑之间的空档做什么，而不是关注建筑本身，问题才能得到解决。

由于城市针灸模式较低的成本，获得了许多城市领导者的认同，而且就算计划失败，也能轻易重来。城市针灸模式的经典案例包括：瓦尔帕莱索（Valparaiso）为老房画上鲜艳色彩；蒙特利尔委托本地艺术家将街道标记变为神秘符号；基洛沃格勒（Kirovograd）为拉开城市翻新帷幕，画了100万朵万寿菊；无锡在房屋外围铺上鹅卵石，并运用色彩晕染，并在建筑间建起了旧式拱门等。

这些在街道层面发生的变化，标志着城市政府和居民创意活力（creative energies）之间的联系的新的自觉意识。柏林近期的觉醒就体现了这一转变。在短暂的魏玛共和国时期（1919—1933年），尽管当时的政治和经济环境令人恐惧，但柏林的艺术和文化得到了蓬勃发展。在弗里茨·朗①、奥托·迪克斯②乔治·格罗茨③、阿诺德·勋伯格④、瓦尔特·格罗佩斯⑤、贝托尔特·布莱希特⑥的推动下以及大学教授阿尔伯特·爱因斯坦的引领下，柏林成为艺术、设计、舞蹈、歌舞表演、讽刺剧、戏剧、电影和摄影艺术爆发的根据地。当时的思想既独立又富有挑衅性，但又裹挟着无耻和非法的语调。当年的柏林和上海有着异曲同工之妙（尤其在俄罗斯和德国犹太难民逃往中国之后），但随着柏林因战争和分裂而遭到隔离，其文化也被边缘化了。

　　东西德统一后，市政府宣布的"创意柏林"计划吸引了成千上万的年轻人，他们为新的开放性与自由和廉价的租金而来。相比德国其他城市，柏林的创业企业更多，但同时失业率也高达20%，两倍于全国平均水平。《柏林日报》曾经写道："柏林正上演着这样一幕，其创意的丰饶与经济的贫乏形影不离。"市长克劳斯·沃维莱特对城市"贫穷而性感"（Poor but Sexy）的描述举世闻名，柏林人还骄傲地把这一口号印在了T恤上。与20世纪20年代相比，当前的局势缺乏政治挑战，也没能形成同等质量的工作。这样的情势倒更受政府欢迎，因为它更有秩序，适合商业发展，也吸引了更多游客。旧柏林属于20世纪20年代，它与同期的莫斯科、芝加哥和上海一样刚硬，活力十足和经历着颓败。如今，在21世纪的头十年里，柏林更多地象征着合作与平静，是宏大文化和街头实验的灯塔，吸引着德国乃至全欧洲的人们。

　　充满活力的纽约文化事务专员凯特·莱文（Kate Levin）曾说，在由其部门支持的服务中，一半以上都难与社会服务相区分。她还喜欢引用一项为监狱提供园艺设施的计划。圣保罗对贫民区的手工艺作坊也采取了相同的措施，我们可以称之为艺术或社会包容（市政府亦通过此举证明预算的使用）。这两件事说明了同一个问题："思考，行动和创作"

---

① 奥地利导演、编剧。
② 德国画家，新现实主义代表人物。
③ 德国画家，生涯前期以讽刺类作品为主，赴美国之后，风格偏向田园情趣。代表作有《社会栋梁》。
④ 奥地利作曲家、音乐教育家和音乐理论家。
⑤ 德国现代建筑师，现代主义的奠基人之一。
⑥ 德国戏剧家、诗人。

(Thinking，doing，Making)是改变、多样性、学习和适应四大特性的缩影。在这些城市，这四大特性的融合比其他地方规模更大，其影响也更快、更随机的成倍增加。网络的数量和具有渗透性的边界是它们最具吸引力的特点之一。人口越多，融合就越快且越具颠覆性，想法来自四面八方，也会扩散到四面八方。城市比其他任何地方更符合这一情况。

第十章　我的头脑，我的资产
MY BRAIN, MY ASSET

个体声音对群体力量
INDIVIDUAL VOICE VS GROUP POWER

　　创意经济中的交易通常是在占有想法的人和能让想法获得进一步发展的人或公司之间进行的。这也是想法从内心阶段走向市场阶段的必要步骤。通过交易获得的可能是建议、钱或其他东西。最初提出想法的人希望他的想法（创意）能够在不被稀释或不走样的前提下获得存续；而后者是否会参与取决于他们能否对想法的未来拥有控制权。

　　"个体声音"指的是一个人发出独特声音和观点，而"群体力量"指的是位于谈判桌另一端、拥有能够把想法推向下一阶段所需资产的人。个体声音和群体力量之间的交易取决于双方对所投入资产的认可，包括自己的或他人的。他们评估资产的当前价值及未来升值潜力，并比较相对价值，决定马上启用还是储备起来。如果决定储备，那么和其他资产一样，它可能升值或贬值。

　　创意经济是有史以来首个将人及其个人特质如想象力与好奇心、个人关系、知识产权以及达成公平交易的能力作为最有价值资产的经济体系。从历史上看，绝大多数资产的形态都是金钱（所谓的金融资本）或土地、建筑和设备（物质资本）。理解资产的本质有助于我们理解创意经济的运行方式，并能在其不稳定或存在风险时进行有效的干预。

第十章 我的头脑，我的资产

资本的起源
THE START OF CAPITAL

历史学家费尔南·布罗代尔（Fernand Braudel）曾指出，在一个不得不"解决交换、生产和消费的必要性和争议"的社会，资本必然会出现。他同意卡尔·马克思（Karl Marx）在《资本论》中的论述："世界贸易和世界市场在16世纪揭开了资本的近代生活史。"布罗代尔告诉我们，人们在17世纪就开始使用"资本家"一词，而"资本主义"一词却直到19世纪后期才产生。从那时起，经济学家们开始探讨土地、劳动和资本的三位一体。

资本资产的相对价值不断变化，反映了社会的优先顺序。从狩猎到农耕的演变，贸易、制造和服务的发展，以及信息社会的崛起，**每一个新的经济体系都需要新的资本形态**。猎人们只需要土地的短期使用权，但农民则至少需要一年的租期来播种（土地所有权成为所有资产中风险最小的一种）。最早使用"资本"一词的威尼斯、热那亚和利伏诺的意大利商人需要船只和仓库。而制造商则需要工厂和机器。

工厂对大规模融资的需求导致了职业资本家的出现，这些人相信增长依赖于资本密集型规模经济，因为它能在增产的同时，削减单位生产成本，并提高专业分工。根据李嘉图的规模经济理论，规模经济需要更多资金和更大的工厂、更多工人和更大的机器。

资本家族
Capital Families

当英特尔创始人戈登·摩尔（Gordon Moore）在计算电脑运算能力时，他说芯片速度每18个月翻一番，他并没有考虑这种规模经济（尽管在小范围内存在），而是人们如何学会更快更巧妙地完成任务。他意识到，英特尔集团的实力和主要的竞争优势来自人们协同工作和相互学习的能力。传统工厂主所要求的准时、服从和重复性，已经被自动化的供应所取代。摩尔对这两种对立的关系非常感兴趣：合作和竞争；何时分享与何时取代。他知道与传统规模经济相比，个人知识及技能的提高对于带动资本盈利的能力提升具有更多的累积优势。

诸如艺术、文化、设计和媒体等以提供体验作为产品形态的部门，其增长更依赖于利用人的想象力来增加非实体价值，而非降低物质投入成本。如果幸运的话，人的一生可以积累整整一后备厢的人力资本，既包括半生不熟的知识，也包括正式资格、事实情况、外部评判和内在智慧。高等教育的发展让人们懂得更多，更重要的是，也增强了人们学习的愿望。相应地，公司也开始将人视为其主要资产。广告和设计公司最早践行这一理念，他们的主管因而会说："公司资产每天晚上都会走出大门下班回家。"

弗里茨·马克卢普（Fritz Machlup）在其里程碑式的研究成果《美国的知识生产与分配》中提供了令人信服的证据，证明非实体资产的附加值对经济产出的贡献与实体资产的投入不相上下。因此，众多公司都已经把个人发展和内训投资作为优先考虑，政府也随之增加中等教育的预算，并提高接受高等教育的青少年比例。

2008年，美国经济学家、美联储前任主席阿兰·格林斯潘（Alan Greenspan）曾说过："**半个世纪以前，我们很难想象概念和想法能如此大规模地替代生产和服务中的物质和人力。**"据管理咨询公司埃森哲统计，美国标准普尔500指数（S&P 500）中非实体资产占公司价值的比例从1980年的20%飙升至2010年的70%左右。伦敦证交所挂牌公司的上述占比在2010年达到了80%。

人力资本是一个非同寻常的资本种类。旧的金融和物质资本是非人的、"外在的"（out there）。人力资本却是首个被认为是与人相关且"内在的"多样性资本。当然它需要恰当环境才能开花结果。

杰瑞·希尔施贝尔格（Jerry Hirschberg）在底特律通用汽车担任资深设计主管期间，设计师们不能触碰自己设计的样机原型，因为这违反了工会条例（工会也禁止美国电影导演们擅自移动工作室的陈设）。当希尔施贝尔格被日产聘请来领导其第一个美国前哨——日产设计国际公司时，他决定创造一个设计师们想碰什么就碰什么、想移动什么就移动什么的环境。他坚持把新公司设立在加州的圣地亚哥，以尽可能地远离底特律，并告诉所有人，他们可以任意接触任何自己想碰的东西。他希望看到人们一起工作。希尔施贝尔格所引入的正是结构资本（structural capital）。

如果说人力资本每天晚上会走出大门，那么结构资本就是所有人离开后留下的生态系统。它开始于公司的组织形式，不管是昔日通用汽车的分级模式还是维尔福的扁平模式；它规定了人们每天工作的日常流程，包括招聘、薪酬、培训政策以及对努力工作和加班的态度。此外，还包括对知识产权、品牌和域名的管理、办公室的地理位置、室内设计及食堂。**结构资本的目标是提供一个环境，让人们可以将想法转化为其他想法，然后再变成产品，也就是所谓的创意生态**。创意和创新源自于本地的非正式交流，具有递增性和累积性。一个组织的成长不可能是突变或不连续的，而是像海绵吸水循序渐进。

智力资本
Intellectual Capital

列夫·埃德文森（Leif Edvinsson）将有关人力和结构资本的观点统一到一个概念中，即"智力资本"，他供职于瑞典第一大保险和金融服务公司斯堪的亚。这个词语引发世界范围的共鸣。在他荣膺的诸多奖项中，我最喜欢英国广播公司"头脑智囊团"（BBC Brains Trust）节目于1998年颁发给他的"年度最佳头脑"大奖，当时他击败了比尔·盖茨和保罗·麦卡特尼（Paul McCartney），这两个人可都满载着智力资本。

弗里茨·马克卢普早就已经用"智力投资"（intellectual investment）一词来描述对知识有才智的运用。埃德文森则更进一步指出，尽管这种投资对公司的价值非常重要，但却很少被纳入其年度账目中，因为传统财务体系只计算研究实验室的设备，而不计算研究人员的专有技术，这就是为什么那些认定自己的知识是最重要资产的创意人士，面对不会认定知识价值的会计们，马上会流露不信任的原因。

这就好像只评估公司停车场里的一辆车的价值，却忽略车的主人想把它开到哪儿。埃德文森将后者看作是"隐性资产"（hidden assets），他说道："虽然这些都是常识，但我们的挑战是如何把它们变成通行的做法。"微软的比尔·盖茨在《伦敦商业策略评论》上写道："我们的主要资产是软件和软件开发技术，但这些却完全无法出现在资产负债表上。单纯从会计角度，这的确难以理解。"可口可乐的董事长曾说，可口可乐的智力资本的价值，比其拥有的土地、办公室、工厂、车辆和瓶装厂的价值要高得多。

索尼在开发了随身听和数字影像科技后，决定投身娱乐产业，并收购了哥伦比亚下属的唱片公司和哥伦比亚电影制片厂。然而董事长大贺典雄却在之后抱怨："在日本，我们还是被视为一家电子公司，而不是一家内容公司。我们所有的娱乐产业、音乐和影视产业都被严重估值过低。我们的股票价格应当更高。我希望这些隐性资产能够更为人们所知。"

在创意经济中，一个人的想象力是人们最有价值的资本。总体来看，世界上智力资本的总值可能已经超过金融和物质资本的总和。很明显，智力资本是艺术、文化、设计、媒体和创新等领域的重要组成部分。世界上的大学和研发实验室拥有很高的智力资本比例。BBC 的巨额智力资本是其旗下的世界级节目制作团队，以及可以将想法转化为节目的管理结构。然而无论是制作团队（人力资本）还是管理结构（结构资本）都无法体现在英国广播公司的资产负债表上。

对那些依赖版权、专利、商标和品牌的公司，智力资本是它们的核心资源。如果药品没有专利，也没有品牌，消费者在享受低价带来的短暂实惠之后就会面临选择困惑；与此同时，如果制药企业值得信赖，那么新药面市的速度过慢又会成为阻碍。如果第二天的报纸没有经过排版设计，读者们就会淹没在词语的泥沼。

这类资本常常带有天赋或技巧标签，但这些名词都忽略了大背景。意大利公共广播公司（RAI）曾邀请我参与一项涉及 300 位高级管理人员的活动，活动长达一年。我们从中了解到了三件事。第一，意大利广播公司拥有大量的资金和实体资本，虽然看上去非常稳定，但这对于提供吸引观众的节目来说还是远远不够的。第二，很多管理者明显具有天赋和才能，但因为别人看不到而被浪费，着实可惜。第三，这些经理们需要生态环境和结构资本，好让他们不仅拥有想法，也能够将它们付诸实践。

《联合国年度财富报告》是一项了不起的尝试，该报告旨在将不同的资本用数字展示出来。它将人力资本定义为教育、技能、默会知识和健康。在其分析的 20 个国家中，美国得分最高，达到 118 万亿美元，8 倍于其本身的 GDP，随后是日本（55 万亿美元）、中国（20 万亿美元）、德国（20 万亿美元）和巴西（13 万亿美元）。每个国家的人力资本都远远超过了其自然资本和工业品资本（Natural and Manufactured capital）。

当需求遇上可能
WHEN WHAT'S DESIRABLE MEETS WHAT'S POSSIBLE

我曾在本书的开头谈到群集软件公司如何把从电影中获得的想法运用到提高人们生活安全性领域。同时,群集软件公司的戴安娜·奥兰德同伯明翰大学医院信托基金(Birmingham University Hospital Trust)的内特·维塔斯特见了面,和其他英国国民医疗保健体系(National Health Service,NHS)的同事一样,维塔斯特正致力于改善该体系内的旗舰医院"伊丽莎白王后医院"的门诊效率。出于一时兴起,这位医疗主任和集群软件公司的首席执行官一起参观了当地的宝马汽车工厂。多年以来,日本和德国的汽车企业在纠错系统的全球研发领域遥遥领先,该系统可以将误差降低到任务总量的0.1%,并使这些错误得到及时的发现及处理。虽然医院面临的任务要比汽车生产复杂得多,但即使在最简单的日常事务中,他们的出错率也非常高。伯明翰医院的首席执行官朱莉·摩尔认识到,尽管她医院的业务是涉及人的健康方面的,但对于出错的容忍度确实过高了。

英国国民医疗保健体系处理出错的办法是对结果进行监控,如果出现了严重问题,他们会从头开始追溯。错误的发现和纠正通常需要花上几个小时,弄不好得花一整天时间,而且基本不会有任何改进。摩尔说道:"只要没死人或是没发生恐慌,人们就什么都不会做。"当她走在宝马的工厂里时,她和医疗主任大卫·罗瑟意识到,国民医疗保健体系可以变得更好。宝马推行了一种错误零容忍制度。该系统会监测每一个事件,并在必要的时候采取行动。在参观结束之后,他们制定了一项方案,即旨在监控和启动补救措施的电子处方、信息和交流系统(PICS)。每一个病房都设有PICS仪表板。此举带来惊人的效果(比如现在处理类似院内感染等医疗事故的平均反应时间从30个小时缩短为10秒)。这个案例非常好地解释了学习和适应。

然而事情的下一步却并没有那么顺利。尽管国民医疗保健体系鼓励其他医院也安装PICS仪表板,但是没有几家医院愿意照办。国王基金(领先的医疗保健顾问团)称,国民医疗保健体系的首要原则是标准化而非卓越;它认为那种看重标准、最优实践和案例研究的官僚态度,无法激励人们做得比平均水平更好。像朱莉·摩尔和大卫·罗瑟那样离开病房、参观汽车厂而得到个人启示的行为仍然极为罕见。国民医疗保健体系的生态系统是基于重复的，该系统并不鼓励改变和多样性。

在这种情况下，改变更有可能来自外部。在美国，当家庭医生杰里米·布伦纳（Jeremy Brenner）被卷入一起街道枪击案时，他对于医疗系统无法满足人们的服务需求而感到困惑和震惊。他试图敦促当地警方编写犯罪地图，以找出容易发生袭击的地区，在被警方拒绝之后，他开始着手自己去做。他搞出了一套动态地图系统，可以对高风险地区采取实时监控。这张地图带来三个明显的效果：更好的医疗服务，更好的治安以及更低的成本。放眼全国，个人及非营利性机构正通过分析数据来确定人们真正需要的是什么（和互联网公司多年以来所做的一样），然后将成果提供出来。这带来了更健康的人群和更为低廉的医疗开销。布伦纳曾经对创意精神进行过总结，和研究基因数据照片的艺术家伊莱恩·施密特（Elaine Shemilt）所做的一样，**他认为创意精神是通过运用个人天性和才智让某种事物对别人更有意义**。创意不仅依赖于想出新思想，还需要通过行动，把需求转化为可能；换句话说，就是"视想法为资产"（treating ideas as assets）。

视想法为资产似乎是合理的，因为它们源自我们可以增加或改变的投资（关注、时间、金钱），而也正是它们决定了未来的产出。视想法为资产有助于我们理解创意市场的本质。在金融领域，资产市场就是投机活动的集合，它是一次性交易的世界，而不是大规模生产。**为思考投入更多的努力会带来价值和效率的提升，这同对其他资产所进行的投资是一样的道理**。

供求关系是流变的。这构成了一个充满个人化承诺、插曲和意外的世界。当我们有了一个新想法（不管是我们自己还是别人的），当我们为想法赋予了价值，并创造出了一些新的和原创的东西，创意就发生了。创意的市场中并不存在官方汇率。一个人的想法可能在另一个人看来毫无价值。钱永远是钱，但想法却可以是好的，可以是坏的，甚至不好也不坏。一个想法在前一天看来也许是好的，到了第二天也许又不再受欢迎。

投资策略多种多样。我们既可以把钱塞到床垫下，然后看着它一天天贬值，也可以把它花掉，或者通过投资令其增值。同样，**我们可以让**

创意资产休眠，也可以花掉它们，或是投资出去。

创意的这些形态很容易遮蔽在创新当中，两者的边界很模糊。越来越多的创意被投入了更大范围的讨论中，包括新的工作方式、新技术、新算法和一些未知的新流程当中。2012年，上海创意学院举办了一场以数字技术及表演为主题的国际研讨会。在一开始的几场讨论中，演讲者们都渴望证明自己的智慧水平，并竭力区别各种判断到底是基于艺术还是技术。最后他们意识到，在一个更大的整体中，这些细节其实都不存在了，艺术和技术只是他们所作事情中两种不同的心智模式。

一个想法如果目标明确且能被管理，就更容易获得收益。在一个小而灵活的生态系统中，想法最容易成功，那里由全职思考者、网络办公环境与集群组成，他们了解权限管理，懂得想法能够及何时转化为财产，知道最优成本效益比的实际操作方式。

我们从柜台上买到的或下载到的东西变成了我们自己的之后，对于这些东西来说，这看上去就是终点了。而且，通常销售条款都会禁止用户对产品进一步的开发和使用。但是创意的本能和生态并不会轻易放弃。对自己完成了什么、已经拥有什么、我还能做些什么、谁可能会喜欢等问题的思考，可以启发我们还能利用这些东西做什么，于是创意的循环就这样又开始了。

在整本书中，我虽然重点关注商业和市场，但创意生态的整体影响却更为深远。我们对待想法和发明的方式会影响社会、文化和政治问题的走向。想法和发明的所有权如何决定、由谁决定也影响着我们为自己营造的社会形态。

扼杀或滥用创意资产的社会不可能繁荣，**只有当我们能成功理解并管理创意经济时，个人才能获益，社会才能得到回报**。而我们必须迈出的第一步，是将创意视作普遍性的人类特质，并将其作为学习和适应过程的开端。

致 谢
ACKNOWLEDGEMENTS

没有来自世界各地众多创意人士的帮助,这本书是不可能写成的,他们也在思考创意:创意是如何开始的,是如何成长的,以及如何变得对我们和其他人更有价值。我要感谢他们所有人,希望他们认为这本书是对我们曾进行的对话的补充。我要特别感谢伦敦 BOP 咨询公司,还有我上海和北京的同事们。感谢我的经济人——PDF 公司的迈克尔·希斯松,还有我的编辑——企鹅图书的斯图亚特·普罗菲特,他们自始至终都在给予我支持。一如既往,我还要谢谢阿丽亚娜·班克斯,感谢她在"比利时国王"号上和其他旅程中的陪伴。

原文注释

前言：谁是有创意的人，为什么？

关于 IBM 的调研，参看《利用复杂性》，全球 CEO 研究，IBM，2010 年。

打印邦德的阿斯顿·马丁跑车的想法最初由英国的 Propshop Modelmakers 公司提出，然后委托德国 3D 打印公司 Voxeljet 使用 VX4000 打印机打印。

谢尔米特的艺术项目参看伊莱恩·谢尔米特"细菌生活的蓝图"，伦敦大学伯克贝克学院，2006 年。

对"苏格兰的创意天才"提出邀请的是苏格兰政府文化部副部长温迪·威尔金森，2010 年 3 月。

做电子游戏起家的 CIA 雇员是吉尔曼·路易，他曾授权运营俄罗斯方块游戏——当时全球最热卖的电脑游戏，而后加入风险投资公司 In-Q-Tel 任第一任 CEO。

第一章 当半兽人穿越牛津广场

托尔金对半兽人的描述引自汉弗莱·卡彭特的《托尔金书信集》，哈珀柯林斯出版社，1981 年。

彼得·杰克逊描述他创意涌现时刻是在美国成就学院接受采访时出现的，华盛顿特区，2006 年 6 月 3 日。

纳特·维达瑟的故事是他亲自告诉作者的，2012 年 1 月 13 日。

相关内容参看科林·A·罗南的《剑桥插图世界科学史》，剑桥大学出版社，1983 年。

相关内容参看爱德华·O·威尔逊的《论契合：知识的统合》，利特尔 & 布朗出版社，1998 年。

对于创意强度，参看哈桑·巴克希、阿伦·弗里曼和彼得·希格斯共同撰写的《英国的创意产业的动态映射》，英国国家科技艺术基金会，2013年。

参看亚伯拉罕·马斯洛的《动机与人格》，Harper and Brothers出版社，1954年。

相关内容参看林纳斯·托瓦兹和大卫·戴蒙德合著的《只为乐趣》，Harper Business出版社，2001年。

相关内容参看弗雷德·霍伊尔在杂志《工程与科学》上的文章《宇宙：过去和现在的反思》，1981年11月。

关于发达国家在文化娱乐方面的开支，参看《家庭开支》，2011年版，英国国家统计局，伦敦；《消费者开支调查》，美国劳工统计局，华盛顿特区，2011年。

第二章　三大支柱

关于每秒700个新连接的提法参看《终身健康的基础建立在幼儿早期阶段》，儿童发展中心，哈佛大学，2010年。

相关内容参看诺姆·乔姆斯基的《自下而上研究普遍语法》，乌索·尔兰德和汉斯·马丁·高德纳主编的《接口＋递归＝语言?》，Walter de Gruyter出版社，2007年；史蒂文·平克的《语言本能》，William Morrow and Company出版社，2007年；史蒂文·平克的《语言本能》，Allen Lane出版社，1994年。

相关内容参看比尔·格罗斯在《哈佛商业评论博客网络》上的文章《300美元的房子》，2010年10月25日；或访问http://blogs.hbr.org/cs/2010/10/the_300_house_the_design_chall.html。

关于全球电力市场，参看文卡塔拉曼·克里斯纳瓦密的《缩小电力供需差价》，世界银行，2007年。

第三章　首位的才赋

萨姆·门德斯在接受《星期日泰晤士报》采访时说的这番话，2000年1月23日。

相关内容参看赫尔曼·瓦斯克的《为什么你充满创意?》，How Design出版社，2002年。

相关内容参看库尔特·冯内古特的《没有国家的人》，Seven Stories

原文注释

Press 出版社，2005 年。

相关内容参看罗伯特·克拉夫特的《史特拉汶斯基：友谊编年史》，纳什维尔州，1994 年。

毕加索在接受《巴黎评论》采访时讲的这番话，第 32 期，1964 年。

相关内容参看丹尼尔·卡尼曼的《思考，快与慢》，Farrar Straus and Giroux 出版社，2012 年。

相关内容参看的荣格《个性的发展》，《荣格文集》第 17 卷，Routledge 出版社，1954 年。

安东尼奥·达马西奥是《感受发生的一切》的作者，本文中的评论引自他于 2000 年 1 月 14 日在伦敦经济学院发表的演讲。

关于神游的好处，参看理查德·费舍尔在《新科学家》杂志上的文章《做一个小梦》，2012 年 6 月 16 日。

相关内容参看珍妮弗·威利和安德鲁·雅罗什的《心理学学习和动机》，第 56 期，2012 年。

相关内容参看米哈里·契克森米哈的《当下的幸福：我们并非不快乐》，Rider 出版社，1990 年。

相关内容参看查尔斯·谢灵顿的《本性之人》，企鹅出版社，1940 年。

相关内容参看萨默塞特·毛姆的《写作回忆录》，Heinemann 出版社，1938 年。

相关内容参看怀德海的《科学与现代世界》，Macmillan 出版社，1925 年。

相关内容参看托尔金的《指环王》，Allen and Unwin 出版社，1954 年。

特雷弗·纳恩在接受本书作者的采访时说的这番话，1999 年。

相关内容参看约翰·赫伊津哈的《游戏的人》，Routledge 出版社，1949 年。

相关内容参看大卫·普特南在《乌托邦式论文》中的文章《屏幕之后与之前》，Newell and Sorrell 出版社，1996 年。

相关内容参看理查德·费曼的《发现的乐趣》，录像，BBC，1981 年；图书，Perseus 出版社，1999 年。

相关内容参看安东尼·斯托尔的《创造的动力》，Secker & Warburg 出版社，1972 年。

F·斯科特·菲茨杰拉德的小故事出现在其散文集《崩溃》中，New Directions 出版社，1945 年。

相关内容参看彼得·巴泽尔杰特在杂志《Broadcast》上的文章《如何发现（和管理）创意》，1998 年 11 月 20 日。

相关内容参看肯·安德斯·埃里克森的《卓越之路》，Psychology Press 出版社，1996 年；马尔科姆·格拉德威尔的《异类》，Allen Lane 出版社，2008 年。

相关内容参看欧文·高夫曼的《享乐之地》，1969 年。

关于史蒂夫·乔布斯成功方法的评论引自《连线》杂志的文章《打破规则：苹果的成功源自挑战谷歌的核心原则》，2008 年 3 月 18 日。

相关内容参看彼得·阿克罗伊德的《T·S·艾略特传记》，Hamish Hamilton 出版社，1984 年。

相关内容参看鲍勃·迪伦的歌曲《It's Alright, Ma（I'm Only Bleeding）》，哥伦比亚唱片公司，1965 年。

相关内容参看卡米尔·伊第莱斯《年度报告（1999）》中"世界知识产权组织简介"章节。

关于劳伦斯·奥利维尔的故事引自的《演员之王》，Weidenfeld and Nicolson 出版社，1971 年。

第四章 想法扎根的地方

约翰·斯坦贝克是在接受罗伯特·范·盖尔德的采访时将出这番话的，引自杰伊·帕里尼的《约翰·斯坦贝克传记》，特拉法尔加广场出版社，1994 年。

可汗学院和 Udacity 大学是大型开放式网络课程的成功案例。

相关内容参看索加摩柯在路易斯·G·考恩系列讲座中的《未来和国家学习能力》，1978 年 9 月 11 日。

亚历克斯·格雷姆是在与本书作者的一次谈话中做出这番评论，伦敦，2011 年。

相关内容参看肯尼斯·戈德史密斯的《非创意写作》，哥伦比亚大学出版社，2011 年。

原文注释

模仿与共同娱乐之间的关系引自菲奥纳·克尔关于管理神经科学的论文，阿德莱德大学。

相关内容参看理查德·道金斯的《自私的基因》，牛津大学出版社，1976年。

相关内容参看弗朗西斯·高尔顿在《自然》上的文章《人民的心声》，1907年3月28日；埃里克·雷蒙德的《大教堂和市集》，O'Reilly出版社，1999年。

相关内容参看凯斯·乔斯通的《即兴剧与剧场运动》，Methuen出版社，1981年。

关于"我们思考"，参看查尔斯·利德比特的《我们思考》，Profile出版社，2008年。

关于维尔福公司新员工手册，请访问 http://newcdn.famehaus.com/。

尼基·宾宁的话引自罗斯·蒂曼在《金融时报》上的文章《从团队到协作》，2012年3月15日。

相关内容参看的爱德华·德·波诺《六顶思考帽》，时代华纳，1985年。

关于记忆与约定之间的关系，参看肯尼思·T·岸田及其他人合作的文章《小群体设置中的暗示信号》，《皇家学会哲学会刊》，2012年1月23日。

社会学家罗伯特·默顿对"站在巨人的肩膀上"这句话的出处进行了研究，发现其源自12世纪法国哲学家伯纳德。

相关内容参看罗宾德拉纳特·泰戈尔的《吉檀迦利》，Macmillan出版社，1970年。

第五章 管理想法

相关内容参看约瑟夫·熊彼特的《资本主义、社会主义与民主》，Allen and Unwin出版社，1943年。

关于欧洲新型工作形式的数据来源于《第五次欧洲工作条件普查》(2012)，欧洲提升生活品质基金会；其他各国的数据来源于经合组织年鉴，2012年。

对于跨国公司的低税率问题，参看经合组织财政事务委员会发布的新闻稿，洛斯卡沃斯市，2012年6月。

相关内容参看丹尼尔·贝尔的《匹配的规模》，Louis G. Cowan Lecture出版社，1979年9月12日。

相关内容参看彼得·德鲁克的《明日的里程碑》，Harper and Brothers出版社，1959年。

拉尔夫·瓦尔多·爱默生的话引自布利斯·佩里主编的《爱默生日记精华》，Dover出版社，1995年。

英国电信与《今日管理》杂志的调查在《信息战略》一文中有详细讨论，《经济学人》杂志，1997年三月号。

相关内容参看厄内斯特·霍尔的《捍卫天才》，英格兰艺术委员会出版，1996年。

赫尔曼·豪瑟于1998年在CREATEC公司董事会上的讲话。

杰夫·贝索斯于1996年10月接受《Upside》杂志的采访时候做出这番评论。

卡斯帕罗夫在与深蓝3对战前讲了这番话。

相关内容参看阿耶莱·费斯巴赫与崔珍熙在《组织行为和人类决策过程》杂志上发表的《当思考目标会削弱追求目标的动力时》，第118期（2012年），第99–107页。

特雷弗·贝里斯的话引自《泰晤士报》，2000年3月14日。

保罗·奥法里的话引自熊彼特在《经济学人》杂志上的文章《赞美怪胎》，2012年6月2日。

对于企业家群体阅读障碍高发病率问题参看茱莉·罗根《受阅读障碍困扰的企业家们》，卡斯商学院，2010年。

阿特·巴朗做出关于没有战略的评论是1995年在伦敦与英国第五频道的会谈上；也可参看约翰·霍金斯在《澳大利亚商业评论》上的文章《为什么迈克尔·波特是错误的》，BOSS，2006年9月。

相关内容参看斯科特·库克在《哈佛商业评论》上的文章《紧急战略》，2011年6月。

特里·凯利的话引自斯特凡·斯特恩和彼得·马什在《金融时报》上的文章《领导力的混沌理论》，2008年12月2日。

相关内容参看高健的《即兴演奏：艺术与商务创意原理》，Harper Business出版社，伦敦，1996年。

原文注释

潘·琼斯在世界未来年度大会上发表题为《领导复杂的团队：未来的商业模式》演讲曾提及阿什里奇商学院的调查，2007年7月29-31日。

阿尔弗雷德·马歇尔，《经济原则》，Macmillan出版社，1890年。

相关内容参看查尔斯·利德比特的《知识经济大趋势》，维京出版社，1999年。

对于好莱坞的局外人，参看《华尔街日报》，1994年4月10日。

巴里·迪勒的话引自《金融时报》，1990年3月10日。

对于YouTube视频制作人，参看罗伯·沃克在《纽约时报》上的文章《业余爱好者是YouTube的生力军》，2012年6月28日。

邓肯·尼德奥尔的话引自《经济学人》，2012年6月16日。

关于众筹的监管问题，参看史蒂文·布雷福德在《哥伦比亚商业法评论》上的文章《众筹与联邦证券法》，2012（1），2012年。

对于英国互动文娱协会关于众筹的新监管框架，参看该组织发布的《众筹报告：一项推进众筹在英国发展的建议》，2012年。

大卫·普尔曼的评论是他于2012年7月25日在英国国家电影电视学院的一次演讲中提出的。

对于欧洲无法建立起类似硅谷的产业园区的说法，参看《经济学人》的文章《苹果公司的教训》，2007年6月9日。

交易与合同部分是基于以下两本书的内容撰写：理查德·凯夫斯的《创意产业经济学：艺术的商业之道》，哈佛大学出版社，2001年；约翰·霍金斯的《创意生态：思考在这里是真正的职业》，牛津大学出版社，2009年。

对于《星球大战》电影衍生品的收入问题，参看亚历克斯·本·布洛克在《好莱坞报道》上的文章《星球大战后的真实动力》，2012年2月17日。

乔纳森·埃维于2012年8月3日在伦敦信息通信技术全球商业峰会上的讲话。

阿尔伯特·爱因斯坦的话引自《观察者》，1950年1月15日。

第六章　占有想法

关于知识产权法律非常微妙的评论参看报告《知识产权和国家

信息基础设施》，信息基础设施特遣小组，1994 年；Folsom v. Marsh 案例，9 F. cas. 342，344（CCD Mass. 1841）：马克·吐温 的《笔记本（1902－1903）》。

总统奥巴马的评论引自白宫的网上博客，2012 年 1 月 14 日。

相关内容参看伊恩·哈格里夫斯的《数字化机会》，知识产权组织，2011 年。

对于迪士尼申请专利一事，参看美国专利申请书第 77618057 号。迪士尼公司已经对商标保护期延长了 5 次，但这一次申请还没有批准。

对于产品设计者对设计权的态度，参看英国文化创意产业咨询公司的《设计经济：国际比较》，知识产权组织，2012 年。

托马斯·杰斐逊给艾萨克·麦克弗森写的信，日期为 1813 年 8 月 13 日，引自美林·D·彼得斯主编的《托马斯·杰斐逊选集》，Library of America 出版社，1984 年。

马丁·路德的话引自《马太福音》第 10 章 8 节。

本文引用的作者的抱怨成为法案的开头部分。

丹尼尔·笛福关于书是作者的个人财产的评论引自雷蒙·威廉斯的《漫长的革命》，Chatto and Windus 出版社，1961 年；他关于商业的一个不容忽视的分支的评论引自《苹果蜂日报》，1725 年。

关于报告全文，参看《互联网与版权》，绿皮书，美国商务部，1999 年。

相关内容参看约翰·佩里·巴洛在《连线》杂志上的文章《创意经济》，2.03，1994 年 3 月。

关于美国联邦调查局对 Megaupload 网站广告和增值服务收入的估计，参看美国司法部的新闻稿，2012 年 1 月 19 日。

关于侵权行为造成的损失，参看斯蒂芬·斯维克的《版权行业的盗版行为对美国经济造成的真实损失》，政策创新研究所，1997 年；罗布·里德制作的视频《版权的数学》（2012 年），则给出了另一个略带讽刺意味的但以事实为依据的估算方法。

关于贫穷国家的媒体盗版问题，参看约瑟夫·卡拉格尼斯的《发展中国家的媒体盗版问题》，社会科学研究委员会，2011 年；www.piracy.ssrc.org。

大卫·佩特拉卡在珀斯作家节上的讲话引自《悉尼先驱晨报》，

原文注释

2013年2月26日。

相关内容参看微软《万圣节报告》，内部文件，1997年。

相关内容参看艾瑞克·雷蒙德的《大教堂和集市》，O'Reilly出版社，1999年。

相关内容参看数字经济的合作与产权大会的完整报告，访问www. cl. cam. ac. uk/conference/code。

关于人类基因组DNA元件百科全书计划的信息，请访问www. encodeproject. org/。

汉斯·罗斯林的评论引自《经济学人》上的文章《让数据跳舞》，2010年12月9日。

相关内容参看《支持开放获取公共资金资助的研究的指令》，白宫，2013年2月22日；《开放数据政策：如资产一般管理数据》，白宫，2013年5月9日。

相关内容参看蒂姆·伯纳斯－李在TED上的演讲，2009年。

关于专利在智能手机当中的作用，参看杰夫·麦考密克的文章《专利战争：剥光iPhone的外衣》，BBC新闻网，2012年2月16日。

关于法官做出"因为三星看起来没有苹果那么酷"的判决，请访问www. bailii. org/ew/cases/EWHC/Patents/2012/1882. html。

法官波斯纳的评论引自路透社于2012年7月5日的报道。

相关内容参看安德鲁·高尔斯的《知识产权评论》，文书局，2006年。

相关内容参看詹姆斯·格雷克在《纽约时报》上的文章《荒唐的专利》，2000年3月12日。

相关内容参看劳伦斯·莱西格的《代码与互联网的其他规则》，Basic Books出版社，1999年。

埃里克·施密特在接受《华尔街日报》采访时的讲话，2012年12月4日。

参看欧洲专利局的《向软件授予专利?》，2012年。

彭娜帕·萨巴乍龙博士的话引自D·R·曼克卡尔的《媒体与第三世界》，印度大众传媒学院，1979年。

"太阳下人类制造的……"这个说法引自第82届国会第2次会议的讲话，S Rep. No. 1979 5（1952）。

美国法庭关于人身体部分的专属所有权的决定，参看案例 Moore vs University of California，51 Cal. 3d 120；271 Cal. Rptr. 146；793 P. 2d 也可参看詹姆士·波义耳的《巫师、软件和脾脏》，哈佛大学出版社，1996 年。

"细胞一旦离开了人体……"引自欧洲指令文件 98/44，Article 5. 2.。

对于 Myriad，参看案例 Association for Molecular Pathology vs Myriad Genetics Inc.，最高法院，12 - 398，13/6/13。

相关内容参看伊曼努尔·康德的《判断力批判》，J·C·梅雷迪思翻译，Hackett 出版社，1997 年。

相关内容参看国家信息政策总统特遣小组的报告，白宫，1976 年。

相关内容参看杰弗里·萨克斯在《经济学人》上文章《帮助世界最贫穷的人》，1999 年 8 月 14 日。

对英国版权交易中心的可行性研究由理查德·胡珀主持；参看理查德·胡珀的《版权作品》，知识产权组织，2012 年。

关于世界知识产权组织和开源软件的故事引自劳伦斯·莱斯格在杂志《E - Week》上的文章《开放的源码，封闭的思想》，2003 年 10 月 1 日；或访问 www. lessig. org/content/columns/cio3. pdf。

这些数据引自诺基亚的诉讼团队主管理查德·瓦里向英国知识产权局递交的报告《分歧：对商业的负面影响》，2012 年 4 月 12 日。

第七章　搜索、学习、融合与分享

应用程序和网络的比较由手机分析公司 Flurry 提供，2013 年。

有关网络购物的数据来自文章《你真的给予顾客他们想要的了吗，真的吗?》，国际支付，2012 年。

有关网络社交媒体对"阿拉伯之春"的影响，见《信息战争：评估叙利亚的社交媒体战场》，克里斯·赞贝雷斯，反恐中心（CTC），2012 年。

相关内容见《被数据驱动的生活》，加里·沃尔夫，纽约时代杂志，2010 年 4 月 28 日；又见 www. quantifiedself. com。

有关"潜匿""鲨鱼"和其他交易算法，见斯科特·帕特森，《黑暗池沼》，兰登书屋，2012 年。

有关公司对婚姻红灯的洞见，参看奥立弗·巴克曼在《卫报》上的文章《现实查验》，2011 年 3 月 15 日。

相关内容见《愚钝网络的崛起》，大卫·艾森伯格，《计算机电话技术》，1997 年 8 月。又见 isen.com/stupid。

相关内容见彼得·马丁的文章，《金融时报》，1998 年 10 月 20 日。

相关内容见《你必须知道的有关网络的一切》，约翰·诺顿，《观察家报》，2010 年 6 月 20 日。

约翰尼·布莱克的提议见于给作者的邮件，2012 年 5 月 4 日。

相关内容见艾琳·麦基翁于 2012 年 3 月纽约举办的版权大会上的发言。

有关专辑销售的数据由新音乐研讨会提供，2012 年 6 月。

第八章 核心领域：艺术、设计、媒体和创新

在《核心领域：艺术，设计，媒体和创新》一章中引用的主要数据来自：美国商务部；英国文化、媒体和体育部；欧盟；HIS Screen Digest；中国国家统计局（www.stats.gov.cn/english）；经济合作与发展组织；普华永道；中国国家广播电影电视总局（广电总局）；联合国（联合国教科文组织，世界知识产权组织）；世界银行；新华社；公司年报；具体行业的数据会在下文各行业的开头给出。

2012 年全球经济总量的数据由世界银行提供。

美国必然的衰退详见《思考时间到：衰落时代的美国》，爱德华·鲁斯，大西洋月刊出版社，2012 年。

有关数字媒体和文化遗产间的差距，见《数字鸿沟》，约翰·霍金斯，世界知识产权组织，2010 年。

有关美国商务部对创意产出的处理，见《2013 年关于全国收入和产品收益的全面展望》，美国商务部经济事务局，2013 年 3 月。

有关英国研发支出，见《英国艺术原创投资：电影、电视与广播，图书、音乐与艺术》，英国知识产权局，2011 年；《版权带来 30 亿英镑的国家收益增长》，彼得·古德里奇，乔纳森·哈斯凯尔，IPO，2012 年 6 月。

有关英国的新措施，见《英国创意产业的动态映射》，哈桑·贝希克，阿兰·弗里曼，彼得·希格斯英国国家科学、科技与艺术基金，

2013 年；以及《创意经济宣言》，胡安·马特奥斯－加西亚，英国国家科技艺术基金会，2013 年。

有关奢侈品市场，见缇缇波恩·三关皮亚潘博士的报告《与奢侈品的风流韵事》，2008 年。

有关"艺术"一节，数据来自：《艺术报》，艺术价格网和拍卖结果。

有关全球市场，见《国际艺术市场》，克莱尔·麦克安德鲁，欧洲艺术与古董博览会，马斯特里赫特，2013 年。

有关英国艺术品市场价值，见 Arts Economics 的报告，《英国艺术品市场：全球中转赢家》，英国艺术市场联合会，2011 年。

有关"图书"一节，数据来自：Bookseller 网站；鲍克（美国国际标准书号中心）；尼尔森；中国出版工作者协会和《出版人周刊》。

有关中国图书占全球市场份额，见《英语的未来》，大卫·葛拉多，英国文化委员会，1997。

有关"手工艺"一节，数据来自手工艺组织 Bundesverb and Kunsthand werk：手工艺委员会及手工艺和爱好协会。

有关"电影"一节，数据来自：英国电影学院；英国荧幕咨询理事会；北京 CMM 情报；欧洲视听天文台；《亚洲电影资讯》；毕马威；美国电影协会；尼尔森；尼日利亚电影和视屏审查；《国际荧幕》；《综艺》。

有关 Netflix 在授权上的支出，见《网络交易振奋病恹恹的好莱坞》，布鲁克·巴恩斯，《纽约时报》，2012 年 3 月。

有关好莱坞六大制片厂的数据由来自摩根士丹利的本杰明·斯温伯恩提供，相关内容详见《经济学人》，2013 年 2 月 25 日。

有关"音乐"一节，数据来自：《告示牌》；英国唱片业协会；中国表演行业协会；国际唱片业协会；英国音乐版权协会；美国唱片工业协会。

有关 2012 年百大音乐势力，见《公告牌》，2012 年 1 月 27 日。

有关英国音乐市场份额，见《累加音乐》，英国音乐版权协会，2011 年。

有关英国音乐业工作者或自视为音乐家的人群，见《音乐蓝图》，创意和文化技能委员会，2011 年。

有关中国音乐市场，见《人民日报》，2013 年 3 月 21 日。

原文注释

有关摩登天空的免费下载，见英国广播公司新闻频道，2008年2月28日。

有关"表演"一节，数据来自：百老汇联盟；中国表演行业协会；百老汇网络数据库；伦敦剧院协会；《综艺》；《舞台》；其他独立制片厂。

有关《悲惨世界》音乐剧的数据，见公司网站和媒体报道。

有关中国剧院观众人数，见《中国剧院》，广州民意调查中心，2012年。

有关"电子游戏"一节，数据来自：娱乐软件协会；英国互动娱乐协会；英国游戏贸易组织；信息产业协会。

有关"建筑"一节，数据来自：美国建筑师协会；《建筑师期刊》；《建筑设计》；英国皇家建筑师学会；国际建筑师协会。

相关内容来自《国际建筑观察和牛津经济》，《全球建筑2020年报告》，普华永道，2011年。

有关"设计"一节，数据来自：中国工业设计协会；design-china.co；设计委员会；国际平面设计协会；美国工业设计师协会；国际工业设计师协会（ICSID）；日本设计振兴工会；eightsix.org。

相关内容见《动态中的影像》，拉兹罗·摩荷里—纳基，Paul Theobald出版社，1947年。

有关设计密集型公司，见《英国多学科设计教育》，设计委员会，2010年。

有关设计师对设计权的困惑，见BOP资讯公司发表于《设计经济学》上的文章，IPO，2011年。

关于中国设计学校的数据，见《中国设计：分布报告》，MovingCities，上海，2012年。

有关"时尚"一节，数据来自：英国时尚委员会；《女装日报》；公司报告。

有关印地纺的言论，见www.inditex.com/en/who_we_are。

有关美国时尚产业，见《加强纽约市时尚批发市场的发展》，纽约经济发展联盟，2009年。

有关时尚市场和网络购物的数据，见《时尚的未来》，伦敦时装周，2012年。

有关中国时尚市场份额，见《妆扮：抓住中国时尚市场的动态增长》，文森特刘等，《波士顿咨询公司观察》，2011年。

有关"玩具"一节，数据来自：英国玩具与爱好协会；国际玩具协会；欧洲玩具协会。

有关联合国儿童基金会对英国父母的评价，见《英国、西班牙和瑞典的儿童幸福》，联合国儿童基金会/英国皇家文书局，2012年。

有关"广告"一节，数据来自：《广告时代》；广告协会；美国广告协会；广告从业者协会；尼尔森；全球广告研究中心。

有关"报纸和杂志"一节，数据来自：阳狮集团；国际期刊出版商联合会；国际出版人协会；美国报业协会；英国期刊出版商协会；《出版人周刊》。

有关中国报纸市场的数据，见《环球时报》，2012年5月8日。

有关"电视和广播"一节，数据来自：欧洲视听观察组织；美国联邦通信委员会；英国通信办公室；中国国家广播电影电视总局；英国广播公司；北京 CMM Intelligence。

有关"研发"一节，数据来自：英国商业、创新和技术部；美国商务部；欧洲委员会；美国国家科学基金会；巴特尔；各国专利局。

巴特尔的预测发布于《2012年全球研发基金预测》，2011年。

有关大规模研发支出方，见《2010年研发记分卡》，英国商业、创新和技术部。

有关苹果和谷歌的专利活动，见《专利的宝剑》，查尔斯·杜希格，史蒂夫·洛尔，《纽约时报》，2012年10月7日。

有关2010年专利数量，见《国家经济和社会发展统计公报》，国家统计局，2012年2月22日。

有关欧洲研发和专利支出，见《2012年欧盟创新记分表》，欧洲委员会。

有关英国研发和专利支出，见《可访问性，可持续性和卓越性：如何扩展研究出版物的获得渠道》，简尼特·芬奇，研究信息网，2012年。

有关中国科学院研发支出，见《人民日报》，2012年9月17日。

有关中国专利目标，见《2011—2020年国家专利发展计划》，国家知识产权局，2012年。

原文注释

有关"软件"一节,数据来自:商业软件联盟;高德纳咨询公司;中国信息产业部;印度国家软体及服务公司协会;公司报告。

有关印度软件市场增长,见《软件产业与发展中国家》,联合国贸易和发展会议,2012年。

有关"网络公司"一节,数据来自:Alexa.com;公司报告。

第九章 城市:中间的空间

有关城市人口迁移,见 go.worldbank.org/QHKRLTGH70。

相关内容见《城市经济学》,简·雅各布斯,兰登书屋,1969年。

相关内容见《创意阶级的兴起》,理查德·佛罗里达,基础读物出版社,2001年。

相关内容见《创意城市》,查尔斯·兰德里,地球瞭望出版社,2000年。

相关内容见《合作与创意:微型世界问题》,布莱恩·乌奇,贾勒特·斯皮罗,《美国社会学期刊》,2005年9月。

尼尔·波拉克曾在其2012年5月21日发表于《连线》杂志上发表的文章——《Lady Gaga 的经纪人如何运用社交媒体重塑名人游戏》中谈论过特洛伊·卡特。

相关内容见《企业家团体》,马丁·吕夫,普林斯顿大学出版社,2010年。

在约翰·霍金斯2009年由昆士兰大学出版社出版的《创意生态》中,本人扩展了文化的三大领域。

关于2012年全球城市文化论坛,见 BOP 咨询公司发布的《2012年世界城市文化报告》,大伦敦政府,2012年。

《德勤的寓言……》见《经济学人》2011年10月22日版。

谢尔丽·康奈利的评论见《未来车型构想》,《新科学人》,2012年8月21日。

有关城市中心的重心向东边转移,见约翰·霍金斯《为什么城市在由东往西挪移》,建筑协会,1970年。

有关政府政策工具包的总结,见《推动当地政府艺术投资》,伦敦政府协会,2013年。

克劳斯·沃维雷特市长于2004年电视采访上的讲话。

凯特·莱文的评论见其2012年4月于上海所作的《世界城市报告》。

第十章 我的头脑，我的资产

相关内容见《文明与资本主义》，费尔南·布罗代尔，柯林斯出版社，1984年。

相关内容见《资本论》，卡尔·马克思，威廉·格莱舍出版社，1918年。

相关内容见《知识在美国的生产和分配》，弗里茨·马赫鲁普，普林斯顿大学出版社，1962。

阿兰·格林斯潘的评论见《敲开价值密码》，理查德·波尔顿，巴里·李伯特，史蒂夫·萨玫克，哈泼柯林斯出版社，2000年。

相关内容见《创造的优先级》，杰瑞·希尔施贝尔格，维京出版社，1998年。

相关内容见《国际管理战略期刊》，列夫·埃德文森，卷30第3期，1997年6月。

相关内容见《光速发展的商业》，比尔·盖茨，《商业策略评论》，1999年2月。

大贺典雄的评论出自其在1998年索尼年度股东大会上的发言。

关于联合国年度财富数据，见《2012年包容性财富报告》，剑桥大学出版社。

有关大卫·普罗瑟对英国国民健康保险制度（NHS）的总结，见《在保证医疗质量和病患安全信息的作用》，中期员工公共调查，2011年10月19日。

茱莉·摩尔的观点出现于《从汽油到处方》一文中，见《经济学人》2012年6月16日版。

有关杰里米·布伦纳的故事，见阿图·葛文德2011年1月24日于《纽约客》的撰文《热点人》。

后记：纪念《创意经济》二十年

树立创意经济的世界观

1996年，当世界经合组织（OECD）发表《以知识为基础的经济》报告，提出发达国家正在进入"知识经济时代"，并将其定义为建立在知识的生产、分配和使用（消费）之上的经济时，约翰·霍金斯已经开始思考另外一个与之相通，但又不同的概念——创意经济。

2008年，联合国贸发会议研究小组发表了《2008创意经济报告》，这是联合国首次对创意产业全球性发展趋势做出的评估，指出：创意经济作为"一种新的发展范式正在全球兴起，它连接了经济和文化，在宏观与微观层面上涵盖了经济、文化、科技和社会的发展。这一新发展范式的核心就是——创意、知识与信息逐渐被人们认识到是全球化世界中推动经济增长、促进发展的强大动力"。

知识经济与创意经济的相通之处在于两者都强调知识产权的作用，但不同之处是，前者试图沿用物质生产、交换和消费的逻辑构建以知识为基础的经济；而后者显然对此并不满意。创意经济的使命是建立起一种新经济范式，一种能够超越物质－能量范式的"视想法为资产"的经济，从而展开一幅创意经济与现代经济体系的关联图——创意经济是处在知识经济、信息经济、金融经济、物质经济间的一种综合经济。创意经济涉及人与物、人与人、人与自身特别是与自身的各种想法的关系，是充满变数的过程，也将是不断演进中的一个概念。

从构思《创意经济》到写作《创意生态》再到现在这本《新创意经济》，二十年来，约翰·霍金斯不断在描述"创意经济"的概念演进，贯穿这一过程的基本主张是：常规的理论不足以解释创意经济的现实，"它们都太过割裂，我们需要一种系统方法"。我以为他的这种方法，继承了一般认为从马克思、凡勃仑、熊彼特、马歇尔等作为先驱的演化经济学传统，在否定古典主义经济学物质－能量基础的前提下，引入生物学、生态学等自然科学理论，形成了独树一帜的创意经济与创意生态论，并以本书为契机进行了一次系统总结。

创意经济思想的一贯主张是：经济学家们在对待知识和信息上的困惑并不比别人少，特别是当经济生产与交换活动日益信息化和数字化的今天。他们的主要障碍源于古典经济学的假设——个体和组织对于"稀缺性"资源的配置做出"理性的"决策，以追求财富最大化。霍金斯继承了前人对主流经济学"理性抉择""均衡分析"等假设的批评，同时指出"在创意过程中使用的资源并不稀缺"。他认为主流经济学关于"个体追求财富最大化，而公司追求利润最大化"的假设很糟糕。因为"人们寻求的目标是多种多样的，尽量多赚钱只是其中之一"。经济学无法解释艺术家在激情驱使下，或程序员为开放源代码而进行工作的行为，更无法解释某些人仅仅只是为乐趣而工作。

霍金斯曾颇为辛辣的嘲讽到："当主流经济学模型都是由那些向家庭销售工业产品的公司所制定时，整个社会已经习惯了忽略种种非财务因素，但在以'个体创意'为基础的社会中，这种习惯性的忽略就显得很荒谬"。霍金斯向我们讲述了英国"创意产业"概念出台的幕后故事，指出"产业"总脱不出大规模制造和重复生产的意象，而创意工作者却别有天地。他不断重申，英国早已开始远离那个著名的"产业名录"（十三类创意产业分类），而更加关注行动，关注那些试图独立思考并善于运用想象力的个体和组织。从关注"以产业为中心"的机构转向关注"以人为中心"的过程，建立基于个体和他们所做的工作或所从事职业的经济模式，而非基于人们所处的机构和组织。

霍金斯强调创意经济和创意生态，用以建立一种关注"关系"和"过程"的创意世界观，提示人们不要把创意产业作为一种具有某种实体感的"产业"来看，而是将其"作为整个经济创新系统中的一个要素"，更精准地把握创意产业的实质。的确，关于"人们到底如何产生想法并用这些想法开展商业经营"，是动态的非平衡过程，很难用固守在牛顿物理世界观的所谓主流经济学和被其格式化过的头脑所理解。

"创意经济"理论一经提出，便在全球范围形成广泛影响。这一现象本身也说明，一个人头脑中的想法和思考，通过自由表达产生的所谓"蝴蝶效应"。源自个体人的创意，可以逐渐释放巨大的经济能量，形成改变世界的力量。

后记：纪念《创意经济》二十年

从"创意英国"到"创意中国"

20世纪末的1999年，约翰·霍金斯创作完成《创意经济》，并用五分之一篇幅谈论创意经济视角下知识产权问题，提出"在信息时代，知识产权就是通货"。此前一年，中国国家专利局随着国务院机构改革，更名为中国国家知识产权局，成为国务院直属机关。新的"IP"标志悄然树立在位于元大都古城墙东侧的主楼上，对面就是燕京八景之一的"蓟门烟树"，乾隆御题石碑默默注视着时代的变迁。

这一年年底的12月18到19日，"北京申办2008年奥运会整体形象战略专家研讨会"悄然举行。会议由中国企业形象策划设计委员会受刚刚成立的北京奥申委之托组织召开。会议邀请海内外华人专家共同围绕如何向世界传达中国和北京形象进行策略研讨，特别关注到英国工党上台后，致力于以创意塑造年轻英国全球形象的努力，并受"新工党，新英国"理念启发，提出"新北京，新奥运"的申奥口号。

2003年，正从"非典风暴"中开始恢复的中国城市，迎来了一个名为"创意英国"（Think UK）的超级国家秀。这一声势浩大的国家形象工程，在中国北京、上海、广州和重庆等城市举行。活动内容涉及文化艺术、时尚设计、科学技术、体育传媒、教育教学、商业贸易、金融商业和环境保护等，目标群是16岁至35岁做为"创造和构建未来的重要人群"的年轻人，足见英国在跨文化传播上的深谋远虑。

作为回应，2004年5月22—26日，在北京举行的第七届中国国际科技博览会上，由中国太平洋学会北京信息空间文化经济研究院等多家社会团体联合举办了"创意中国行动大展"，发起了创意中国产业联盟，首次公开亮出"从中国制造到中国创造"的口号，提出"品牌中国、体验中国、典藏中国"，提出"雅典－北京奥运周期"是人类智慧文明的一场千年盛会，让它成为向世界展现创意、人文、智慧、自然和艺术之CHINA形象的机会。

2005年7月6日，伦敦申办2012年奥运会成功，次日，北京举行了以"中国：从制造到创造"为主题的中国国际创意产业论坛，这是国内首次举行的创意产业国际学术会议。此后，创意产业一词频繁出现，约翰·霍金斯的名字也开始为人所知。2006年12月10—15日，首届中国北京国际文化创意产业博览会举行，作为第一个以文化创意产业命名的国家级盛会，请来了被誉为创意产业之父的约翰·霍金斯。

从那时开始，上海、重庆、天津、无锡、杭州、成都、南京、西安、深圳、贵阳……中国的许多城市都留下了霍老的足迹，他热情、智慧而不乏幽默地与所到之处的政府、学界、企业、媒体和各界人士分享创意经济的想法，为中国创意经济的发展积极奔走呼唤。

2015年10月，习近平主席访问英国，开启了中英黄金时代，在参加中英创意产业展时说："中国将创新摆在国家发展全局的突出位置，实施创新驱动发展战略，英方在创意产业方面积累了很多经验。希望中英两国在这一领域加强交流互鉴，实现共同发展。"

作为中英创意产业交流互鉴的产物，《新创意经济》并非是对之前那本赢得全球声誉的第一版《创意经济》的修订，而是一次全新的创作。这就使本书与其他一些"二十年纪念版"有所不同。比如尼葛洛·庞帝的《数字化生存》、唐·泰普斯科特的《数据时代的经济学》。

如作者自己所言，首先他对创意经济有了新认识；其次是互联网、数字媒体及内容产业正在变得比以往更为重要；最关键的是中国在全球创意经济中的影响比以往更为巨大。因此他将所有的新想法，尤其是上述三方面因素全部囊括在这本全新的《新创意经济》当中。

创意经济是有关"意义"的经济，而围绕"意义"开展各种生产与生活行动，这是人类区别于其他动物的地方。意义是认识世界的产物，使用不同语言的民族，必然有不同的构建意义世界的方式，所谓理解，就是不同的意义世界之间达成共识的过程。

其中，涉及人口最多、影响最广的两大意义世界，一个是中文世界，一个是英语世界。因此，这两大世界有义务，共同承担构建人类共同意义世界的责任。可见，中英文化交流不仅仅是中英两国之间的文化交流，更应视作中文世界与英语世界之间的交流。

中西会通，重新定义文化创意产业

《新创意经济》将引导人们对"创意产业"概念进行更深的思考，触及创意产业经济活动中财产权利定性、确权、估值、交易等问题，这个思考路径正是由霍金斯在旧版《创意经济》一书中所开辟。二十年前，霍金斯非常睿智地从知识产权角度定义创意产业，提出"版权就是通货"命题，将对创意产业的讨论不断引向资产经营和如何"就不确定性而谈判"等领域,这是霍金斯创意经济思想的一大特色。

有学者指出,霍金斯把创意产业定义为:其产品都在知识产权法保护范围内的经济部门。他认为,知识产权分为四大门类,即专利、版权、商标和设计,每一类都有自己翔实的法律实体和管理机构,每一种形式都有庞大的产业与之相对应,这四个门类组合成了创意产业和创意经济。霍金斯对创意产业的定义试图超越"产业"含义的局限,简化英国对创意产业的原有释义,解答创意活动中艺术与科学相分离的难题。

英国政府创意产业定义是:以个体创意、技能和才华为源头并通过知识产权的生成与利用,具有创造财富和就业潜力的那些产业。其英语原文如下:creative industries as:"those industries which have their origin in individual creativity, skill and talent and which have a potential for wealth and job creation through the generation and exploitation of intellectual property"。此处翻译笔者特意没有使用"源自……",而是"以……为源头",目的是强调原文"origin"的名词属性,突出"源头"的客体性或物质性。至于平常大家根据中文语言习惯,仍然用"源自……"倒也无妨,只是要强调这里的"源自"就是"以何为源头"的意思,创意产业的"源头"十分重要,不能轻易忽略掉。

我国台湾地区 2003 年公布改编自英国版的文化创意产业定义是:源自创意和文化积累,透过智慧财产的形成与运用,具有创造财富与就业机会潜力,并促进整体生活环境提升的行业。这里将英国版创意产业定义中的"个体"给修正掉了,看似无妨大局,其实颇有问题:既没突出"源头"的客体性,也没彰显个体的主体性,变成非常抽象含糊的"源自创意与文化积累"。要知道"创意产业"和"非创意产业"的区别就在于是否强调以人的主体性为本。不过,该定义加上了"促进整体生活环境提升"算是多了份思考,大体与今日所言"美好生活的向往"意思接近。

此后,社会各界对创意产业的认知逐步升级。联合国《2008 创意经济报告》中提出:"创意经济作为一种新的发展范式正在兴起,它把经济和文化联系在一起,在宏观和微观水平上包容了经济、文化、技术和社会发展的各个方面。对新范式而言最有影响力的事实是:创意、知识和信息日益成为全球化世界中推动经济增长和促进社会发展的强大动力。"至此，创意经济被视作为一种新的发展范式。

但是，十年过去了，一个更为根本的问题尚未得到回答，那就是：作为新发展范式的创意经济（产业），其所赖以存在的根本性财产权利是什么？是否只能停留在二十年前的认知：创意行为只有透过知识产权的生成和利用，才能具有创造财富和就业的潜力？事实上，如果不解决创意经济的"财产权利范式"问题，那么，从根本上说，创意经济就无法真正成为新的发展范式。

随着"信息化"进程对社会深层结构的影响，随着法学界的探索和国内外与信息权利相关的立法实践——信息，正在被确立为一种新型财产权利的客体形式，信息财产权正在成为一种被公认的财产权利。于是，在一般意义上，人类的财产权利形式，继物权、债权和我更愿意简称为"智权"的知识产权之后，出现了第四种财产权——信息财产权，笔者将以信息财产权为基础形成的权利集合统称为"信权"。

经过反复打磨，笔者目前给"信权"下的定义是：信权分狭义和广义，狭义的信权是指作为新型财产权客体形式的信息财产权；广义的信权是指基于人格权和身份权中信息、信誉、信符、信用、信任、信约、信赖等可形成利益关系的那部分权利。总之，信权是除了物权、债权和智权之外，一种具有人格权与身份权特征的新型财产权。"信权"这个有中国特色的创意经济术语，将影响法学和经济学，并使我们重新定义创意产业，使其更适应数字化生存时代，保持对现实的解释力，特别是面对区块链社会变革的挑战。

距今120年前的1898年7月，光绪批奏设立京师大学堂，梁启超为主起草的章程中提了"中学为体，西学为用，中西并用，观其会通"的办学原则。所谓"中学"首先是以中文书写之学，所谓"西学"根上说是西语表达之学，二者各遵本道，同归殊途。当米字旗飘入九宫格，当英语世界中的"Creative Industries"飘进中文世界变成"创意产业"或"文化创意产业"时，对其作出基于"中文本位"的定义表述就变得十分必要。

好在"中西会通"代表人物梁启超百年前给出了"文化"定义："文化者，人类心能所开积出之有价值的共业也"。这个定义与众不同处在于其中的"共业"两字。"业"乃佛家用语，指人的"一切身心活动"及其遗留和累积，这个遗留累积对他自己和家人、他人和整个社会能够产生浸渍和影响,"共业"不是"别业"的简单叠加,而是由许多"别业"综合融化而成。梁氏所谓"共业"是指整个人类的活动。

据此,可将中文六字排列组合出的"文化创意产业"定义为:源自个人心能将文化资源创意开积为新资产之有价值共业活动。这六个字可以简化组变为"文创产业"和"文化创产",若要"一字以蔽之",就是那个需要由这正体字书写的"產"字。顶层有"文"化牵头,内里有"生"命为根据,中间的"厂"字,若用正体书写,是"廠","厂"下有"敞",虽不能望文生义为"尚文",但本有"筑台望远"意思,颇传创意"產"业之神。

中国密码、区块链与创意经济

2008年的确是个值得纪念的年份,约翰·霍金斯在1998年提出的"创意经济"得到了联合国贸发会议等五个主要机构以《创意经济报告》为形式作出的回应。北京举办奥运会后,美国引发的金融危机波及世界。这一年的11月1日,中本聪在"密码朋克"圈子中发表题为《比特币:一种点对点的电子货币》的创世论文,11月5日,奥巴马当选美国总统,而笔者则在新浪开通博客并以《2018年11月5日,创意阶级的历史时刻》一文为"时间戳",随后,12月6日发布《中国密码带你利用金融危机》的大纲博文,提出以中国式思维应对金融危机的思路。

十年前这篇博文的核心意思是:金融危机实质是金融文化的危机!走出金融危机,就要走出金融文化的危机。建立金融市场新范式,首先要建立金融文化的新范式。"中国密码"是建立金融文化新范式的思想基础、信仰基础,没有健康的"投资文化",只能导致滥用"投资技术"(金融工具),进而危害"投资制度"。技术、制度、文化"三位一体",文化先于制度;制度重于技术;技术促进文化。

如果说,"中本聪密码学货币"横空出世引发的金融技术革命正在催生新的金融文化,那么,"中国密码符号思维"则将为这场注定深刻改变人类文明进程的金融文化革命,提供中国智慧和中国方案,"周虽旧邦,其命维新",毕竟我们有专事革新文化的悠久传统。

中本聪的论文和随后比特币的成功,使人们逐渐意识到其底层区块链技术的伟大意义,切深感受其对社会权利结构和经济模式的颠覆性冲击。有外国专家总结到，区块链在技术上是"公开分布式账簿的后台数据"；在商业上是"个体之间价值转移的交易网络"；在法律上是"不需要中介的交易验证系统"。对此，笔者还要加上，区块链在文化上是"中华信本位财富观念复兴的时代条件"。

因此，区块链的能力＝技术＋商业＋法律＋文化。从创意经济的视角看，区块链所具有的"点对点电子交易；不需要金融机构；加密证据而不是中心化的信用；信用存在于网络，而不是某个中心机构"等特点，预示了如下可能："以信为本"而非"以物为本"的财产权利结构和价值交换体系成为主流；去中心化的分布式自组织型商业机构日益普遍；信权作为新型财产权利的基础性地位得到广泛确立。

信权财产权概念不仅将是新创意经济理论的基石，也可为由区块链革命引发的经济与社会系统重构提供"中文"本位的设计基础。比如，关于区块链中很重要的"Token"一词（计算机编程术语令牌）翻译为"代币"还是"通证"的争论。其实，不管怎么翻译，如何对其进行法学和经济学层面的建构才是根本。因此，区块链为经济和社会赋能，信权理论则为区块链"赋形"，因此，不仅仅是英文术语如何"翻译"为中文术语的问题，而是如何以中文命名，以丰富其文化内涵的问题，比如，对于"Token"，笔者提出以中文命名为"信券"。

总之，区块链是金融技术创新，更是金融制度创新，同时，也是一场具有颠覆性的金融文化创新。区块链所引发的社会创新与全球创意经济伴生发展并非偶然，乃时代精神之表现，共同宣告了一个全新的财富文明世代正在到来。在这个财富世代，中学为体的"信本位"人格化财富观与西学为用的"物本位"神格化财富观，将实现历史性的会通，正所谓"中学为体，西学为用，中西并用，观其会通"。

以上一番，无非想说明，约翰·霍金斯提出的创意经济思想，首先是一种看待问题的态度和一种思考问题的角度。创意经济不能仅被视作为现行经济中的子系统，创意经济说到底，是对经济本身所进行的创意改变或"创造性的破坏"（creative destruction）和意义重构，正如《创意生态——思考在这里是真正的职业》一书题记中所下的断言：世界上有两种经济，一种叫经济和一种叫创意经济。

后记：纪念《创意经济》二十年

当思考成为真正的职业

2007年在上海的一次偶然邂逅，促成我们日后和霍金斯先生成为亲密战友和同事，这也算是一种天意撮合。按照霍金斯自己的话讲：过去人们是选择在哪里生活？今天人们则要选择在哪里思考？以及和谁在一起思考？2011年在策划出版《创意生态》一书时，将该书的副标题确译为"思考在这里是真正的职业"，很多人看后都十分激动，这些鼓舞人心且极具启示性的话语在霍金斯著作中比比皆是。

2017年10月27日，约翰·霍金斯应邀访问还静悄悄的雄安新区，见证了致公党北京市委和雄安新区管委会就"雄安新区数字创意小镇（园区）概念设计协议"的签约仪式。在交谈中，霍金斯表达了对雄安新区培育创意生态的期待。2018年2月1日，习近平主席接见英国首相特蕾莎·梅时提出：赋予中英关系新的时代内涵，共同打造"黄金时代"增强版。本书在此背景下出版恰逢其时，显得格外有意义。

2018年四五月间，约翰·霍金斯创意生态实验室组织了"英伦铁路创意城市暨马克思诞辰200周年墓前洒热泪之旅"，代表团一行从伦敦著名的帕丁顿车站出发，乘坐世界最古老的英国客运铁路，从位于康沃尔由废弃矿坑改建的"伊甸园计划"开始，一路穿越在古罗马时期城堡、中世纪教堂和工业革命的历史痕迹之间，感受英国工业城市的文化转型和创意再生，体会创意经济如何在改变人们日常生活的场景。

5月5日马克思诞辰200周年纪念日当天，我们赶到伦敦北郊海格特公墓，与来自世界各地的人们一道向马克思献花致敬。几天后，在伦敦与霍金斯会面，商讨《新创意经济》的出版事宜和他总策划的"一带一路"电视记录片《丝路宏图》。多年来，他一直希望能够对帮助中国向世界讲好自己的故事，他时时流露的创意激情，完全让人们忘掉他已是一位七十多岁的老人，真是"创意人永远是年轻"！

霍金斯在《创意生态》中说："没有任何人仅仅因为他永远不当专业作家，就应该不被教会如何写作；没有任何人仅仅因为他不以导演作为职业，就应该不被教会制作影像。"每当看到这段话，总使我想起另一段与之大意相近的表述："个人局限于某一艺术领域，仅仅当一个画家、雕刻家等等，因而只用他的活动的一种称呼就足以表明他的职业发展的局限性和他对分工的依赖这一现象，也会消失掉。在共产主义社会里，没有单纯的画家，只有把绘画作为自己多种活动中的一项活动的人们。"这是马克思对共产主义社会十分具体的描述。

随着思考的深入，我们愈发感到创意经济是最有意思的经济，与其独乐乐，不如众乐乐，通过本书的出版，希望与更多人结缘，加入创意经济的共业生态圈，共同参与推动创意型社会的形成。那个被称为"创意"的社会之所以值得向往，是因为——在那里，人们可以选择追寻意义、探寻美与真，并将创意本身作为生活的目的；在那里，人们生活在一个"普遍有闲的社会"，有更多可自由支配的时间，发展未被认识的独特潜质，并通过开发这种潜质造福更多人；在那里，人们可以用想法赚钱，但又不以赚钱目标作为枷锁束缚自己的心灵；在那里，思考是真正的职业，想法是天赋的资产；"在那里，每一个人的自由发展是一切人自由发展的条件"。

约翰·霍金斯中方合伙人　苏彤
2018 年 7 月

中文出版鸣谢

《新创意经济：如何用想法点石生金》的翻译和出版工作，得到了国家科技支撑计划课题《高真实感电影仿真与大范围立体展示技术研究开发》的支持（课题编号：2013BAH48F01），课题中通过多个新型立体显示技术在现代主题公园中实际应用，展示了融合人文与科技的数字创意在产业应用上的广阔前景，丰富了文化创意产业创新发展的应用案例。

本书的翻译和出版工作有赖于编委会全体成员的倾力工作，编委会成员为王瑞军、王立群、张玮、苏彤、施筱勇、陈耀东、丁德科、王庸伯、傅晶、马辰雨和陈叙。张玮先生和王立群女士为本书的最终面世起到的至关重要作用，特别感谢他们及其团队多年来对霍金斯创意经济思想在中国的传播和推广所给予的大力支持。

本书译校和统稿工作主要由马辰雨完成，作为约翰·霍金斯创意生态实验室的创始成员，多年来负责安排霍金斯先生在京期间的工作事宜，曾就翻译中的很多问题直接与作者本人进行反复沟通与核对，他还设计了本书封面并指导版式设计工作。约翰·霍金斯中国工作室总经理陈叙女士在本书英文版出版阶段就开始参与，并积极促成了中文简体版的授权工作。傅晶、王文学和张扬等人为本书编辑和出版做了许多重要的基础工作，也要感谢王文利、王雨、毛彦彦、姚峣、杜娟、王岩等人的辛苦付出。北京理工大学出版社张慧峰、王艳丽在本书终稿内容校对及出版工作中认真负责的工作态度给大家留下深刻印象，在此一并感谢。同时也恳请广大读者对本书在翻译出版中的不足之处不吝赐教。

约翰·霍金斯中方合伙人　苏彤
2018年7月4日